KB141030

후크 포인트

Hook Point

후크 포인트

HOOK POINT

3초 세상에서 승리하는 법

브렌던 케인 지음 | 김고명 옮김

월북

재능과 지성과 맑은 마음을 지녔지만

목소리를 묵살당하는 사람들에게.

여러분이 목소리를 키우고 힘을 되찾고

세상에 긍정적 영향을 미칠 수 있도록

이 책이 도움이 되기를.

《후크 포인트》에 쏟아진 찬사

"온·오프라인에서 장수하는 브랜드를 만들고 싶다면《후크 포인트》를 꼭 읽어야 한다. 경쟁자들 사이에서 튀는 존재가 되어 사람들의 관심을 사로잡기 위한 전략이 고스란히 담겨 있다."

샐리 뉴얼 코언Sally Newell Cohen, ICANN 글로벌커뮤니케이션본부장,
토스트마스터즈 인터내셔널Toastmasters International 전 COO

"수많은 경쟁자의 틈바구니에서 3초 만에 튀는 법이 궁금한가?《후크 포인트》는 바로 그 비결을 전수하는 책이다. 책에 실린 실제 사례들이 그 위력을 증명한다. 사람들의 관심을 사로잡아서 새로운 사업 기회를 창출하고 싶은 사람이라면 필독!"

닐 사호타Neil Sahota, 국제연합 AI 자문역,
베스트셀러《AI 혁명 시대의 승자가 되는 법Own the A.I. Revolution》저자

"배울 게 많은 책이다. 내가 이 책에서 한 부분을 차지하고 있다니 진심으로 기쁘다."

존 킬쿨런John Kilcullen, 베스트셀러《바보를 위한 ○○○For Dummies》시리즈 창시자

"요즘 같은 '초미세 관심'의 시대에 튀는 존재가 되기란 얼마나 어려운 일인가. 《후크 포인트》는 이런 시대에 사람들의 관심을 집중시키는 묘수를 알려준다.

SNS에 어떤 식으로든 콘텐츠를 올리는 사람이라면 반드시 읽어야 할 책이다."

사이러스 고지포르Cyrus Gorjipour, 골캐스트Goalcast 공동설립자 겸 CEO

"온라인이 일상이 된 시대에 브랜드나 회사에 대한 수요를 창출하고 싶은가? 그 해법이 여기 담겨 있다."

조너선 스코그모Jonathan Skogmo, 주킨 미디어Jukin Media 설립자 겸 CEO

"우리는 하루 평균 4,000개의 광고를 보고 있고, 매일 SNS에 올라오는 게시물의 수는 집계조차 불가능한 시대를 살고 있다. 그 북새통을 뚫고 거대한 기업이나 브랜드를 구축하고 싶다면 브랜던 케인의 《후크 포인트》가 당신의 비밀병기가 될 것이다."

크레이그 클레먼스Craig Clemens, 골든 히포Golden Hippo 공동설립자

"융단폭격처럼 퍼붓는 메시지의 포화 속에서 존재감을 드러내기란 여간 어려운 일이 아니다. 하지만 《후크 포인트》에 사람들의 관심을 끌고 매력적인 브랜드를 만드는 비법이 수록되어 있으니 얼마나 다행인가."

도리 클라크Dorie Clark, 《스탠드 아웃》 저자,
듀크대학교 푸쿠아 경영대학원 경영자과정 교수

"누구나 시장을 점령할 최강의 무기를 원한다. 그 무기를 찾는 법이 《후크 포인트》에 담겨 있다. 어떻게 하면 소비자의 관심을 끌고 그것을 이용할 수 있는지 보여준다. 자신의 브랜드에 관심을 집중시키고 싶다면 먼저 브랜던에게 관심을 집중하자."

조이반 웨이드Joivan Wade, 월 오브 코미디Wall of Comedy 설립자,
영화 〈더 퍼스트 퍼지〉, DC 코믹스 드라마 〈둠 패트롤〉 출연

"브렌던은 오늘도 마케터들을 도울 새로운 길을 찾는 데 여념이 없다."

레이섬 아니슨Latham Arneson, 파라마운트 픽처스Paramount Pictures 전 디지털마케팅본부장

"온·오프라인에서 장수하는 브랜드를 만들고 싶다면 멀리 갈 것 없다. 여기 브렌던이 사람들의 관심을 모으고 또 모으는 메시지를 만드는 기술을 가르쳐 줄 것이다."

멜리사 앰브로시니Melissa Ambrosini, 베스트셀러 저자, 강연자, 팟캐스트 운영자, 사업가

"브렌던은 관심을 집중시키는 비법을 누구보다 잘 아는 사람이다. 혹시 지금 치열한 경쟁의 한복판에서 존재감을 잃어가고 있다면《후크 포인트》에서 당장 쓸 수 있는 해법과 전략을 배우기를 권한다."

아지트 나왈카Ajit Nawalkha, 에버코치Evercoach 및 마인드밸리Mindvalley 공동설립자

"후크 포인트 없이는 나의 성공도 없었다. 후크 포인트를 빼면 나도 맥빠지는 말로 관심을 끌려고 애쓰는 사람에 지나지 않을 것이다. 이제 그저 그런 말이 통하는 시대는 끝났다!"

마이클 브루스Michael Breus 박사, 베스트셀러 저자, 일명 '진짜 수면 전문의'

"끊임없이 변하는 세상에서 튀는 브랜드로 사업을 성장시키는 비법이 담긴 필독서."

키스 페라지Keith Ferrazzi,《뉴욕 타임스》베스트셀러《혼자 밥 먹지 마라》저자

•

우리 모두에게 필요한 후크 포인트

김용섭, 《언컨택트》 저자 · 트렌드 분석가

브랜딩 전문가이자 소셜네트워크 인플루엔서 마케팅 전략가 브렌던 케인의 실무 이야기다. 그는 한 달만에 페이스북에서 100만 팔로워를 만들어낸 것으로 유명해졌고 그 방법을 담은 책은 미국 내에서 베스트셀러가 됐다. 《후크 포인트》는 그의 전략을 매우 직관적으로 나타낸 제목이라고 할 수 있다. 3초만에 관심을 사로잡는 '후크 포인트 전략'에는 그의 실무적 특기가 잘 녹아들어 있다. 복잡한 이론으로 포장하지 않고, 자신이 기업, 브랜드 전략 컨설팅에서 사용한 구체적 방법을 쪽집게 강의 스타일 반, 성공 경험 스토리텔링 반으로 담아냈다. 마케팅 전문가가 아니어도 쉽게 읽을 수 있도록 썼다. 누구나 자신만의 브랜딩을 하는 데 적용하기에 매우 좋은 글쓰기 방식이다. 한번 몰입하면 끝까지 읽게 되는 걸 보면, 이 책의 후크 포인트 전략도 성공했다고 할 수 있겠다. SNS 인플루엔서 마케팅을 비롯해, 광고나 상품 마케팅, 브랜딩 분야 실무자라면 더욱 재미있게 읽을 책이다. 자신의 페이스북이나 인스타그램, 유튜브 채널에서 팔로워가 잘 늘어나지 않아 고민하는 이들이 읽어도 좋다. 실용적이고 목적이 명확한 책이다. 수많은 경쟁자들 틈에서 외면당하지 않고, 3초 안에 관심을 이끌어낼 필요성은 지금 시대를 살아가는 우리 모두에게 있으니까.

추천의 글 II

·

불안감은 치워두고 '저스트 두 잇Just Do It'

비셴 라키아니Vishen Lakhiani, 마인드밸리 설립자

그리스계 미국인으로 엔지니어, 의사, 사업가인 피터 디아만디스 Peter Diamandis(엑스프라이즈재단XPRIZE Foundation의 설립자 겸 회장으로 유명하다)의 명언이 있다. 지금 스마트폰을 쥐고 있다면 1990년대 말의 미국 대통령보다 더 많은 정보를 이용할 수 있다는 것이다. 스마트폰의 등장으로 누구나 최신 연구와 지식을 활용하고 인간, 정치, 사업에 영향을 미치는 메시지를 공유함으로써 힘을 발휘할 수 있게 됐다. 다시 말해 지구상의 모든 지식이 우리의 손안에 들어왔다.

이처럼 방대한 지식을 이용할 수 있게 된 것은 인류의 축복이지만 그로 인한 문제도 없지 않다. 많은 사람이 날마다 쇄도하는 콘텐츠의 파도를 감당하지 못하고 스트레스를 받는 것이다. 1970년에는 미국인에게 하루 동안 노출되는 광고가 500개였지만[1] 지금은 4,000~1만 개에 이른다.[2] 그러다 보니 인간의 주의 집중 시간이 점점 짧아지는 현상이 나타나고 있다. 요즘은 세상에 어떤 메시지를 전하려고 할 때 주어지는 시간이 단 3초에 불과하다.

한번 생각해보자. 요즘 사람들은 대부분 SNS를 통해 당신의 브랜드나 사업을 처음 접한다. 그런데 페이스북에는 1분마다 사진 14만 7,000장, 공유 링크 5만 4,000개, 상태 업데이트 31만 7,000개가 게시된

다.[3] 인스타그램에서는 매일 9,500만 개 이상의 게시물이 공유된다.[4] 유튜브의 일일 총시청 시간은 10억 시간에 달한다.[5] 무수히 많은 방해물이 당신의 사업을 가려버리는 것이다. 온라인에서든 오프라인에서든 사람들이 당신의 브랜드나 사업에 주목하게 하려면 순식간에 그들의 관심을 사로잡는 기술을 터득하는 수밖에 없다.

다행히도 우리에게는 브렌던 케인이 있다. 브렌던은 이런 세상에서 사람들이 튈 수 있게 도와주는 전문가다. 그가 유명해진 것은 단 30일 만에 팬 100만 명을 모으면서다. 브렌던은 그 과정을 정리해 《100만 팔로워 마케팅》이라는 책으로 출간했다. 이후 곳곳에서 그에게 강연 요청을 했고, 나도 마인드밸리Mindvalley의 A-페스트A-Fest에 디지털 미디어와 SNS 전문가로 브렌던을 초청하면서 그를 처음 만났다. 당시 그의 말이 너무 인상 깊어서 내가 운영하는 마인드밸리의 컨설팅을 요청했다.

몇 달 후 브렌던은 우리 회사의 온라인 커뮤니케이션 방식을 완전히 바꿔놓았다. 단도직입적으로 말하자면 브렌던 덕분에 우리 회사는 매출이 급증했다. 누구든 충성스러운 팔로워를 확보하면 세상에 중요한 메시지를 내보낼 수 있고, 그 메시지는 결과적으로 팔로워들을 통해 수익을 창출하는 수단이 된다. 건강한 삶을 위한 조언을 제하는 우리가 브렌던의 도움을 받아 세상에 내놓은 메시지 중 지금까지 가장 큰 반향을 일으킨 것은 코카콜라의 유해성과 거짓말을 고발하는 메시지였다. 우리는 브렌던의 안내에 따라 액상과당의 위험성을 말하는 영상을 제작했고, 이 영상은 일주일 만에 조회 수 1,000만 회를 기록했다(조회 수는 지금도 계속 증가 중이다).

요컨대 브렌던의 아이디어 덕분에 우리는 번창하는 기업이 됐을 뿐만 아니라, 중요한 메시지를 전파하고 여론을 일깨움으로써 더 강력하게 변화의 목소리를 낼 수 있는 조직으로 발돋움했다. 그래서 튀는 방법을 아는 것이 중요하다. 아무리 팔로워가 많다고 해도 그들과 효과적으로 커뮤니케이션하지 못하면 영향력을 발휘할 수 없다.

이 책에는 기존의 고객, 또는 잠재적인 고객 및 비즈니스 파트너와 더 효과적으로 커뮤니케이션하는 데 사용할 수 있는 프로세스가 정리되어 있다. 그들을 당신의 비전, 아이디어, 사명을 지지하는 충성스럽고 열성적인 팬으로 만드는 방법을 배울 수 있다. 그 예로서 내가 마인드밸리의 팔로워를 늘리고 노출도를 높이는 과정에서 배웠던 영향력을 키우는 방법 몇 가지를 제시해보겠다.

• ― 청자가 누구인지 파악하자. 그들은 밀레니얼 세대나 베이비붐 세대일 수도 있고, 자동차 정비사처럼 특정한 직업군일 수도 있다. 중요한 것은 청자가 누구인지 알고 그들의 특성에 맞게 커뮤니케이션하는 것이다.
• ― 청자와 같은 사람이 되자. 나의 청자는 변화, 건강, 성장을 간절히 원하는 사람들이다. 그래서 나는 매달 관련 서적을 읽고, 행사에 참여하고, 그 분야의 리더들을 만난다. 더 현명하고, 더 건강하고, 더 행복한 사람이 될 기회를 적극적으로 이용한다. 그리고 그 경험을 나의 청자들에게 이야기한다. 그럼으로써 나는 멘토와 오피니언 리더에만 머물지 않고 그들 중 한 사람, 즉 변화를 위한 상품의 소비자가 된다.

- 자신의 '왜'를 명심하자. 자신이 지금 하는 일을 왜 하는지 알아야 한다. 내가 이 일을 하는 이유는 '이브를 위한 질문' 때문이다. 이브는 여섯 살 된 내 딸이다. 나는 어떤 행동을 하기 전에 속으로 "이 행동이 이브가 더 살기 좋은 세상을 만들까?"라고 물어본다. 그러니까 내가 세상과 커뮤니케이션하는 이유는 단순히 성장에 도움이 되는 정보를 전파하기 위해서가 아니라, 사람들이 아이들에게 더 좋은 세상을 물려주도록 설득하기 위한 것이기도 하다.

- 진정성을 지키자. 나는 사업 아이디어만 말하지 않고 내가 겪은 시련에 대해서도 말한다. 지난 2년을 돌아보면 내 개인사를 말하는 게시물들이 가장 많은 댓글을 받았다. 나는 어릴 적 화마에 집을 잃은 사건, 심각한 부상을 입고 1년의 재활 끝에 회복한 과정, 이혼한 이유 등을 솔직하게 말했다. 요즘 사람들은 리더에게 진정성을 요구하고, 진정성 있는 사람에게 더 많은 관심을 보인다.

브렌던은 이 외에도 많은 기법을 깊이 있게 다룬다. 얼른 읽고 싶겠지만, 영향력 있는 사람이 되기 위한 여정을 시작하기 전에 여러분의 마음속에 존재할지 모를 한 가지 장애물을 언급하고 싶다. 혹시 "내가 무슨 말을 할 자격이 있나? 내가 그렇게 특별한 사람인가? 내 생각이 정말 남들이 들을 만한 가치가 있을까?"라고 생각하고 있진 않은가?

그렇다면 이렇게 말해주고 싶다. "일단 해보기 전에는 모른다." 그러니까 바로 오늘부터 시작해보는 게 어떨까?

나는 2008년에 회사를 세운 후 다른 사람들의 글만 발행했었다. 나도 몇몇 분야에서는 상당한 전문성을 갖고 있긴 했지만 아직 너무 어리고, 너무 미숙하고, 너무 초라해서 내 생각을 남들에게 내놓기에는 무리라고 생각했다. 그렇게 자신감 없게 몇 년을 보내던 중에 대형 사고가 터졌다. 우리 회사에서 제일 잘나가던 작가와 계약을 갱신하지 못한 것이다. 별안간 큰 공백이 생겼고, 나는 어쩌면 그것이 이제 용기를 내서 내 글을 쓸 때가 됐다는 신호일 수도 있겠다는 생각이 들었다. 그래서 글을 쓰기 시작하자 온 우주가 내 결정을 지지해주는 것 같았다. 내 책 《비범한 지성의 비밀The Code of the Extraordinary Mind》이 《뉴욕 타임스》 베스트셀러가 되고 아마존에서도 1위를 차지한 것이다. 그 책은 내가 아직 때가 안 됐다며 3년이나 쓰기를 미뤘던 책이었다.

우리는 누구나 불안과 의심으로 점철된 순간, 자신이 하찮게 느껴지는 순간을 경험한다. 하지만 그런 순간은 대부분 스스로 만든 한계에 불과하다. 그러니까 그 한계를 넘어서 최선의 기량을 발휘하자. 머릿속의 생각을 세상으로 흘려보내면 사람들이 그 생각을 해석하고 댓글, 좋아요, 공유와 같은 형태로 반응할 것이다. 그들의 의견과 피드백을 선선히 받아들여서 생각을 다듬고 발전시키자. 지금 당신이 어디에 있든 간에 불안감을 한쪽으로 치워놓고 '저스트 두 잇Just Do It', 그러니까 일단 저질러보자. 어떻게 시작할지에 관해서는 브렌던 케인이 바로 이 책에서 당장 실천할 수 있는 다양한 기법을 소개하고 있다. 브렌던의 안내대로 훈련하면 발전은 필연적이다.

차례

•

•

서문

우리는 3초 세상을 산다

디지털 미디어와 SNS의 발달로 '초미세 관심'의 시대가 열렸다. 디지털 플랫폼에서 매일 약 600억 개의 메시지가 쏟아져 나오면서 매 순간 방대한 정보가 우리에게 들이닥친다. 이제 우리의 뇌는 글, 푸시 알림, 이메일, 광고, SNS 게시물 등의 형태로 과거 어느 때보다도 거대하게 밀려오는 콘텐츠를 처리해야 한다. 실제로 우리는 하루 평균 11시간 동안 디지털 미디어(디지털 영상, 소리, 방송, 신문, 잡지 등)를 이용하고[6] 90미터 분량의 콘텐츠를 스크롤한다.[7] 일주일 동안 휴대폰을 1,500회 사용하고 1시간 동안 메일함을 30회 확인한다.[8] 60초마다 페이스북에 400명의 가입자, 31만 7,000건의 상태 업데이트, 14만 7,000개의 사진, 5만 4,000개의 공유 링크가 등록된다.[9] 인스타그램에서는 매일 약 9,500만 개의 사진과 영상이 공유된다.[10] 1분마다 유튜브에 약 500시간 분량의 콘텐츠가 업로드되고[11] 스포티파이Spotify에는 매일 약 4만 곡의

노래가 추가된다.[12]

이렇게 자극이 쇄도하다 보니 우리가 온·오프라인에서 정보를 처리하고 커뮤니케이션하는 방식도 달라졌다. 프레젠테이션 소프트웨어회사 프레지Prezi의 최근 조사 결과를 보면 우리는 관심을 기울일 대상을 점점 더 까다롭게 선택한다. 영화사 파라마운트 픽처스Paramount Pictures의 디지털마케팅본부장을 지낸 레이섬 아니슨Latham Arneson이 그런 변화를 가까이서 목격했다. "SNS가 등장하기 전에는 사람들이 관심을 기울일 수 있는 정보의 공급원이 지금처럼 많지 않았다. 그때도 많은 정보가 공유되긴 했지만 요즘은 워낙 많은 플랫폼이 존재하다 보니 마케터들의 경쟁이 어느 때보다도 치열하다. 방해물이 훨씬 많아진 것이다."

디지털 콘텐츠 제작사 셰어러빌러티Shareability의 대표 겸 최고전략책임자로서 축구 선수 크리스티아누 호날두, 올림픽, 어도비Adobe, AT&T를 비롯해 여러 대기업과 유명인을 고객으로 둔 에릭 브라운스타인Erick Brownstein도 같은 의견이다. "지금은 콘텐츠의 양만 늘어난 게 아니라 질도 향상됐다. 사람들의 시간과 관심은 제한되어 있고 그것을 누가 더 많이 차지하느냐의 싸움이다. 많은 메시지가 산더미 같은 방해물 속에 묻혀버린다."

브라운스타인은 이제는 버스나 옥외 광고판에 광고를 내려고 할 때조차도 어떻게 해야 그 광고가 디지털 생태계에서 공유될지 생각해야 하는 시대라고도 말한다. 요즘은 마케팅할 때 SNS와 디지털 미디어를 최우선으로 고려하면서 어떤 유형의 이야기를 어떻게 전달할지 결정해야 한다. 그래야만 이 새로운 시대상에 의해 기대치가 한껏 높아진 사람들이 솔깃해할 만한 메시지를 만들 수 있다.

창업과 투자의 귀재 게리 바이너척Gary Vaynerchuk도 여기에 동의한다. 그는 우리가 인터넷의 힘을 심각하게 과소평가하고 있다고 본다. "소비자의 관심이 전환되는 시대에 적응하지 못하면 실패할 수밖에 없다. 무수히 많은 사람이 '한때' 통했던 마케팅 기법에 매달려서 매일같이 돈을 낭비한다. 하지만 어제는 통했던 길이 오늘은 망하는 길이 되는 게 현실이다."[13]

이 같은 우리의 행동 변화에 대응해서 페이스북은 피드에 영상이 표시되는 순간 조회 수가 올라가던 방식을 영상이 재생되고 3초 후에 올라가도록 바꿨다. 사람들이 피드를 스크롤하기 바빠서 광고를 단 1초도 보지 않았는데도 광고비가 청구되자 광고주들의 불만이 폭발하기 직전이었기 때문이다. 페이스북의 비디오 프로덕트 매니저 맷 페이크스Matt Pakes는 3초가 지났으면 영상을 보려는 의도가 있는 것이라고 말한다. "영상을 3초 이상 보면서 안 넘기고 있다면 피드를 스크롤하지 않고 있다는 의미다."

유튜버 행크 그린Hank Green은 페이스북이 "실제로 봤다고 할 수도 없는 것을 본 것으로 간주하며 본질을 호도하고 있다"며 페이스북의 조회 수 기준을 비판했다.[14] 어느 쪽이 맞고 틀리고를 떠나서 페이스북의 선택이 우리가 페이스북과 인스타그램에서 콘텐츠를 소비하는 방식에 영향을 미치고 있는 것은 무시할 수 없는 현실이다. 페이스북(그리고 대다수 SNS 플랫폼)의 알고리즘은 사람들의 관심을 사로잡는 콘텐츠를 밀어주도록 설계되어 있다. 영상 대부분은 3초 기준을 통과하지 못하므로 알고리즘은 사람들의 관심을 잡아 붙드는 콘텐츠가 최고의 대우를 받게 한다.

이 책을 준비하면서 내 행동을 관찰하고 마케팅 전문가나 친구들과 이야기해보니 세상이 바뀐 걸 실감했다. 내 주의 집중 시간은 확실히 예전보다 짧아졌다. 이제는 콘텐츠와 아이디어를, 그리고 사람을 튀게 만들려면 더 큰 노력이 요구된다. 처음에 주어지는 3초 정도의 짧은 시간 안에 관심을 끌지 못하면 뒷이야기는 모조리 외면당한다. 그래서 이 책은 사람들의 관심을 후크hook하는, 즉 확 잡아끄는 '후크 포인트'를 만드는 방법에 초점이 맞춰져 있다. 다시 말해 온·오프라인에서 처음 3~5초 안에 관심을 사로잡아서 남은 메시지를 전달할 10초, 15초, 30초, 60초를 확보하는 방법을 소개하려고 한다.

효과적으로 관심을 사로잡는 능력은 바이너척 같은 사람들이 성공의 비결이라고 부르는 요소다.[15] 바이너척은 항상 최종 소비자의 관심을 끄는 것이 목표가 되어야 하고 그들과 좋은 관계를 맺을 때 비로소 원대한 뜻을 이룰 수 있다고 말한다. 예를 들어 카일리 제너는 SNS 팔로워들과 끈끈한 관계를 맺은 후 그들의 관심을 등에 업고 화장품 사업 지분 중 51퍼센트를 6억 달러에 매각했다.[16] 그녀가 수많은 사람의 관심을 사로잡고 그들과 좋은 관계를 유지하는 요령을 알고 있었기에 가능한 일이었다.

많은 사람이 자신이 어떤 사람이며 무슨 일을 하는지 알고 있고, 그 중에는 비록 소수이지만 자신이 '왜' 그 일을 하는지(자기계발 전문가이자 작가인 사이먼 사이넥Simon Sinek이 책과 강연에서 강조하는 개념인데 뒤에서 다시 이야기하겠다)를 아는 사람도 있다. 하지만 아무리 그런 것을 잘 안다고 해도 잠재 고객의 관심을 오랫동안 유지시켜서 자신의 브랜드에 대해 자세히 알게 하기는 어려운 일이다. 많은 사람이 멋진 상품이나 서비스를 갖고도 대박을 못 터트리는 이유는 자신이 하는 일에 대해 효과적으로 말할 줄 모르기 때문이다. 브라운스타인의 말을 빌리자면 사람들은 보통 '자기 자신'에게만 관심이 있지, '남'의 브랜드, 상품, 사업에는 무관심하다. 그래서 마케팅할 때 계속해서 브랜드에 스포트라이트가 맞춰지면 그들은 눈과 귀를 닫아버린다. 혹시 데이트 상대가 시종일관 자기 이야기만 했던 적이 있는가? 정말로 지루했을 것이다! 그와 마찬가지로 상품이나 서비스를 팔 생각만 하는 브랜드는 망할 수밖에 없다. 성공하는 브랜드는 타깃층에게 가치 있는 것을 제공할 방법을 생각한다.

이 새로운 현실은 마케터들에게 심각한 고민거리를 안겼다. 그 모든 소음을 어떻게 뚫을 것인가? 첫 번째 책인《100만 팔로워 마케팅: 한 달 만에 달성하는 대규모 SNS 팔로워를 확보한 비결》(www.OneMillionFollowers.com)에서 나는 여러 SNS 플랫폼에서 알고리즘을 역이용하고 흡인력 있는 콘텐츠를 만들어서 팔로워를 대량으로 확보하는 방법을 말했다. 이제 이 책에서는 우리가 사는 3초 세상에서 사람들의 관심을 사로잡기 위해 쓸 수 있는 후크 포인트 프로세스를 차근차근 설명하려 한다. 3초 만에 관심을 사로잡을 수 있을 때 새로운 기회를 창출하고, 사업을 혁신하고 확장하며, 온·오프라인 양면에서 통하는 매력적인 브랜드를 만들 수 있다.

후크 포인트를 적절히 사용하는 요령을 알면 마케팅과 커뮤니케이션 능력이 향상된다. 후크 포인트를 쓸 수 있어야 사업을 확장하고 세계적 브랜드로 도약하기 위한 발판이 생긴다. 후크 포인트는 사업 성공의 필수 요소인 만큼 마케터라면 당연히 시간과 정성을 들여야 한다.

사람들과 대화를 해보면 이제 막 대학을 졸업한 사회초년생이나 산전수전 다 겪은 억만장자나 하나같이 어려워하는 것이 이 3초 세상에서 관심을 끌 수 있을 만큼 간단명료하게 메시지를 만드는 것이다. 그 방법을 모르면 유감스럽게도 많은 기회를 놓칠 수밖에 없다.

나는 후크 포인트를 잘 쓸 수 있어야 개인, 기업, 브랜드가 경쟁자들 사이에서 튀는 존재가 되어 목표를 더 빨리, 꾸준히 달성할 수 있다고 믿기 때문에 이 책을 썼다. 고객을 만날 때도 제일 먼저 그런 말을 한다. 튀지 않고서는 큰 성공을 거두기 어려운 시대다.

탁월한 후크 포인트는 3초 만에 사람들의 관심을 사로잡는 것을 넘어 수년간 그 관심을 유지하며 그들로 하여금 구체적인 행동을 하게 만든다.

나는 이 후크 포인트 프로세스로 고객을 튀게 만드는 것이 본업이다. 그러니 당신의 회사를 튀게 만들고 혁신할 방법을 모색하는 중에 도움이 필요하거나 이 책을 읽다가 궁금한 점이 있다면 언제든 편하게 bkane@brendanjkane.com으로 연락주거나 www.HookPoint.com을 방문하기를 바란다.

1장

신종 비밀병기,
후크 포인트

사람들이 스마트폰을 스크롤하고 기사를 읽고 텔레비전을 보고 라디오를 듣고 광고판을 볼 때, 수많은 메시지, 콘텐츠, 광고가 제발 관심 좀 가져달라고 아우성친다. 그 사이에서 관심을 사로잡을 만큼 튀려면 효과적인 후크 포인트가 필요하다. 그렇다면 후크 포인트란 무엇인가? 후크 포인트는 다양한 형태로 존재한다. 예를 들면 글(슬로건, 제목, 카피)이나 지식(통계 해석, 전문가 소견, 철학, 개인적 생각)일 수 있고, 콘셉트·형식(사진, 동영상), 특징·행위(음악, 스포츠, 연기, 억양), 상품·서비스일 수도 있다. 또한 이 중에서 둘 이상이 결합된 형태일 수도 있다. 후크 포인트는 온·오프라인에서 최단 시간에 관심을 집중시키기 위한 목적으로 사용된다.

　우리 팀은 후크 포인트를 만들 때 3초 이내에 관심을 끄는 것을 목표로 한다. 특히 디지털 플랫폼과 SNS 플랫폼에 사용할 콘텐츠를 만들 때 더 신경을 쓴다. 후크 포인트의 목적은 사람들이 어떤 콘텐츠나 기업에 호기심을 느껴 더 자세히 알고 싶게 하는 것이다. 좀 더 구체적으로 말하자면 후크 포인트는 잠재 고객을 발굴하기 위해, 상품을 성공리에 출시하기 위해, SNS 팔로워를 대거 확보하기 위해, 매출을 폭발적으로 증가시키기 위해, 브랜드 메시지를 효과적으로 전달하기 위해, 고소득 일자리의 면접 기회를 잡기 위해, 중요한 미팅에서 좋은 성과를 거두기 위해, A급 고객을 유치하기 위해, 그 밖에도 다양한 형태로 커리어를 발전시키기 위해 사용된다.

후크 포인트는 지난 100년 동안 광고와 브랜딩에 사용된 다양한 개념에서 파생됐다. 그래서 감히 나의 독창적 작품이라고 말할 수는 없다. 나는 다만 '꽂히는 문장', '시선 집중형 제목', '마음을 흔드는 카피', '파격적 아이디어' 등을 요즘 디지털 세상의 초미세 관심 문화에 맞게 재정립했을 뿐이다.

대박 나는 광고에는 반드시 강력한 후크 포인트가 존재한다. 그래야 사람들이 눈길을 주고 귀를 기울이기 때문이다. 이쯤에서 소개하고 싶은 사람이 있다. 브랜드 전략가 크레이그 클레먼스Craig Clemens(인스타그램 @Craig)다. 그는 세계적인 카피라이터로 지금까지 그가 쓴 카피를 통해 총 10억 달러가 넘는 매출이 발생했다. 그가 공동 설립한 골든 히포Golden Hippo는 소비자직접판매D2C, 제조업체가 중간 유통 과정을 거치지 않고 소비자에게 제품을 직접 판매하는 것 - 옮긴이 마케팅의 대표 주자로 꼽힌다. 클레먼스는 굴지의 카피라이터들에게 가르침을 받았는데 그중 한 명이 전설의 게리 핼버트Gary Halbert다. 핼버트의 작품 중에서 가장 유명한 것은 영화배우 어니스트 보그나인Ernest Borgnine의 부인 토바 보그나인Tova Borgnine이 출시한 향수의 광고였다. 로스앤젤레스 센추리 플라자 호텔에서 개최하는 출시 기념 파티를 앞두고 핼버트가 작성한 신문 광고의 헤드라인은 "토바 보그나인, 신종 향수에 불법적 성적 흥분제 성분 무첨가 선언"이었다. 그 밑에는 "공공장소에서도 안전한 향수임을 입증하기 위해 샘플 1만 개 배포 예정"이라고 쓰여 있었다. 이 광고의 힘으로 행사장에 7,000여 명의 입장객이 몰려들었다. 그나마도 소방 당국이 사고를 우려해 인원을 통제했기 때문에 그 정도 선에서 그친 것이었다.

이 후크 포인트가 만들어낸 결과는 실로 어마어마했다. 대형 백

화점에서 앞다퉈 입고 요청이 들어오고 《타임》에 행사 현장이 보도됐다. 그 덕분에 보그나인 부부의 월소득은 2만 달러에서 80만 달러로 급상승했다(당시가 1977년이었으니 지금 가치로 환산하면 그 10배쯤 될 것이다).[17] 클레먼스는 이 후크 포인트가 그렇게 큰 힘을 발휘한 이유가 사람들이 이성의 환심을 사기 위해 향수를 뿌린다는 사실을 이용했기 때문이라고 본다. 보그나인의 향수가 불법적인 성분을 쓰지 않았다고는 믿을 수 없을 만큼 강력한 매력을 발산한다는 뉘앙스로 사람들의 마음을 휘어잡은 것이다.

또 한 사람을 소개하겠다. 광고대행사 어노멀리Anomaly의 공동설립자이며 어니스트산업Ernest Industries의 창립자 겸 회장인 어니스트 루피나치Ernest Lupinacci는 전설적인 카피라이터이기도 하다. 그가 꼽는 최고의 후크 포인트는 팀버랜드Timberland 부츠 광고에 사용된 장문의 카피다. "두 눈이 얼어붙었군요. 피부는 시퍼렇고요. 의학적으로 사망 상태입니다. 자, 부츠 얘기를 해보죠." 루피나치는 이 헤드라인을 쓴 카피라이터가 '저체온증'의 정의를 찾아보고 그 증상을 이처럼 극적으로 표현했을 것이라고 추측한다. 헤드라인 아래로는 저체온증에 대한 설명이 이어지며 팀버랜드 부츠의 획기적 기능과 디자인 요소가 자연스럽게 소개된다. 이 광고는 아웃도어 활동을 즐기고 싶지만 얼어 죽기는 싫은 사람들의 관심을 사로잡았다. 루피나치는 극적인 후크 포인트 덕분에 사람들이 광고를 마저 읽지 않고도 대번에 핵심 메시지를 이해할 수 있었다고 평가한다. 이것이 탁월한 후크 포인트의 위력이다.

후크 포인트는 원래도 카피라이팅에서 중요한 부분이었지만 우리가 사는 3초 세상에서는 그 중요성이 더욱더 커졌다. 루피나치는 기존에 광고업에 종사했던 사람들이 "획기적인 텔레비전 광고를 만들기가 점점 어려워지고 있다"면서 그 이유가 "브랜드들이 거의 무한대로 공급되는 콘텐츠와 경쟁을 벌여야 하기 때문"이라고 지적한다. 그의 말을 빌리자면 지금은 "수많은 영상이 인터넷을 통해 전 세계로 확산되는 한편으로 세상에 존재하는 거의 모든 영화가 스트리밍 사이트를 통해 서비스되고, 텔레비전에서도 양질의 방송이 쏟아져 나오는 것으로 모자라 그 모든 콘텐츠를 개인이 원할 때 언제든 손쉽게 소비할 수 있는" 시대다.

　루피나치는 이처럼 녹록지 않은 현실에서 자동차 브랜드 지프Jeep가 2020년 슈퍼볼Super Bowl 미식축구리그NFL의 결승전으로 미국 최대의 스포츠 이벤트 - 옮긴이 당시 〈사랑의 블랙홀Groundhog Day〉 패러디 광고(www.brendanjkane.com/Groundhog에서 볼 수 있다)로 히트를 한 것을 대단한 성과라고 극찬한다. 이 광고는 "지프라는 브랜드가 추구하는 열정과 반항기"를 잘 보여주면서 재미와 완성도를 모두 잡았고 〈사랑의 블랙홀〉 스토리에 지프를 끼워 넣은 이유를 시청자가 쉽게 이해할 수 있었다 영화의 주연이었던 빌 머리가 주인공으로 등장하는 이 광고는 원작처럼 매일 똑같은 하루가 반복되지만 지프가 있어서 신난다는 내용이다 - 옮긴이. 지프 루비콘이 광고의 주인공은 아니었지만, 주인공인 빌 머리 옆에서 완벽한 조연으로서 존재감을 뽐냈다. 그래서 루피나치는 이 광고를 만든 하이다이브Highdive, 오 포지티브 필름스O PositiveFilms, 지프에 대해 "브랜드의 콘텐츠라면 당연히 브랜드의 효용성에 초점을 맞춰야 한다는 순리"를 지키며 브랜드가 소비자의 삶에 어떤 유익이나 의미를 선사할 수 있는지 똑똑히 보여줬다고 높게 평가한다.

이 광고가 성공한 이유는 한마디로 훌륭한 후크 포인트가 있었기 때문이다. 만일 2020년 슈퍼볼이 그라운드호그 데이groundhog day경칩과 비슷한 절기로 매년 2월 2일이며 〈사랑의 블랙홀〉의 원제이기도 하다 - 옮긴이에 개최되지 않았고 영화의 주연이었던 빌 머리가 광고의 주인공으로 출연하지 않았다면 이 광고는 그처럼 큰 반향을 일으키지 못했을 것이다. 더브리지 코TheBridgeCo의 감독 겸 프로듀서로서 에미상 수상자인 마이크 저코백Mike Jurkovac은 이 후크 포인트 덕분에 지프가 "광고계의 슈퍼볼을 거머쥐었다"라고 말한다. 그리고 빌 머리가 지프라는 브랜드의 이미지를 잘 살렸다고 평한다. 남의 눈치를 보지 않고 다소 괴짜 같은 구석이 있는 빌 머리가 지프의 주 고객층과 일맥상통한다는 것이다.

꼭 텔레비전 광고만 아니라 어떤 경로로든 마케팅 메시지를 전달할 때는 후크 포인트가 필수다. 예전에는 콘텐츠라고 해봐야 인쇄 매체와 텔레비전에서 보는 게 다였고 그 소재도 한정되어 있었으나 요즘은 페이스북, 유튜브, 인스타그램에서 각양각색의 콘텐츠가 쏟아져 나온다. 마케팅은 그래서 더 어려워졌지만 그 목적은 달라지지 않았다. 저코백은 "지금은 텔레비전과 잡지 가판대가 전부가 아니다. 태블릿과 휴대폰 속에 수많은 유통 채널이 존재한다. 그리고 무수히 많은 사람과 기업이 콘텐츠를 만든다. 그래서 과거보다 훨씬 방대한 콘텐츠가 유통되고 있다. 그만큼 그 틈바구니를 비집고 나오기가 어렵다"라고 말한다. 마케팅기업 오길비 엔터테인먼트Ogilvy Entertainment의 대표를 지내고 현재 콘텐츠 제작사 빅 블록Big Block의 대표로 있는 덕 스콧Doug Scott은 "SNS 때문에 마케터들이 콘텐츠를 기획하고 제작하고 배포하는 방식을 재고할 수밖에 없다"며 "이제는 다양한 플랫폼에서 사용자의 적극적 반응

engagement 좋아요, 댓글, 공유 등 능동적 행동으로 나타나는 반응 - 옮긴이을 유도해 수익을 창출할 방법을 찾아야 할 때"라고 본다.

후크 포인트는 특히 낚시성 제목이 난무하는 온라인 세상에서 진정으로 튀는 존재가 되기 위해 필요하다. 낚시성 제목은 사람을 혹하게 해서 알맹이 없는 콘텐츠로 유인한다. 하지만 후크 포인트는 진정성 있고 흡인력 있는 이야기, 그러면서 가치 있고 신뢰가 가는 이야기와 결부되어 있다(여기에 대해서는 뒤의 챕터들에서 더 자세히 논하겠다). 그래서 후크 포인트가 더 강력하다. 후크 포인트는 한때 버즈피드BuzzFeed에서 성행했던 콘텐츠와 급이 다르다. 루피나치는 그런 콘텐츠가 망한 이유가 "낚시성 제목으로 '세계 최대의 고무줄에 대한 기사'처럼 시간 낭비일 뿐인 콘텐츠를 보게 해봤자 브랜드를 구축하는 데는 전혀 도움이 안 되기 때문"이라고 비판한다. 그래서 그는 후크 포인트를 만들 때 영화 〈쥐라기 공원〉에서 이언 맬컴 박사가 했던 말을 기억하라고 당부한다. "과학자들은 공룡을 만드는 게 가능한지에만 골몰하느라 공룡을 만드는 게 꼭 '필요한지는' 생각하지 않았죠." 루피나치는 이 말을 요즘처럼 낚시성 제목이 판치는 광고계에 대입해서 이렇게 한번 생각해보라고 말한다. "이 카피를 쓰면 사람들이 우리의 광고를 클릭할 것이다. 그러니까 우리가 이 카피를 만드는 것은 '가능'하다. 하지만 이 카피를 꼭 만들어야 할 '필요'가 있는가? 이런 식으로 브랜드에 투자하는 것이 옳은가?"

후크 포인트는 브랜드의 성장 이전에 생존을 위한 문제이기도 하다. 만일 비디오·DVD 대여점 체인 블록버스터Blockbuster가 후크 포인트의 중요성을 알았으면 넷플릭스 때문에 망하진 않았을 것이다. 초기

후크 포인트

넷플릭스는 블록버스터에 비하면 골리앗 앞에 선 다윗이나 다름없었다. 하지만 강력한 후크 포인트로 결국에는 시장을 정복했다.

넷플릭스가 최초로 쓴 후크 포인트는 DVD를 집으로 배달해주고 연체료를 받지 않는 것이었다. 넷플릭스의 탁월한 후크 포인트에 대해서는 잠시 후에 이야기하기로 하고, 여기서는 블록버스터가 독창적인 후크 포인트를 찾지 않고 넷플릭스의 것을 베끼려고만 한 게 패착이었다는 것만 알아됐으면 좋겠다. 그나마 제대로 모방하지도 못했고 제일 중요한 후크 포인트를 간과하기까지 했다. 그 후크 포인트는 바로 강력한 자체 콘텐츠를 제작하고 사람들이 그것을 몰아서 보게 하는 것이었다. 이런 연유로 한때 시가총액이 84억 달러에 달했던 블록버스터는 2010년에 파산 신청을 한 반면, 넷플릭스는 시가총액 1,400억 달러(이 글을 쓰는 시점 기준)를 자랑하는 기업으로 성장했다. 하룻강아지가 후크 포인트의 힘으로 호랑이를 제압한 것이다.

아마존이 왕좌에 오른 과정도 이와 비슷하다. 아마존이 보더스 Borders, 라디오 색Radio Shack, 페이리스Payless, 토이저러스Toys-R-Us, 서킷 시티Circuit City, 시어스Sears 같은 대기업의 시장점유율을 빼앗아 온 배경에는 다수의 후크 포인트가 존재한다. 예를 들자면 세계 최대의 서점 (최초의 후크 포인트), 원클릭 결제, 아마존 프라임, 킨들 전자책, 일요 배송 서비스, 아마존 에코 등이 있다. 내가 말하고 싶은 건, 이 책에서 제시하는 프로세스를 따라 후크 포인트를 만들면 현재 아무리 규모가 작고 경쟁력이 약한 기업이라고 해도 시장에서 혁신을 일으키고 생존할 수 있다는 것이다.

인간은 원래 주의 집중 시간이 짧다. 그러니까 지금 우리를 둘러싼 초미세 관심 문화는 인간의 본성에 충실한 것이다. 이 초미세 관심 문화는 디지털 플랫폼과 SNS 플랫폼을 통해 모든 사람이 서로 연결되고 더 많은 정보가 더 원활히 유통됨에 따라 가공할 속도로 확장되고 있다. 서문에서 말했다시피 지금은 매일 무려 600억 개의 메시지가 쏟아져 나오기 때문에 누가 됐든 그 속에서 튀기가 어려운 세상이다. 브랜드, 제품, 서비스에 대한 이야기를 할 때 3초 안에 관심을 사로잡지 못하면 뒷부분은 그냥 무시된다. 어디 그뿐인가. 장수하는 브랜드를 만들려면 한 번만 관심을 끌어서 될 게 아니라 지속해서 관심을 끌어야 한다. 그래서 이 책에서는 매번 3초를 넘어 10초, 15초, 30초, 60초(그리고 그 이상) 동안 주의를 집중시킴으로써 나머지 메시지를 다 전달할 수 있게 하는 프로세스를 소개할 것이다. 이 프로세스를 이용하면 시장점유율을 잃지 않고 계속 정상에서 경쟁할 수 있을 것이다.

격돌:
후크 포인트 vs USP vs 태그라인 vs 차별점 vs 경영 이념

후크 포인트가 USPunique selling proposition, 태그라인tagline, 경영 이념, 브랜드 목적과 같은 것이냐는 질문을 많이 받는다. 내 대답은 이렇다. "그럴 수도 있고 아닐 수도 있다." USP는 기업, 서비스, 상품, 브랜드를 경쟁자와 대조되게 만드는 특유의 강점을 말한다.[18] 태그라인은 브랜드의 마케팅 전반에서 사용되는 짧고 인상적인 문구이며 브랜드와 결부하고자 하는 감정이나 느낌을 똑똑히 전달하는 것이 필수다.[19] 경영 이념은 기업의 가치관이고, 브랜드 목적은 브랜드가 존재하는 이유다. 후크 포인트의 목적은 관심을 집중시키는 것이다. 따라서 USP, 태그라인, 경영 이념, 브랜드 목적이 관심을 집중시키는 용도로 사용된다면 후크 포인트와 동일하다고 볼 수 있다.

넷플릭스의 예를 들자면 앞서 말한 대로 초기에 최대 경쟁자인 블록버스터에 대항하기 위해 DVD를 집으로 배달하고 연체료를 받지 않는 후크 포인트를 이용했는데 이것은 USP이기도 했다. 이후 〈하우스 오브 카드〉, 〈오렌지 이즈 더 뉴 블랙〉, 〈기묘한 이야기〉 등 자체 콘텐츠를 제작한 것도 후크 포인트이자 USP가 됐다. 드라마를 시즌별로 한꺼번에 공개해 몰아 보도록 유도한 것 역시 후크 포인트 겸 USP였다.

하지만 USP(혹은 태그라인, 경영 이념, 브랜드 목적)와 후크 포인트가 항상 일치하진 않는다. 디즈니가 좋은 예다. 디즈니의 USP는 온 가족이 함께 즐기는 체험 활동과 콘텐츠다. 그런데 이것은 너무 광범위한 개념이기 때문에 디즈니의 마케팅에서 후크 포인트로 사용되지 않는다. 대신 디즈니는 지속적으로 다양한 후크 포인트를 만들어서 사람들이 자사의 영화와 케이블 채널을 보고 놀이공원을 방문하게 만든다.

디즈니가 대대적으로 투자한 후크 포인트는 스타워즈랜드다. 스타워즈랜드의 태그라인이나 정식 명칭(스타워즈: 은하의 변방Star Wars: Galaxy's Edge)을 아는 사람은 별로 없지만 디즈니랜드와 디즈니월드에 스타워즈를 주제로 한 공간이 있다는 것을 알고 꼭 가보고 싶어 하는 사람은 많다. 이 후크 포인트가 처음부터 잘 통하진 않았다. 초반에는 괜히 입장료만 비싸질 것이라거나 대기 줄만 길어질 것이란 불만이 제기됐다(그런 점에서 이 후크 포인트의 장기적인 성과를 추적해보는 것도 흥미로울 것 같다). 그럼에도 디즈니는 놀이공원에 꾸준히 영화나 애니메이션과 관련된 후크 포인트를 만들고 있다. 많은 놀이 기구, 그중에서도 특히 최근에 만들어진 기구들이 영화(〈니모를 찾아서〉, 〈가디언즈 오브 갤럭시〉, 〈인어 공주〉, 〈토이 스토리〉, 〈덤보〉, 〈몬스터 주식회사〉 등)를 모태로 했고, 원작과 똑같은 복장을 한 캐릭터(〈겨울왕국〉의 엘사, 미키 마우스와 미니 마우스, 백설공주 등)가 놀이공원 곳곳을 누비며 팬들을 만난다. 현재 디즈니는 놀이공원 내에 마블Marvel 영화 전용 공간도 준비 중이다. 그 이유는 아마도 2019년을 기준으로 715억 4,000만 달러인 디즈니의 전체 매출에서 놀이공원·체험 활동·굿즈의 매출이 262억 3,000만 달러로 가장 큰 비중을 차지하기 때문일 것이다. 놀이공원의 인기에 일조하는 미디어 네트워크의 매출은 같은 해에 248억 3,000만 달러를 기록했고, 스튜디오 엔터테인먼트(즉, 영화)의 매출은 111억 3,000만 달러에 그쳤다.[20] 이렇게 놀이공원이 탁월한 수입원이 되기 때문에 디즈니는 픽사Pixar, 마블, 루카스필름Lucasfilm(이들 조직 역시 디즈니의 막강한 후크 포인트이기도 하다)을 인수했을 때보다 더 많은 자금을 놀이공원에 투입 중이다.[21]

나이키도 후크 포인트와 USP, 태그라인, 경영 이념, 브랜드 목적이 일치하지 않는 기업이다. 나이키의 태그라인은 '저스트 두 잇Just Do It'이고 USP는 운동화다. 나이키의 경영 이념은 "전 세계의 모든 운동선수에게 영감과 혁신을 제공한다"[22]이고 브랜드 목적은 "스포츠를 통해 전 세계가 하나 되어 건강한 세상, 활동적인 공동체, 만인에게 공평한 경쟁의 장을 이룩하게 돕는 것"[23]이다. 나이키의 후크 포인트는 이런 것들과 맥을 같이 하지만 일치하진 않는다. 나이키의 후크 포인트는 나이키가 후원하는 운동선수와 유명인들이다. 나이키는 르브론 제임스, 세레나 윌리엄스, 케빈 하트, 마이클 조던 등을 후원함으로써 자사가 가치 있게 여기는 것에 사람들의 관심을 집중시킨다. 유명 운동선수들을 통해 대중에게 브랜드를 노출하고 회사의 메시지를 획기적인 방식으로 전달하는 것이다. 나이키가 괜히 운동선수들에게 후원과 협찬 명목으로는 세계 최대 규모인 연간 60억 달러를 지출하는 게 아니다.[24] 협찬은 나이키의 후크 포인트에서 중요한 부분이다. 협찬은 돈값을 톡톡히 한다.

나는 앞에서 소개한 카피라이터 클레먼스에게 나이키의 후크 포인트가 발전한 과정을 들었다. 초창기 나이키의 후크 포인트는 최고의 러닝화를 만드는 것이었다. 이후 이 후크 포인트가 점점 시들해지자 나이키는 영리하게도 프로 선수를 후크 포인트로 이용하기 시작했다(당시는 1972년으로 아직 협찬이 거대한 산업이 되기 전이었다). 일찍이 나이키가 후원했던 선수로는 테니스 신수 일리에 너스타세, 올림픽 육상 신기록 스타 스티브 프리폰테인, 농구 선수 마이클 조던이 있다. 지금은 수많은 선수를 후원 중인 만큼 항상 새로운 후크 포인트가 부상 중이다.

최근에는 올림픽에서 나이키의 줌 베이퍼플라이Zoom Vaporfly 러닝화 착용이 금지될 수 있다는 사실이 엄청난 후크 포인트가 됐다. 스포츠 과학 전문 칼럼니스트 알렉스 허친슨Alex Hutchinson에 따르면 "남자 마라톤 역사상 1~5위의 기록이 모두 지난 13개월 사이에 베이퍼플라이를 착용한 주자에 의해 수립됐다"고 한다. 학계에서는 베이퍼플라이를 신으면 효율이 4퍼센트 향상되어 한때 인간의 한계로 여겨졌던 기록을 깨는 데 적잖이 도움이 된다고 본다.[25] 이렇게 베이퍼플라이를 둘러싼 논란이 훌륭한 후크 포인트가 되어 소비자가 베이퍼플라이를 신고 싶다는 욕망을 느끼게 한다.

새로운 후크 포인트가 생긴다고 해서 나이키의 본질이 달라지는 것이 아니라, 오히려 그 본질에 계속해서 사람들의 관심을 집중시킬 수 있도록 후크 포인트가 진화한다. 세월이 흐르면 문화도 소비자도 변하기에 후크 포인트의 진화는 당연한 것이다. 그래서 나이키의 USP와 태그라인은 예나 지금이나 그대로다.

후크 포인트가 변해야 하는 또 다른 이유는 시장이 포화함에 따라 새롭게 관심을 끌 방법이 요구되기 때문이다. 오늘 통했던 후크 포인트가 6개월 후에도 통하리란 보장이 없다. 특히 경쟁자가 눈치채고 모방하기 시작하면 후크 포인트의 힘이 빠진다. 그래서 나이키는 나이키다움을 유지하면서도 꾸준히 후크 포인트를 진화시키는 기술을 터득했다. 나이키는 절대로 낚시성 제목으로 관심을 구걸하지 않는다. 나이키의 후크 포인트는 모두 나이키가 추구하는 가치관에 부합한다. 나이키의 후크 포인트를 통해 사람들은 나이키의 태그라인, USP, 경영 이념, 브랜드 목적이 생생하게 전달되는 이야기 속으로 들어간다.

MTV,《바이스》, 테일러 스위프트를
고객으로 만든 비결
▼

나는 지금까지 줄곧 후크 포인트 프로세스를 사용했다. 그게 내 성공의 비결이라고 해도 과언이 아니다. 후크 포인트 덕분에 MTV, 테일러 스위프트, 잡지《바이스Vice》, 파라마운트 픽처스 같은 고객을 확보

　　　　　　　　　　　　　　　　　후크 포인트

하고, 출간 계약을 맺고, 팟캐스트와 텔레비전에 출연하고, SNS에서 30일 만에 100만 팔로워를 만들었다.

나는 원래도 후크 포인트를 잘 쓰는 편이었지만 그 중요성을 새삼 절감한 것은 2005년에 로스엔젤레스로 와서 영화계에 입문했을 때였다. 그때 나는 레이크쇼어 엔터테인먼트Lakeshore Entertainment에 프로덕션 어시스턴트라는 말단 직원으로 들어갔다. 참고로 레이크쇼어 엔터테인먼트는 아카데미 수상작 〈밀리언 달러 베이비〉를 비롯해 〈언더월드〉 시리즈와 〈어글리 트루스〉 등 많은 영화를 제작한 회사다. 처음에는 바다의 모래알처럼 많은 풋내기 영화인 중 한 명일 뿐인 내가 과연 영화판에서 한자리 차지하는 날이 오긴 올까 싶었다. 하지만 나는 1년도 안 돼서 레이크쇼어에 신설된 디지털 팀의 수장으로 우뚝 올라섰다. 모두 이 책에서 소개하는 프로세스를 실행한 덕분이었다. 다시 말해 후크 포인트와 이야기를 만드는 요령(바로 이 책에서 말하는 것)을 습득한 후 강력한 후크 포인트와 가치 제안_{상품이나 서비스를 통해 제공하고자 하는 편익에 대한 설명 - 옮긴이}을 내세워 초고속으로 승진할 수 있었다.

그 길이 빨랐다고 해서 쉬웠던 것은 아니다. 나는 나 자신을 혁신하고 튀게 만들 방법을 꾸준히 모색했다. 그러다가 게리 루케시Gary Lucchesi 사장과 친분을 쌓아야 한다는 것을 알게 됐다. 어느 날 사장실에 대본을 전해주러 갔다가 그가 비서에게 하는 말을 들었던 것이다. "아니, 새로 온 애들이 왜 나한테 와서 이것저것 안 물어보는지 진짜 이해가 안 가네." 그는 레이크쇼어에 오기 전에 파라마운트 픽처스의 사장을 지냈고 그전에는 케빈 코스트너, 존 말코비치, 미셸 파이퍼의 매니저로 이름을 날렸다. 그래서 영화계의 대선배로서 후배들의 멘토가 되고 싶어 하는 것 같았다.

그 말을 듣고 나는 루케시와 면담 시간을 잡아보려 했지만 그의 비서는 별로 협조적이지 않았다. 차선책으로 내가 선택한 방법은 사장실 앞에서 기다리는 것이었다. 사장실은 파라마운트의 할리우드 촬영장 내에 있었다. 나는 매일 퇴근 시간에 맞춰 사장실 앞에서 대기했다. 루케시가 통화 중이거나 바빠 보이면 방해하지 않았다. 하지만 그가 나를 보고 인사하는 날에는 그의 차까지 따라가며 이것저것 물었다.

그 당시 나는 영화를 제작하고 싶었기 때문에 처음에는 주로 영화 제작에 대해 이야기했다. 나는 그가 하는 말을 최대한 내 것으로 소화했다. 그렇게 몇 주간 열심히 들었더니 어떻게 하면 남들이 그에게 못 주는 것을 내가 줄 수 있을지 감이 잡혔다.

그때부터는 일부러 내 과거로 화제를 돌렸다. 루케시의 관심을 끈 후크 포인트는 내가 대학에 다닐 때 이미 몇 개의 인터넷 회사를 창업했고(그런 사람은 많지 않다) 디지털 플랫폼의 생리에 밝다는 것이었다. 나는 그가 제작하는 영화를 디지털 플랫폼에서 효과적으로 마케팅할 수 있는 인물이었다. 이것을 후크 포인트로 제시한 덕분에 나는 그의 비서가 되어 커피를 내리고 카피를 쓰게 됐고, 급기야는 입사한 지 1년도 안 돼서 레이크쇼어 최초의 디지털 팀을 탄생시켰다. 그때부터 마케팅 회의에 참석하고 다른 영화사와 만나는 자리에 동석했다. 자연스럽게 영화사 간부, 감독, 배우, 작가가 내게 SNS 마케팅에 대한 조언을 구하기 시작했고, 그러면서 나의 영향력이 커졌다. 부탁을 받고 다이앤 레인 주연의 〈킬 위드 미〉 각본 수정 작업에 참여했을 정도다. 그 영화는 살인을 실시간으로 스트리밍하는 살인마를 추적하는 내용이었기 때문에 디지털 전문가인 나의 도움이 필요했다.

이후 나는 레이크쇼어에서 내 커리어를 또 한 단계 발전시켜줄 새로운 후크 포인트를 찾았다. 디지털 팀이 신설되고 2년이 지났을 즈음 당시 대세였던 SNS 플랫폼, 마이스페이스Myspace에 대해 조사하던 중에 새로운 광고 기술에 대한 아이디어가 떠올랐던 것이다. 마이스페이스는 약 5억 8,000만 달러에 뉴스 코퍼레이션News Corporation에 인수된 직후였고 나는 뉴스 코퍼레이션이 마이스페이스로 수익을 창출할 방법을 찾고 있었다. 문득 뉴스 코퍼레이션이 눈앞에 있는 금광을 못 보고 있다는 생각이 들면서 최강의 광고법이 보였다. 마이스페이스 사용자들은 영화 예고편, 뮤직비디오, 좋아하는 브랜드의 포스터를 프로필에 올리고 공유하고 있었다. 사용자 간 콘텐츠 공유, 그것은 입소문 광고의 정점이었고 인플루언서 마케팅의 시초였다(아직 SNS 인플루언서가 존재하기 전이었다). 마이스페이스가 이처럼 자생적으로 시작된 사용자 간 광고를 잘만 활용하면 큰 수익을 낼 수 있을 게 분명했다. 당시에 마이스페이스는 노출당 과금형CPM 사용자에게 광고가 노출된 횟수를 기준으로 광고료를 과금하는 방식 - 옮긴이 배너 광고로 푼돈밖에 못 벌고 있었다. 그런 광고는 확장성과 수익성이 없다는 점이 마이스페이스 비즈니스 모델의 큰 문제였다.

그래서 나는 사람들이 디지털 행동으로 돈을 벌 수 있게 하자는 생각으로 새로운 후크 포인트를 만들었다. 그 골자는 안 그래도 사용자들이 자발적으로 영화 예고편과 브랜드 포스터를 프로필에 올리고 친구들끼리 "이 상품 한번 써봐"라고 말하며 효과 만점인 광고를 해주고 있으니 거기서 수익을 창출하자는 것이었다. 그러면 CPM 방식으로

1,000회 노출당 1달러를 버는 수준을 넘어 광고주에게 클릭당 1달러(혹은 그 이상)를 청구할 수 있을 것 같았다. 나는 거기서 파생될 SNS 마케팅의 잠재력이란 실로 어마어마할 것이라고 말했다.

지금 와서 생각해보면 내가 구상한 것은 최초의 SNS 인플루언서 광고 플랫폼이라고 할 수 있었다. 마이스페이스 사용자가 미리 준비된 영화 예고편, 영상 광고, 배너 중에서 취향이나 관심사에 맞는 것을 골라서 프로필에 등록하면 다른 사용자가 거기에 반응할 때마다 광고비가 지급되는 형태였다. 현재의 인플루언서 플랫폼과 흡사하지만 당시는 2007년이었다. 인플루언서가 존재하지 않았던 시기에 나도 모르는 사이에 인플루언서와 인플루언서 마케팅이 탄생할 길을 닦고 있었던 것이다.

처음에는 그 아이디어를 레이크쇼어 사장과 또 한 명의 사업 조언자에게 전달했다. 두 사람 다 그 기술에 투자하기로 했다. 내가 그 플랫폼의 프로토타입새로운 기술을 개발하는 단계에서 만드는 시제품 - 옮긴이을 만든 후 우리는 여러 제휴사를 돌며 그것을 보여줬다.

그 과정에서 나는 자연스럽게 이 책에서 소개하는 프로세스에 숙달됐다. 모든 분야가 마찬가지겠지만 신출내기가 대기업이나 거물의 관심을 신기술에 집중시키려면 그 기술을 잘 설명할 수 있어야 하는 것은 당연하고 '튀어야' 한다. 다시 말해 신뢰를 주면서 흥미도 유발해야 한다. 그렇지 않으면 대기업 사람들은 아예 만나주지 않거나 설령 만나준다고 해도 건성으로 듣는다.

우리는 바이어컴Viacom(MTV, VH1, 코미디 센트럴Comedy Central, BET, 니켈로디언Nickelodeon의 모회사), MTV, 야후, 파라마운트, MGM,

폭스, 마이스페이스, 페이스북과 회동했다(페이스북은 아직 직원이 400명이 채 안 되는 회사였는데 그때 수단과 방법을 가리지 않고 계약을 못 따낸 게 지금도 후회스럽다!). 결과적으로 MTV와 라이선스 계약을 체결했다. 우리는 MTV와의 협력하에 그 플랫폼을 지속적으로 발전시켰고 《바이스》, MTV, 컨트리뮤직 텔레비전Country Music Television, VH1, 바이어컴, 비디오게임 〈록밴드〉와 연계한 테스트도 성공적으로 마쳤다.

《바이스》의 영상 사업부가 MTV와 바이어컴의 합작 사업으로 출발했다는 역사를 아는 사람은 많지 않다. MTV가 몇백만 달러를 투입해 궤도에 올린 사업부를 《바이스》가 몇 년 후 인수한 것이다. 우리가 MTV에 기술 라이선스를 제공하던 당시에 두 회사가 제휴 관계였기 때문에 나는 《바이스》의 창립자인 셰인 스미스Shane Smith와 최고크리에이티브책임자 에디 모레티Eddy Moretti를 만날 수 있었고 그들과도 라이선스 계약을 체결했다.

유감스럽게도 그 기술은 몇 가지 난관을 넘어서지 못하고(무엇보다도 그때의 디지털 환경에서는 시기상조였다) 비공개 베타 테스트 단계에서 좌초했다. 하지만 나는 그것을 실패라고 생각하지 않는다. 그 과정에서 많은 것을 배우고 여러 사람과 친분을 다졌기 때문이다. 특히 기업이 기꺼이 돈을 쓰게 하는 후크 포인트를 만들었다는 데 자부심을 느낀다. 그 경험이 바로 다음번 후크 포인트와 상품을 만드는 토대가 됐다.

플랫폼 사업이 무산된 직후 나는 실시간으로 웹사이트 코드를 생성하는 기술을 개발하기 시작했다. 현재 윅스Wix와 스퀘어스페이스Squarespace가 제공하는 것과 비슷한 기술이었다. 나는 그 플랫폼의 프로토타입을 MTV에 소개하고 다시 거액의 라이선스 계약을 체결했다.

이번에 그들의 관심을 끈 후크 포인트는 당시 바이어컴이 MTV를 통해 많은 뮤지션과 연예인이 대스타로 도약하는 등용문 역할을 하면서도 거기서 직접적인 이익을 얻지 못하고 있는 현실에서 출발했다. 내가 개발 중인 기술은 그런 스타들과 정식으로 사업적 협력을 도모할 수 있게 하는 것이었다. 연예인이 그 기술을 이용해 자신의 디지털 사업을 키우면 MTV가 그 수입 중 일부를 취하는 구조였다.

라이선스 계약 체결 직후 MTV의 간부가 내게 테일러 스위프트를 만나서 그 기술에 대해 이야기해보지 않겠냐고 물었다. 그때만 해도 나는 스위프트가 누구인지 몰랐다. 스위프트가 떠오르는 스타이긴 했지만 지금처럼 전 세계적인 슈퍼스타는 아니었다. 나는 한번 만나보겠다고 했다. 그런데 내가 처음 만난 사람은 당시 스위프트가 속해 있던 빅 머신 레코드Big Machine Records(이후 스쿠터 브론Scooter Braun에게 매각됐다)의 설립자 스콧 보체타Scott Borchetta였다.

우리는 로스엔젤레스에서 개최되는 그래미상 시상식장의 백스테이지에서 만났다. 리허설이 한창이라 중간에 스위프트가 우렁차게 노래를 부르며 대기실로 들어왔을 때 그녀와도 잠깐 이야기를 나누긴 했다. 하지만 그날의 미팅은 어디까지나 보체타에게 내가 개발 중인 웹사이트 기술이 그들의 디지털 사업에 어떻게 도움이 될지 설명하기 위한 자리였다. 대화는 잘 풀렸다. 이후 나는 스위프트의 아버지, 이어서 어머니를 만난 후 마침내 스위프트를 정식으로 대면했다.

나는 각 사람을 만날 때마다 그 사람이 상황을 어떻게 보고 있는지 파악했다. 각자의 고민을 듣고 거기에 맞는 후크 포인트와 가치 제안을 전달했다. 경청을 통해 상대방의 고충을 해결해줄 이야기를 만들 수 있

후크 포인트

느냐에 성패가 달려 있었다.

보체타와 스위프트의 부친은 이미 수십만 달러를 들여서 휘황찬란한 웹사이트를 만들어놨다는 게 고민이었다. 그렇게 큰돈을 투자했는데도 뭐 하나 업데이트하려면 이틀이나 걸렸다. 그래서 나는 우리 플랫폼을 이용할 때 생기는 비용 절감 및 수익 창출 효과에 초점을 맞춘 후크 포인트로 대화를 이끌었다. 그들의 또 다른 고민은 기존 웹사이트의 이탈률접속자가 유의미한 행동을 하지 않고 웹사이트를 떠나는 비율 - 옮긴이이 자그마치 90퍼센트에 달해서 온라인 굿즈 스토어의 매출이 저조하다는 것이었다. 나는 우리 플랫폼을 이용하면 그때그때 웹사이트를 최적화할 수 있고 이탈률을 감소시킬 수 있다고 말했다. 그리고 단 몇 시간 만에 새 웹사이트를 만들 수 있고, 코드를 읽고 쓸 줄 모르는 사람도 실시간으로 웹사이트를 수정할 수 있다는 점을 강조했다.

그런 후크 포인트 덕분에 나는 그들의 신뢰를 얻어 스위프트를 직접 만날 수 있었다. 그때 이미 그녀가 원하는 게 무엇인지 감을 잡았다. 측근들과 이야기해보니 그녀는 뭐든 자기가 직접 하는 것을 좋아하는 사람이었다. 직접 SNS를 운영하며 팬들과 적극적으로 소통하는 성격인데 자신의 웹사이트를 SNS 프로필처럼 쉽게 수정할 수 없다는 게 불만이었다.

나는 그녀를 만난 자리에서 우리 플랫폼으로 6시간 만에 만든 그녀의 새 웹사이트를 선보였다. 그리고 코드를 전혀 건드리지 않고도 어떤 요소든 단 몇 분 만에 수정하는 방법을 가르쳐줬다. 그녀가 직접 마우스로 웹사이트의 배경을 앨범 표지로 바꾸고 페이지 이동 버튼을 수정해봤다. 스위프트는 머리로 생각한 것을 순식간에 구현할 수 있는 기술에 흥분했다. 그렇게 스위프트는 우리 플랫폼 최초의 거물급 고객이 됐다.

이 책에서는 특정한 타깃층에 딱 맞는 후크 포인트를 고안하고 그것을 효과적으로 전달해서 소기의 성과를 거두기 위한 프로세스를 소개한다. 이 프로세스를 잘 따르면 예전에는 꿈도 못 꾸었을 거물들과 만남이 성사되고 온·오프라인에서 상품과 서비스를 훨씬 강력하게 마케팅하게 될 것이다.

(브랜드를 혁신하고 튀게 하는 방법을 습득하는 중에 도움이 필요하면 언제든 bkane@brendanjkane.com으로 메일을 보내거나 www.brendanjkane.com/work-with-brendan에 접속하길 바란다.)

좋은 후크 포인트는 세상을 바꾼다

나는 후크 포인트 활용법을 터득해야만 마케팅과 브랜딩에 성공하고 출세할 수 있다는 것을 일찍이 깨달았다. 하지만 탁월한 후크 포인트가 세상의 변화로까지 이어질 수 있다는 것은 카피라이터 친구인 클레먼스와 대화를 나누던 중에야 비로소 알게 됐다.

후크 포인트의 위력을 논하던 중에 클레먼스가 1920년대에 활약한 클로드 홉킨스Claude Hopkins의 이야기를 꺼냈다. 현대 마케팅의 아버지로 불리는 홉킨스는 굿이어타이어Goodyear Tire, 퀘이커 오츠Quaker Oats 등 지금도 건재한 브랜드를 탄생시킨 인물이다.

좋은 변화

▼

홉킨스의 일생에서 제일 유명한 이야기는 현대 사회에 양치질을 보급한 것이다. 1920년대에 펩소던트Pepsodent라는 치약 회사가 있었다. 이 회사가 홉킨스에게 치약 매출을 늘릴 방법을 부탁했다. 홉킨스는 "아시겠지만, 치약은 시장이 좀 작습니다"라고 말했다. 당시에는 미국인 중에서 매일 이를 닦는 사람이 5퍼센트에 불과했다. 지금 기준으로는 불결하게 느껴지겠지만 그때는 오늘날과 위생 관념이 달랐다. 다들 일주일 중 하루 이틀 정도만 이를 닦고 평소에는 구취를 풍기며 다녔다.

홉킨스는 이를 잘 안 닦는 95퍼센트를 붙잡는 게 치약 매출을 키우는 비결이라고 판단했다. 그래서 치약으로 치태를 제거해야 더 깨끗하고 호감 가는 인상을 준다는 광고 캠페인을 기획했다.

이 캠페인의 후크 포인트는 핀업걸pinup girl관능미를 자랑하는 여성 모델 - 옮긴이과 군인 남성(당시에는 연예인급 인기를 누렸다)이었다. 빼어난 외모의 남녀가 규칙적인 양치질로 치아를 하얗게 유지하는 것을 보여줬다. 펩소던트 치약의 태그라인은 "펩소던트, 치아에 광을 내드립니다", 잡지 광고 카피는 "치태는 치아의 위험한 오염원입니다. 하지만 치태를 싹 벗겨내고 광채를 되찾을 방법이 있습니다"였다. 잡지 광고에는 펩소던트를 매일 2회 사용하면 큰돈 들이지 않고도 스타와 같은 외모를 가질 수 있다는 메시지도 있었다. 이 역시 강력한 후크 포인트였다.

결과는 대성공이었다. 1957년에는 "펩소던트만 썼을 뿐인데 누런 이가 어디 갔지?"라는 CM송이 히트를 쳤다.[26] 그 인기가 어찌나 대단한지 공급이 수요를 따라가지 못할 정도였다. 펩소던트는 1920년대의 최다 판매 상품으로 등극하며 30년이 넘게 치약 시장을 주름잡았을 뿐만 아니라, 수많은 사람이 매일 이를 닦게 했다. 규칙적으로 이를 닦는 사람이 10년 만에 5퍼센트에서 65퍼센트로 급증한 것이다.

좋은 후크 포인트가 세상을 완전히 바꿔 놓을 수 있다는 것을 보여 주는 짜릿한 사례. 클레먼스의 말을 빌리자면 "입 냄새나는 사람과 키스를 해본 사람이라면 후크 포인트가 우리 삶을 얼마나 개선할 수 있는지 피부로 느낄 수 있을 것"이다.

나쁜 변화

▼

하지만 어떤 후크 포인트는 세상에 나쁜 변화를 초래할 수도 있다.

그 예로 클레먼스는 에드워드 버네이스Edward Bernays를 거론했다. 지그문트 프로이트의 조카인 그는 PR과 프로파간다의 아버지로 불린다. 버네이스는 군중심리, 정신분석 등 프로이트의 심리학 이론을 습득한 후 '소비자 PR'에 접목했다. 소비자 PR은 그가 1945년에 출간한 책에서 처음으로 쓴 용어다. 버네이스는 세계 최초의 PR 회사를 설립하고 대통령과 CEO 같은 권력자들의 파트너가 됐다. 그는 지식과 권력을 이용해 큰일을 많이 벌였는데 유감스럽게도 모두 좋은 일은 아니었다.

아메리칸 토바코 컴퍼니American Tobacco Company의 조지 워싱턴 힐 George Washington Hill 사장은 버네이스에게 여성 흡연율을 높일 방법을 부탁했다.[27] 버네이스는 정신분석학자 에이브러햄 브릴Abraham Brill에게 조언을 구했고, 브릴은 페미니스트에게 담배는 '남성의 지배에서 해방

되는 것'을 상징한다고 말했다. 버네이스의 후크 포인트는 거기서 출발했다.

버네이스는 광고라는 티를 내지 않고 미디어의 주목을 받을 방법을 모색했다(당시로서는 혁명적인 아이디어였다). 마침 1929년 뉴욕 부활절 퍼레이드라는 초대형 행사가 다가오고 있었다. 많은 상류층 인사가 행사용 차량으로 이동할 예정이었고 그중에는 이제 막 사교계에 데뷔하는 젊은 여성들을 태운 차량도 있었다. 지금으로 치면 패리스 힐튼과 킴 카다시안의 데뷔 무대인 셈이었다.

버네이스는 행사 전에 언론사들에 연락해 여권신장운동가들이 "퍼레이드 중 '자유의 횃불'에 불을 붙일 것"이라고 전했다.[28] 이후 사교계에 데뷔하는 여성들을 포함해 다수의 여성에게 럭키 스트라이크 담배를 지급하며 어떤 거리를 지날 때 불을 붙이라고 지시했다. 그리고 바로 그 지점에 사진사들을 대기시켜두고 그 순간을 사진에 담았다. 그 결과로 1929년 4월 1일 자《뉴욕 타임스》에〈'자유'의 상징으로 담배를 피우는 여성들Group of Girls Puff at Cigarettes as a Gesture of 'Freedom'〉이라는 제목으로 퍼레이드 보도 기사가 나갔다.[29]

사교계에 입성하는 여성들이 독립을 선언하며 자유의 횃불에 불을 붙였다는 소식이 전해지자 여성 흡연율이 대폭 상승했다. 1929년에만 여성 흡연자가 7퍼센트 증가하면서 여성 흡연에 대한 인식이 바뀌는 계기가 됐다.[30] 그 영향으로 수십 년이 지난 지금도 여성 흡연자라고 하면 모델 케이트 모스 같은 카리스마 있는 여성이 가죽 재킷을 입고 담배에 불을 붙이는 모습이 먼저 떠오른다. 이런 이미지 또한 후크 포인트의 산물이다.

팁과 요약

1 후크 포인트는 글(슬로건, 제목, 카피), 지식(통계 해석, 전문가 소견, 철학, 개인적 생각)일 수 있고, 콘셉트·형식(사진, 동영상), 특징·행위(음악, 스포츠, 연기, 억양), 상품·서비스일 수 있으며, 이 중에서 둘 이상이 결합된 형태일 수도 있다.

2 후크 포인트는 온·오프라인에서 최단 시간에 이목을 끌기 위한 목적으로 사용된다.

3 후크 포인트는 잠재 고객과 팔로워를 대량으로 확보하고, 강력한 브랜드 메시지를 만들고, 면접 기회를 따내고, 중요한 미팅에서 좋은 성과를 거두기 위해 사용할 수 있다. 또한 A급 고객을 유치하고, 매출을 폭발적으로 증가시키고, 팟캐스트나 방송 출연, 강연 등으로 커리어를 발전시킬 기회를 잡을 수 있게 해준다.

4 후크 포인트는 낚시성 제목이 아니다. 후크 포인트는 진정성 있고 흡인력 있는 이야기, 그러면서 가치 있고 신뢰가 가는 이야기와 결부되어 있다.

5 좋은 후크 포인트는 사업의 생존에 도움이 된다.

6 날마다 600억 개의 메시지가 쏟아져 나오기 때문에 누가 됐든 그 속에서 튀기가 어려운 세상이다.

7 후크 포인트 프로세스를 이용하면 메시지에 사람들의 관심을 집중시킴으로써 시장점유율을 잃지 않고 계속 정상에서 경쟁할 수 있다.

8 후크 포인트는 시장이 변화하고 포화되는 것에 대응해 꾸준히 진화해야 한다.

후크 포인트

<u>9</u>   후크 포인트는 브랜드의 정체성에 부합해야 한다.

<u>10</u> 훌륭한 후크 포인트는 세상을 변화시키기도 한다.

2장

완벽한 후크 포인트 제작법:

테슬라 따라잡기

나는 기업, 상품, 콘텐츠의 후크 포인트를 만들 때 타깃층이 원하
거나 필요로 할 만한 것에 주안점을 둔다. 그 출발점은 '타깃층의 구체
적인 고충이나 문제를 어떻게 해소할 수 있을까?'와 '타깃층이 원하지
만 아직 얻지 못한 결과는 무엇일까?'라는 질문이다. 일례로 내가 대중
의 관심을 끌기 위해 사용하고 있는 '30일 만에 100만 팔로워'라는 후
크 포인트가 사람들을 솔깃하게 만드는 이유는 그들이 SNS 팔로워 대
거 확보라는 결과를 원하면서도 그 방법을 모르기 때문이다. 다시 말해
SNS에서 자신을 마케팅하고 싶은 욕구를 건드림으로써 관심을 집중시
키는 것이다. 여기서 눈여겨볼 점은 내가 "SNS에서 빠르게 성장할 수
있도록 도와드립니다"라거나 "SNS에서 빠르게 성장하는 법을 알려드
립니다"라고 말하지 않는다는 것이다. 그저 '30일 만에 100만 팔로워'
라는 대담한 표현을 쓸 뿐이다(흡인력 있는 후크 포인트를 만드는 방법은
뒤에서 더 자세히 알아볼 테지만 이런 차이점을 염두에 두고 이 장에서 소개하
는 후크 포인트들을 보면 좋겠다).

　이 책의 부제로 쓴 '3초 세상에서 승리하는 법'이라는 후크 포인트
역시 고충에 대한 해법이다. 많은 사람과 브랜드가 요란한 경쟁 속에서
튀려고 몸부림치고 있다. 그들은 더 좋은 일자리를 만들거나 찾으려 하
고, 더 유명한 고객을 유치하려 하고, 더 많은 매출을 올리려 하고, 더 큰
계약을 따내려 한다. 이런 목표를 달성하려면 상품, 서비스, 브랜드의
가치를 충분히 설명할 수 있을 만큼 오랫동안 관심을 집중시킬 수 있어

야 한다.

관건은 사람들의 눈에 남다르고 매력적인 존재로 비치는 것이다. 그것은 잠재 고객의 마음을 움직일 수 있도록 가치를 제안할 때 가능하다. 그러면 이제부터 그처럼 탁월한 후크 포인트를 만든 사람과 기업의 사례를 살펴보자.

〈프리 솔로〉

2019년 아카데미 장편 다큐멘터리상 수상작은 지미 친Jimmy Chin과 엘리자베스 차이 베사헬리Elizabeth Chai Vasarhelyi의 〈프리 솔로〉였다. 이 영화의 후크 포인트는 스토리다. 〈프리 솔로〉는 암벽등반 전문가 알렉스 호놀드Alex Honnold가 요세미티 국립공원에 깎아지른 듯 솟아 있는 900미터 높이의 바위산 엘카피탄을 사상 최초로 **로프 없이** 오르는 이야기다. 그렇게 가파르고 높은 산을 로프 없이 등반하는 곡예에 가까운 장면은 이제껏 보기 어려웠고, 그래서 관객의 마음을 사로잡는다. 여기서 '로프 없이'를 굵게 처리한 이유는 그게 바로 후크 포인트이기 때문이다. 만일 호놀드가 로프에 의지해 엘캐피탄을 등반했다면 그처럼 강력한 후크 포인트가 생기진 않았을 것이다.

그 증거는 같은 감독들이 앞서 제작한 〈메루, 한계를 향한 열정〉을 보면 알 수 있다. 이 영화는 히말라야산맥 메루봉의 '상어 지느러미' 루트 등반에 최초로 성공한 사람들의 이야기다. 〈프리 솔로〉와 차이점이 있다면 로프를 '썼다는' 것이다. 〈메루〉도 예고편에서 주인공들이 메

후크 포인트

루봉을 오르다가 죽을지도 모른다고 말하는 후크 포인트가 있다(www.brendanjkane.com/meru에서 볼 수 있다). 그 말을 듣는 순간 과연 그들이 무사히 귀환했을지 궁금해진다. 하지만 이 영화는 비평과 흥행에서 〈프리 솔로〉만큼의 성과를 거두지 못했다.

나는 개인적으로 〈메루〉를 더 좋아하지만(참고로 나는 암벽등반에 문외한이다) 〈프리 솔로〉의 후크 포인트가 더 강력한 이유는 호놀드가 로프 없이 정상에 오르기 위해 분투하는 과정을 보면서 관객의 마음속에 '투쟁할 것이냐, 도주할 것이냐' 하는 본능적인 갈등이 생기기 때문이다(www.brendanjkane.com/free에서 예고편을 보면 무슨 말인지 알 것이다). 예고편을 보면 호놀드가 등반 중에 언제든 사망할 수 있다는 생각이 들고 진짜로 그와 함께 로프 없이 그 높은 곳을 오르는 기분이 들어 등골이 오싹해진다. 나도 〈프리 솔로〉가 분명히 좋은 영화라고 생각하지만, 이 영화가 우수한 흥행 성적을 거두고 아카데미상을 받은 것은 강력한 후크 포인트 때문이라고 본다. 후크 포인트 덕분에 암벽등반에 관심이 없는 대다수의 사람을 관객으로 끌어들일 수 있었다.

〈프리 솔로〉는 상품이나 아이디어가 그 자체로 후크 포인트가 될 수 있다는 것을 똑똑히 보여주는 사례다. 물론 좋은 후크 포인트를 만들기 위해 목숨 걸고 벼랑을 기어오를 것까진 없겠지만 이야기가 될 만한 것, 남다른 것은 분명히 필요하다. 진정성 있고 간결하면서 강렬한 한 방이 필요하다. 그래야 타깃층이 관심이 생겨서 더 보고 싶고, 더 듣고 싶고, 더 갖고 싶어진다.

원 포 원:
한 켤레 구입하면 한 켤레가 기부됩니다

▼

블레이크 마이코스키Blake Mycoskie가 탐스 슈즈Toms Shoes를 설립했을 때 후크 포인트는 소비자가 신발을 한 켤레 사면 탐스가 빈곤층 아동에게 한 켤레를 기부하는 '원 포 원one for one'이었다. 마이코스키에게는 이 후크 포인트를 탄탄히 뒷받침하는 이야기가 있었다. 그는 2006년에 아르헨티나의 작은 마을에 갔을 때 맨발로 돌아다니는 아이들을 봤다. 그들을 돕기 위해 생각해낸 '원 포 원'이 후크 포인트가 되어 회사를 급속도로 성장시켰다. 2014년에 탐스는 베인 캐피탈Bain Capital로부터 3억 1,300만 달러의 투자금을 유치하면서 기업 가치가 6억 달러를 돌파했다.[31]

하지만 이후로 탐스는 심각한 부진에 시달린 끝에 신용 등급이 하락하고 파산 루머가 돌았다. 신용평가사 무디스Moody's 보고서에 따르면 탐스의 2018년 순매출은 약 3억 3,600만 달러였다.[32] 스타벅스와 티모바일T-Mobile 임원 출신으로 2015년 탐스에 합류한 짐 앨링Jim Alling은 탐스가 선량한 사명이 아닌 디자인을 중시하면서 위기에 봉착했다고 본다. "신발이야 당연히 잘 만들어야 하지만 우리가 다른 회사와 다른 이유는 우리만의 이야기가 있기 때문이다."[33] 또 한편으로는 탐스가 튀는 브랜드가 되어 투자를 받고 급성장할 수 있게 만든 동력원인 기존의 후크 포인트를 다른 브랜드들이 모방한 것도 문제였다. 그로 인해 후크 포인트가 힘을 잃자 탐스는 다시 튀는 브랜드가 되기 위해 새로운 후크 포인트를 찾아야 했다.

후크 포인트

현재 탐스는 노숙인 자활, 여성 권익 신장, 사회적 기업 확산에 힘을 보태며 이런 활동이 후크 포인트로 발전해 브랜드의 성장에 기여하기를 기대하고 있다. 하지만 이를 차치하고도 탐스는 지금까지 3,500만 켤레 이상의 아동용 신발을 기부했고 그 범위를 선글라스와 커피 사업으로까지 확대했다. 그 결과로 25만 명에게 안경이 지급되고 5개국에 깨끗한 물이 공급됐다.[34]

넷플릭스의 무연체료

앞에서 말한 대로 초기 넷플릭스의 후크 포인트는 '무연체료'였다. 넷플릭스의 최대 경쟁자였던 블록버스터는 영화를 대여하거나 반납할 때 반드시 매상을 방문해야 했고 반납이 하루라도 늦으면 연체료가 부과됐다. 그런 시스템을 못마땅하게 여긴 사람이 바로 넷플릭스의 CEO가 된 리드 헤이스팅스Reed Hastings였다.

언젠가 헤이스팅스는 블록버스터에서 〈아폴로 13〉을 대여했다가 테이프를 못 찾아서 며칠간 반납이 밀린 탓에 무려 40달러나 되는 연체료를 물었다. 그는 짜증도 나고 황당하기도 했다(나를 포함해 블록버스터를 이용해본 사람이라면 누구나 공감할 만한 고충이었다). 대여점을 나와 헬스장으로 차를 몰면서 그는 영화 대여 시스템을 개선할 방법을 고민했다. 헬스장과 유사한 시스템은 불가능할까? 월 회비를 내고 무제한으로 영화를 빌려볼 수 있다면? 그로부터 얼마 후 우편으로 1회에 최대 3편의 영화 DVD를 빌려주는 회사가 탄생했다. 넷플릭스의 시작이었다.[35]

이후 넷플릭스는 처음과 비교도 안 될 만큼 성장했고 후크 포인트도 달라졌다. 하지만 작은 스타트업이 관심을 끌어 지금 같은 공룡 미디어 기업으로 성장할 기틀을 다진 것은 '무연체료'라는 초기의 후크 포인트 덕분이었다. 블록버스터는 참신한 후크 포인트로 대응하지 못하고 넷플릭스에 시장점유율을 고스란히 내어줬다. 그렇게 넷플릭스는 시장을 제패하고 미디어 업계 시가총액 1위 기업으로 우뚝 섰다2020년 매출은 250억 달러,[36] 유료 가입자 수는 2020년 4분기 기준으로 2억 360만 명이다 - 옮긴이.[37]

일론 머스크의 못생긴 사이버트럭

▼

테슬라Tesla의 사이버트럭Cybertruck은 다른 어떤 픽업트럭, 아니, 다른 어떤 차와도 비슷하게 생기지 않았다. 사이버트럭이 공개된 후 여론은 호불호가 확실히 갈렸으나 한 가지만큼은 분명했다. 사이버트럭이 순식간에 사람들의 관심을 사로잡았다는 것이다. 픽업트럭은 거의 100년간 디자인에 변화가 없었고[38] 차주들의 브랜드 충성도가 매우 강하다. 테슬라의 공동설립자이자 CEO인 일론 머스크Elon Musk는 그 같은 업계의 판도를 바꾸려면 기존의 것과 전혀 다른 것이 필요하다고 봤다. 그래서 지금까지 볼 수 없었던(혹은 상상할 수 없었던) 디자인을 내놓았다.

사이버트럭의 후크 포인트는 무엇 때문에 힘을 발휘하는 것일까? 사람들의 눈길을 끄는 그 기상천외한 디자인에 다 그럴 만한 이유가 있기 때문이다. 그 독특한 디자인 덕분에 합리적인 가격에 더 큰 활용성을 갖추게 됐다. 마케팅·브랜드 전략가인 마이크 개스틴Mike Gastin은 사이버트럭이 "오늘 도래하는 미래"라는 테슬라의 비전에 부합하는 '극강'의 브랜딩 사례라고 호평한다. 사이버트럭이 과연 포드 F150을 능가할지는 시간이 말해줄 것이지만, 발표 직후 사전주문량이 25만 대를 돌파한 것은 인상적이다.[39]

30일 만에 100만 팔로워

▼

'30일 만에 100만 팔로워'는 내가 일찍이 내 브랜드를 키우기 위해 처음 사용한 후크 포인트다. 내가 일부러 그렇게 많은 팔로워를 모은 목적은 다름이 아니라 강력한 후크 포인트를 만들기 위해서였다. 그래야 더 큰 기회를 얻어서 내 브랜드를 더욱 성장시킬 수 있기 때문이었다.

다시 말해 내가 30일 만에 100만 팔로워를 만들기로 한 이유는 그것을 후크 포인트로 내세워서 사람들의 관심을 끌고, 그 결과로 그들에게 가치 있는 것을 제공할 기회를 얻기 위해서였다. 그 외에 인플루언서나 유명인이 되는 것을 목표로 하진 않았다. 그저 내가 전하려고 하는 더 큰 이야기에 사람들이 귀를 기울이게 하고 싶을 뿐이었다. 그래서 팔로워를 모으기 전에 출판계에서 유명한 에이전트(현재 내 에이전트이기도 하다)에게 과연 출판사들이 30일 만에 100만 팔로워 만들기라는 주제에 관심을 보일지 물어봤다. 나는 똑같은 내용이라도 제목을 '30일 만에 100만 팔로워'라고 제안했을 때와 'SNS 팔로워 모으는 법'이라고 제안했을 때 효과는 전혀 다르다는 것을 잘 알고 있었다. 전자는 구체적이고 뇌리에 확 꽂히는 반면에 후자는 두루뭉술하고 가뜩이나 포화된 시장에서 이미 많이 사용된 문구였다. 그런 내 판단이 적중해서 나는 출판사와 계약을 맺고 책을 출간할 수 있었다. 그 책이 매우 잘 팔린 덕분에 다시 이 책의 출간 계약을 맺을 수 있었고, 그 외에도 굵직굵직한 사업 기회를 많이 잡아서 수백만 달러의 매출을 올릴 수 있었다.

여기서 내가 말하려는 가장 중요한 건, 후크 포인트를 만들 때 반드시 특수성이 있어야 한다는 것이다. 사람들이 100번 넘게 들은 이야기를 해봤자 지루하기만 할 뿐이다. 후크 포인트의 목적은 튀는 것이다. 어떻게 하면 자신을, 브랜드를, 상품을 특별하게 만들 수 있을지, 경쟁자와 완전히 차별화할 수 있을지 생각해봐야 한다.

예상 뒤엎기

▼

좋은 후크 포인트는 사람들의 생각을 바꿔놓고는 한다. 역으로 생각해보면 예상을 뒤엎는 후크 포인트를 만들 때 사람들의 관심을 끌기가 더 쉽다는 뜻이 된다. 그런 후크 포인트를 만드는 방법의 하나는 통념을 뒤집는 것이다. 일례로 우리 팀이 만든 SNS 영상 중 하나는 "경고!! 안전은 위험합니다"라는 후크 포인트로 성공했다. 그것은 인생에서 안전을 추구하는 게 좋다는 통념에 이의를 제기하며 꿈을 이루기 위해 악전고투를 마다하지 말라고 촉구하는 말이었다.

그런데 통념을 뒤집는 메시지가 반드시 자신의 신념과 일치해야 하는 것은 또 아니다. 예를 들어 나는 개인 SNS 계정에 올린 영상에서

후크 포인트

"명상은 사기다!"라는 후크 포인트를 썼다. 사실 나는 10년간 명상을 해왔고 올바르게만 하면 명상이 매우 유익하다고 생각한다. 그럼에도 그런 후크 포인트를 쓴 이유는 사람들의 관심을 끌어서 그 이면에 있는 진짜 메시지를 전달하기 위해서였다. 그 메시지란 요즘 명상이 워낙 인기다 보니 명상의 정의와 방법에 대한 오해가 많다는 것이었다. 말하자면 나는 사람들을 속이려고 한 게 아니라 그들이 흥미를 느낄 만한 주제에 관심을 집중시키려고 했을 뿐이다. 이렇듯 예상을 뒤엎는 것은 사람들이 좋은 메시지를 그냥 넘겨버리지 않고 주목하게 만드는 수단이 된다.

퍼스트 미디어First Media의 콘텐츠본부장을 지내고 현재 우리 팀에서 디지털 콘텐츠 전략가로 있는 나빈 고다Naveen Gowda에 따르면 예상 뒤엎기의 핵심은 타깃층이 어떤 아이디어나 개념을 다른 각도에서 보게 만드는 것이다. 똑같은 집이라도 이 벽에 난 창문과 저 벽에 난 창문으로 들여다볼 때 풍경이 달라지는 것과 같은 이치다. 후크 포인트로 예상을 뒤엎으면 사람들은 익숙한 주제도 새로이 보게 된다.

예상 뒤엎기는 특히 붐비는 시장에서 효과가 탁월하다. 요가 강사, 명상 지도자, 셰프 같은 직군은 남들과 똑같은 정보만 제공해서는 튀지 못한다. 아무리 경쟁자보다 탄탄한 기반을 다져놓았다고 해도 마찬가지다. 그래서 남다른 메시지 전달법이 필요하다. 그렇지 않으면 사람들은 금세 지루해하고 관심을 거둬버린다.

게리 비Gary Vee로도 통하는 사업가 게리 바이너척은 시도 때도 없이 예상을 뒤엎는 사람이다. 그가 SNS에 올린 영상(www.brendanjkane.com/gary에서 볼 수 있다)에서 한 여성이 그의 차로 다가와 말한다. "제가 기운이 빠질 때마다 힘이 될 말을 딱 세 단어로 표현해주세요." 그러자 그는 "당신은 언젠가 죽습니다"라고 대답한다. 여성의 예상(그리고 시청자의 예상)을 완전히 뒤엎는 대답이다.

게리 비가 아니더라도 사람들에게 열심히 살라고 말하는 사업가는 세상에 수두룩하다. 하지만 그들은 위와 같은 질문을 받았을 때 "노력은 배신하지 않습니다", "결국에는 성공할 겁니다", "창의력을 십분 발휘하세요", "긍정적인 마음으로 사세요" 등등 뻔한 말을 한다. 반면에 "당신은 언젠가 죽습니다"라는 게리 비의 말은 전혀 뜻밖이기 때문에 관심을 사로잡는다. 참고로 고다는 위의 사례에서 게리 비가 영리하게 대응했다면서도 예상을 뒤엎는 것과 몰상식한 것은 백지 한 장 차이라는 점을 유념하고 후크 포인트를 만들라고 경고한다.

디지털 미디어기업 예스 시어리Yes Theory도 예상을 뒤엎는 브랜드의 좋은 예다. 예스 시어리의 기조는 "일부러 불편을 감수한다면 개성과 잠재력을 발현하는 인생을 살 수 있다"는 것이다. 그래서 예스 시어리의 영상은 〈아이스맨 빔 호프와 함께 초인에 도전하기Becoming Superman with the Ice Man, Wim Hof〉, 〈고급스러운 공항에서 안 걸리고 4일 동안 노숙하기I Lived in a Luxury Airport for 4 Days. Nobody Noticed〉, 〈처음 보는 사람한테 즉석에서 스카이다이빙 요청하기Asking Strangers to Go Skydiving on the Spot〉, 〈세상에서 여행객이 제일 적은 나라 여행하기Traveling to the Least Visited Country in the World〉, 〈24시간 동안 무조건 동전 던지기로 결정하기(두바이)Letting a Coin Flip Control Our Lives for 24hrs (Dubai)〉 같은 후크 포인트로 사람들에게 안전지대를 벗어날 것을 촉구한다.

안전지대 밖으로 나가라고 말하는 브랜드야 많지만 예스 시어리는 그 메시지를 황당한 도전(곧 강력한 후크 포인트)을 통해 색다르게 전달함으로써 예상을 뒤엎고 관심을 사로잡는다. 특히 〈아이스맨 빔 호프와 함께 초인에 도전하기〉(www.brendanjkane.com/superman에서 볼 수 있다)가 독보적이다. 극한의 추위를 버텨내는 것으로 유명한 네덜란드의 익스트림 스포츠 선수 빔 호프는 이미 많은 인터뷰를 했지만 예스 시어리는 강력한 후크 포인트를 통해 800만이 넘는 조회 수를 올렸다.

후크 포인트는 사람들을 이야기 속으로 끌어들인다
▼

나의 전작인 《100만 팔로워 마케팅》을 읽은 사람이라면 알겠지만 내가 가르치는 팔로워 유치법의 핵심은 콘텐츠 테스트와 최적화다. 나는 그 책에서 그저 단기간에 팔로워를 확보하는 법만 말하지 않는다. 팔로워 증가를 위한 공식 하나만 실려 있었다면 책이 독자에게 별로 유용하지도 않았을 것이고 내가 디지털 분야의 오피니언 리더로 발돋움하지도 못했을 것이다. 그렇다고 해도 '30일 만에 100만 팔로워'라는 후크 포인트가 사람들의 관심을 끌어서 내 커리어가 전과 비교할 수 없을 만큼 발전한 것은 분명한 사실이다.

그 책을 완성한 후 전문가를 고용해서 내가 30일 만에 100만 팔로워를 만들기 위해 사용한 기법과 그 근간이 되는 철학을 이야기하는 짧은 인터뷰 영상을 제작했다. 그리고 그 영상을 이용해 페이스북과 인스타그램에 컨설팅 희망자를 모집하는 광고를 냈다. 그 결과 전 세계에서 만 1만 6,000명의 신청자가 몰렸다. 내 후크 포인트가 수많은 사람의 강렬한 욕구를 건드려서 30일 만에 100만 팔로워를 만드는 비법을 배우고 조언을 듣고 싶게 할 만큼 강력한 힘을 발휘한 것이다.

이후로도 나는 그 후크 포인트와 책을 토대로 새로운 고객을 유치한 것은 물론이고 이케아, 마인드밸리, 웹 서밋Web Summit(참가자가 7만명 정도 된다) 같은 기업과 행사에서 강연할 기회를 얻었다. 또한 〈고수를 찾아서: 마이클 저베이스의 고高성과 심리학Finding Mastery: High Performance Psychology with Michael Gervais〉 같은 인기 팟캐스트와 폭스 비즈니스FOX Business, 시리우스XM SiriusXM, KTLA, 야후 파이낸스 등의 텔레비전과 라디오에 출연했으며,《포브스》,《안트러프러너Entrepreneur》,《Inc.》 같은 잡지에 소개됐다. 그래서 내 브랜드는 더 많은 사람들에게 노출됐고 영향력도 더욱 커졌다.

나는 '30일 만에 100만 팔로워'라는 후크 포인트로 수많은 사람의 관심을 사로잡음으로써 그들이 그간 무시했을 수도 있는 유익한 메시지를 전달할 기회를 얻었다. 그리고 그 후크 포인트의 이면에 진솔한 이야기가 버티고 있었기 때문에(그 중요성에 대해서는 5장에서 알아볼 것이다) 내 사업을 성장시키고 전 세계에서 많은 사람과 브랜드가 목표를 달성할 수 있도록 도울 수 있었다.

그렇다고 '30일 만에 100만 팔로워'가 내 인생 최초의 후크 포인트는 아니었고 최후의 후크 포인트는 더더욱 아니었다. 나는 사회초년생 때부터 끊임없이 후크 포인트를 만들고 테스트해왔다. 내가 설립한 IT 기업들을 홍보할 때나 영화의 광고 아이디어를 낼 때, 유명인과 계약을 성사시키려고 할 때도 나는 항상 나와 고객을 위한 후크 포인트를 테스트하고 개선한다.

하지만 신속하고 효율적으로 후크 포인트를 만들어내는 진짜 실력자로 거듭난 것은 저명한 앵커 케이티 쿠릭Katie Couric을 만나면서였다. 그때는 내가 매일 헤드라인, 후크 포인트, 콘텐츠를 테스트한 지 1년 반쯤 된 시점이었다. 나는 그녀와 일하는 동안 콘텐츠를 테스트하기 위해 총 7만 5,000개 이상의 버전을 만들었다(여기에 대해서는 다음 장에서 자세히 이야기할 것이다). 그러면서 헤드라인과 주제를 대규모로 테스트하는 획기적인 기법을 개발했고, 그것을 기반으로 다량의 데이터가 확보되면서 후크 포인트 프로세스가 정립되기 시작했다.

주 4시간 노동

▼

팀 페리스Tim Ferriss의 《나는 4시간만 일한다》는 탄탄한 후크 포인트와 강력한 가치 제안이 맞물려 폭발적인 위력을 발휘한 예다. 사람들이 이 책에 끌리는 이유는 일하는 시간을 줄여서 가족·친구와 더 많은 시간을 보내고 자유롭게 여행을 다니고 여유롭게 취미 생활을 즐기고 싶기 때문이다. 주 4시간만 일한다는 페리스의 후크 포인트는 많은 사람이 겪고 있는 딜레마의 해법을 제시한다. 실제로 책을 읽어보면 알겠지만 그가 소개하는 기법들은 단순히 주간 노동 시간을 줄이는 것에만 초점이 맞춰져 있지 않다. 하지만 그 후크 포인트가 워낙 강력해서 페리스는 정말로 주 4시간만 일하냐는 질문을 끊임없이 받는다. 그런 질문을 하는 사람은 모두 책을 안 읽은 사람들이기 때문에 그는 솔직히 좀 짜증이 난다고 한다. 그러나 사람들이 페리스의 나머지 이야기에도 관심을 기울이는 이유는 바로 4시간만 일한다는 후크 포인트의 위력 때문이다.

페리스의 책은 간결하고 도발적인 메시지로 베스트셀러에 등극했다. 나도 개인적으로 좋아하는 책이다. 그런데 재미있는 사실은 그런 메시지가 그다지 혁명적인 주장은 아니라는 것이다. 이전에도 그와 비슷한 조언을 하는 사람들이 있었다. 하지만 《나는 4시간만 일한다》는 제목이 강력한 후크 포인트가 되기 때문에 경쟁자들 사이에서 튀고 더 많은 관심을 유발한다.

페리스는 후크 포인트가 되는 제목이 얼마나 중요한지 잘 알았다. 사실 그는 최고의 제목을 찾기 위해 구글 애드워즈AdWords에서 수십 개의 제목을 테스트했다. '나는 4시간만 일한다'는 '지겹다, 인생', '마약왕처럼 사는 법', '죽어라 일해봤자 말짱 꽝이지'를 꺾고 나온 제목이다.[40] 일주일에 4시간만 일한다는 구체적인 메시지가 신선하고 매력적이었다. 그리고 왠지 나도 할 수 있을 것 같다는 생각이 들게 했다.

카피라이터 크레이그 클레먼스는 독창적이지 않은 아이디어도 후크 포인트가 있으면 한층 흥미롭거나 중요하게 받아들여질 수 있다고 말한다. 같은 메시지라도 어떤 맥락에서 어떻게 말하느냐에 따라 성패가 좌우된다는 말이다. 익숙한 개념도 독창적으로 표현하면 천재라는 소리를 들을 수 있다.

그러니까 당신이 누구이고 무슨 일을 하는지만 말해서는 부족하다. 당신과 똑같은 기술을 보유한 사람은 널렸기 때문이다. 3초 안에 튀려면 당신과 당신의 상품이나 정보가 왜 남다른지, 어떤 면에서 사람들의 삶과 관련이 있는지 말해야 한다. 그래서 간결하고 강렬하게 메시지를 전달할 방법이 필요하다. 당신이 때마침 타깃층의 필요와 맞아떨어지는 주제로 흥미를 유발한다면 그들도 하던 일을 멈추고 당신에게 집중할 것이다.

잠재 고객이 밤잠을 설치는 이유는 무엇인가?

▼

앞에서 말했지만 클레먼스는 웹 중심의 소비자직접판매 및 브랜딩 전문 기업으로는 세계 최대 규모인 골든 히포의 설립자다. 그가 지금까지 발생시킨 매출을 모두 합하면 10억 달러를 상회한다. 전 세계적으로 봐도 그 정도로 성공한 사람은 극소수에 불과하다. 클레먼스는 자신의 성공 비결이 잠재 고객의 고충을 해결하는 후크 포인트를 만들 줄 알기 때문이라고 말한다. 그는 페이스북, 《허핑턴 포스트》, 《TMZ》가십 전문 웹진 - 옮긴이를 무심히 둘러보는 사람들의 관심을 단시간에 집중시킬 수 있다. 그가 만드는 후크 포인트는 그만큼 강력하다.

1970~80년대를 주름잡은 전설적 카피라이터 유진 슈워츠Eugene Schwartz는 잠재 고객의 마음속에서 벌어지고 있는 대화 속으로 들어가라고 말한다. 클레먼스도 잠재 고객의 생각을 읽는 게 어느 때보다 중요해졌다고 본다. 요즘 같은 초미세 관심의 시대에는 잠재 고객이 밤잠을 설치게 만드는 문제를 건드리는 후크 포인트가 필요하다. 어쩌면 잠재 고객이 고질적인 복통으로 고생 중인데 당신에게 소화를 돕는 약이 있을 수 있다. 어쩌면 잠재 고객의 컴퓨터에 저장 공간이 부족한데 당신의 회사에서 마침 딱 맞는 서비스를 판매 중일 수 있다. 무엇을 팔든 간에 그것으로 잠재 고객의 삶에서 중요한 문제를 해결할 수 있다는 것을 보

여주는 후크 포인트가 필요하다. 잠재 고객의 마음속에 불쑥 뛰어들어서 새로운 것을 가르쳐주는 안내자가 돼야 한다.

클레먼스가 마케터이자 심리 기법 강사인 와이어트 우즈몰Wyatt Woodsmall에게서 배운 중요한 사실이 있다. 사람들은 어떤 사람이 자신의 문제를 자신보다 더 잘 설명하면 그 사람이 해법도 갖고 있다고 무의식중에 믿는다는 것이다. 그러니까 후크 포인트를 통해서 잠재 고객의 문제를 이해하고 있다는 것을 보여줘야 한다. 그러면 당신의 상품에 관심이 집중돼서 판매로 이어질 것이다.

진짜 수면 전문의

마이클 브루스Michael Breus 박사는 일명 '진짜 수면 전문의The Sleep Doctor'로 알려져 있고 그게 바로 그의 후크 포인트이기도 하다. 이 별칭 덕분에 그는 〈닥터 오즈 쇼The Dr. Oz Show〉에 35회 이상 출연하고 〈투데이Today〉에도 여러 번 나갔다. 그러면 브루스는 어떻게 그처럼 강력한 후크 포인트를 찾았을까? 그는 일찍이 임상 수면 장애 전문의 자격을 취득했다. 하지만 그 분야에는 아직 '흉부외과'나 '이비인후과'처럼 고유한 명칭이 존재하지 않았다.

브루스는 자신을 마케팅할 방법을 모색하던 중에 피터 몬토야Peter Montoya와 팀 밴더헤이Tim Vandehey가 쓴 《브랜드로 승부하라The Brand Called You》를 읽었다. 그 책은 브랜드명을 지을 때 3~5개의 단어로 자신이 하는 일을 표현해야 한다고 말한다. 브루스는 사람들에게 그의 직업이 무엇이라고 생각하냐고 물었고, 다들 수면과 치료를 언급했다. 그래서 sleepdoctor.com이나 thesleepdoctor.com을 구입하려고 알아봤으나 다른 사람들이 선점하고 있었다. 다행히 thesleepdoctor.com의 소유자에게 연락이 닿아 돈을 주고 그 주소를 양도받았다. 지금까지 그가 쓴 돈 중에서 제일 잘 쓴 돈이었다. 그 후로 '진짜 수면 전문의'는 브루스의 사업에서 가장 강력한 후크 포인트가 됐다.

후크 포인트는 강력한 반응을 일으킨다

▼

'진짜 수면 전문의'란 말을 쓰기 시작하자 소비자들이 긍정적인 관심을 보이며 인지도가 올라갔지만 동종업계 종사자들은 강한 반감을 드러냈다. '진짜 수면 전문의'라는 말이 업계 최고라거나 유일하다는 뉘앙스를 풍긴다며 고깝게 보는 것이었다. 브루스는 의료계에서 많은 사람에게 배척당하고 많은 행사에 초대받지 못했다. '돌팔이'니 '배신자'니 하는 말이 쏙 들어갈 때까지 거의 10년이 걸렸다.

언젠가 브루스가 학술 행사에 토론자로 초청됐을 때 "여기가 어디라고 인터넷 의사가 감히 참석합니까?"라고 항의하는 사람들이 있었다. 하지만 행사가 끝나고 그에게 와서 "저기요, 어떻게 하면 그렇게 매스컴의 주목을 받을 수 있나요?"라고 묻는 것도 그 사람들이었다는 게 아이러니였다. 앞에서는 따돌리면서도 뒤에서는 다들 그에게 조언을 구했던 것이다. 다른 의사들의 이중성을 보면서 그는 자신의 후크 포인트를 고수해야겠다는 의지가 더욱 강해졌다. 그들이 부러워하는 것을 보니 잘하고 있다는 확신이 생겼다. 객관적인 사실만 놓고 말하자면 그는 분명히 과학적 연구법을 사용하고 있었으므로 아무도 뭐라고 할 수 없었다. '진짜 수면 전문의'는 내가 아는 후크 포인트 중에서도 손에 꼽힐 만큼 강력한 후크 포인트다. 브루스가 끝내 포기하지 않은 게 얼마나 다행인지 모른다.

후크 포인트를 만들었을 때 사람들이 강렬한 반응을 보인다면 잘한 것이다. 설령 그중에 부정적인 반응이 포함되어 있어도 괜찮다. 머스크의 사이버트럭은 '못생겼다'라는 말을 들었지만 어마어마한 사전 계약 물량이 몰렸다. 내게도 종종 '30일 만에 100만 팔로워' 후크 포인트에 대한 거부감을 표현하는 사람들이 있다. 내 인스타그램에 "100만 팔로워를 만들어봤자 적극적 반응을 끌어내지 못한다면 아무 소용없죠" 같은 댓글이 달린다. 하지만 나는 그런 말을 들어도 아무렇지 않다. 그렇게 부정적인 댓글을 다는 사람들은 사실 내가 더 많은 사람에게 노출되도록 도와주고 있을 뿐이다. 물론 어떻게든 노출만 많이 되면 좋다는 말은 아니다(만일 사람들의 반응이 대체로 부정적이라면 뭔가 문제가 있다고 봐야 한다). 하지만 긍정적인 반응에는 부정적인 반응도 얼마간 동반되기 마련이다. 무슨 일이든 100퍼센트 긍정적인 피드백만 받을 수는 없다. 긍정적인 반응이 부정적인 반응보다 우세하다면 지금 잘하고 있는 것이다. 반면에 아예 반응이 없거나 부정적인 반응이 대부분일 때는 방향을 바꿀 필요가 있다.

후크 포인트로 정보를 패키지화할 수 있다

'진짜 수면 전문의'라는 후크 포인트로 브루스는 한결 친근한 이미지를 만든다. 그의 화법도 그런 이미지에 부합한다. 그는 청중에게 말할 때 거창하고 어려운 용어를 쓰지 않는다. 신경화학에 대해 논하려면 얼마든지 논할 수 있지만 그래 봤자 자신의 소비자에게는 통하지 않는다고 생각한다. 3초 세상에서 사람들은 복잡한 정보를 있는 그대로 어렵고 장황하게 전달하는 사람이 아니라, 그중에서 실생활에 적용 가능한 부분만 떼서 쉽고 간결하게 알려주는 사람을 좋아한다. 브루스가 바로 그런 사람이기 때문에 〈닥터 오즈 쇼〉에 35회 이상 출연할 수 있었다. 이 또한 그의 후크 포인트가 됐다. 〈닥터 오즈 쇼〉에 수십 번 출연한 수면 전문의라고 하면 사람들은 그가 왜 그렇게 주목을 받는지 궁금해하면서 그의 말을 더 신뢰한다.

브루스의 후크 포인트는 거기서 끝이 아니다. 그는 자신이 가진 정보를 꾸준히 분류하고 정리해서 '고단한 임원을 위한 수면법', '최고의 매트리스는?', '취침 전 섹스를 위한 최적의 시간은?' 같은 후크 포인트로 재구성한다. 다시 말해 사람들의 이목을 끌 수 있도록 정보를 잘 포장된 패키지로 만든다. 나는 이를 '정보의 패키지화'라고 말한다. 방금 말한 후크 포인트들은 보다시피 사람들이 보편적으로 고민하는 문제를 다룬다. 그래서 관심을 집중시키고 공감을 일으킨다. 브루스는 걸어 다니는 후크 포인트라고 해도 과언이 아니다. 그는 간결한 메시지로 사람들의 관심을 사로잡고 호기심을 자극하는 동시에 믿을 만한 해법을 찾고자 하는 욕구를 건드린다.

당신도 그렇게 할 수 있다. 당신이 가진 정보를 패키지화해서 더 친근한 이미지를 만들면 된다. 정보를 잘 분류하고 조합해서 다양한 후크 포인트를 만들고 테스트해보자. 혹시 아는가? 당신도 조만간 텔레비전에 나오게 될지!

《포천》 500대 기업과 유명인

▼

사석에서 직업이 뭐냐는 질문을 받으면 나는 종종 "《포천》 500대 기업, 브랜드, 유명인을 위한 디지털 브랜딩 전략가입니다"라고 대답한다(나는 항상 뭔가를 테스트한다고 했는데 이렇게 대답하는 것도 테스트의 일종이다). 이 말은 '《포천》 500대 기업'과 '유명인'이라는 키워드로 관심을 유발하는 후크 포인트다. 그런데 그리 명쾌한 대답은 아니다. 의도적으로 그런 것이다. 상대방의 반응을 보기 위해서다. 나는 상대방의 표정을 살피고 어떤 질문을 하는지 들은 후 그에 맞는 이야기와 후크 포인트로 다음 발언을 구성한다.

상대방이 "그게 무슨 뜻이죠? 구체적으로 어떤 일을 하십니까?"라고 물으면 나는 "의뢰인의 장·단기 사업 목표와 향후 예상되는 장애물을 분석한 후 최단 시간에 목표를 달성하기 위한 전략을 수립합니다"라고 대답한다. 그리고 다시 상대방의 반응에 맞춰 다음 발언을 정한다. 이렇게 함으로써 나는 상대방의 고충을 파악하고 내가 하는 일이 그 사람에게 큰 도움이 될 수 있다는 것을 보여준다. 여기에 대해서는 뒤에서 더 자세히 이야기하기로 하고 다시 위의 후크 포인트로 돌아가자.

만일 내 후크 포인트가 "디지털 브랜딩 전략가입니다"라면 그리 큰 힘을 발휘하지 못할 것이다. 나는 《포천》 500대 기업과 유명인들이 내 고객이라는 점을 강조함으로써 호기심을 유발하고 내 말을 더 듣고 싶게 만든다. '기업, 브랜드, 유명인'이라고 콕 집어 말하는 이유는 상대방이 그 셋 중 하나를 위해 일하고 있거나 셋 중 하나가 되려고 노력 중일 가능성이 크기 때문이고, 내가 그쪽 방면의 전문가임을 보여줄 수 있기 때문이다. 그리고 《포천》 500대 기업과 유명인이라는 요소가 실력에 대한 신뢰감을 주고 흥미를 일으킨다.

하지만 이 후크 포인트는 어디까지나 사적인 자리에서만 이용하지 대중에게 공개되는 콘텐츠에는 이용하지 않는다. 만일 내가 옥외 광고판에 광고를 내거나 잡지 표지에 소개된다면 '30일 만에 100만 팔로워'나 '3초 세상에서 튀는 법'이라는 후크 포인트로 내 브랜드와 서비스를 홍보할 것이다.

'만약에' 공식

▼

카피라이터 클레먼스는 세상에 똑같은 회사나 상품은 존재하지 않으므로 자신이 후크 포인트를 만드는 과정도 항상 다르다고 말한다. 하지만 기본적인 출발점이 되는 공식이 있다고 한다. 일명 '만약에' 공식이다. '만약에'라는 말 다음에 잠재 고객의 문제나 필요를 넣은 뒤 자신의 상품을 해법으로 제시하는 것이다. 예를 들어 연애에 도움이 되는 상품이 있다면 이런 문장을 만들 수 있다. "만약에 지성과 인성을 겸비한 매력적인 여성/남성을 만날 확률을 높이고 싶다면 이 책만큼 중요한 책도 없을 겁니다." 또 다른 예로 골프 실력을 향상하고 싶은 사람에게 마케팅을 한다면 "만약에 다음번에 골프장에 갔을 때 5~10타 줄이고 싶다면 제가 이제부터 말씀드리는 4가지 비법에 집중하세요"라고 할 수 있을 것이다. 클레먼스는 일단 만약에 공식으로 후크 포인트들을 만든 후 A/B 테스트를 통해 그 밖에 좀 더 엉뚱한 아이디어들과 비교해보기를 권한다(A/B 테스트에 대해서는 이 장의 뒤편에서 더 자세히 이야기하겠다).

자신이 아니라 타깃층을 위해 만들 것
▼

후크 포인트를 만들 때, 아니, 어떤 콘텐츠를 만들 때든 저지를 수 있는 크나큰 실수는 타깃층이 아닌 자신을 위해 만드는 것이다. 사람들은 콘텐츠를 제작할 때 무엇이 '자신'을 돋보이게 만들지, 현재 '자신'의 분야에서 잘나가는 것이 무엇인지만 생각하는 경향이 있다. 하지만 자기 입장에서만 생각하면서 남들 다 하는 것을 따라 해서는 튀기가 어렵다.

클레먼스의 부인 세라 앤 스튜어트Sarah Anne Stewart는 통합건강코치Integrative Health Coach 자격증 보유자로서 건강한 삶을 위한 영양 관리, 운동, 명상 등을 지도한다. 그 분야에서 스튜어트는 내면에 초점을 맞춤으로써 튀는 사람이다. 그녀의 동종 업계 종사자들도 의미 있고 남다른 일을 하지만 그들의 웹사이트나 인스타그램을 보면 서로 비슷비슷한 콘텐츠가 많다. 녹즙 마시고, 명상하고, 고층 건물을 배경으로 요가

후크 포인트

동작을 취하고, 요리를 준비하는 사진을 예쁘게 찍어서 올린 게 대부분이다. 보기에는 좋지만 모두 비슷한 콘텐츠를 올리니까 관심을 끌기가 어렵다. 물론 남들이 잘 사용하고 있는 콘텐츠의 형식과 구조에 전혀 관심을 두지 말라는 말은 아니다. 하지만 정말로 중요한 것은 어떤 유형의 콘텐츠가 타깃층에게 적극적인 반응을 유도하는지 확실히 알고 그런 콘텐츠를 만드는 것이다.

스튜어트는 잠재 고객이 더 나은 삶을 살 수 있도록 건강에 대한 조언을 하는 데 주력한다. 최근에는 일시적으로 유행하는 다이어트법을 무작정 따라 하는 것의 위험성을 알리고 좋은 다이어트법을 안내하는 영상을 올렸다. 그리고 즉시 실천할 수 있는 습관 개선법에 대한 글도 꾸준히 올리고 있다. 그녀는 고객의 삶에 즉각적으로 도움이 되는 콘텐츠를 제작한다.

만일 어떤 후크 포인트가 효력이 없는 것 같다면 마케팅의 초점이 소비자에게 맞춰져 있는지 점검해보자. 이것은 특히 상품을 판매할 때 중요하다. 이때는 앞에서 말한 대로 '만약에' 뒤에 소비자의 문제나 필요를 대입하고 자신의 상품을 해법으로 제시하는 공식이 요긴하게 쓰일 것이다. 이렇게 소비자의 욕구를 중심에 두고 후크 포인트를 생각하는 게 자신의 관점에서 생각하는 것보다 훨씬 효과적이다. '내가 X를 원하니까 소비자가 Y를 하게 만들어야겠다'라고 생각하면 십중팔구 망한다.

영화사에서 흔히 저지르는 실수가 광고에서 "지금 예매하세요"라고 말하는 것이다. 그래 봤자 사람들은 예매에 관심이 없다. 사실 티켓 예매가 절실한 쪽은 영화사다. 사람들은 그저 좋은 영화를 보고 싶을 뿐이다. 그래서 저런 말을 하는 광고는 대개 실패한다. 사람들이 영화관에 가는 이유는 영화사가 부탁해서가 아니라 영화의 소재나 스토리가 흥미롭고 욕구를 자극하기 때문이다. 이렇게 상식적인 이치를 간과하는 경우가 얼마나 많은지 모른다. 영화사에서 마케팅의 초점을 고객에게 맞추면 더 좋은 광고가 나올 것이다.

다음번에 영화관에 가면 예고편이 끝난 후 주위에서 뭐라고 하는지 들어보자. "딱 봐도 망했네!"라고 하는 예고편이 있는가 하면 "꼭 보러 가야겠다!"라고 하는 예고편도 있을 것이다. 어떤 예고편이 강력한 후크 포인트와 이야기를 하고 있는지 알아보는 안목을 기를 좋은 기회다.

그리고 사람들은 뭔가를 사는 것은 좋아하지만 누가 자기에게 사라고 하는 것은 싫어한다는 사실을 명심하자. 저 사람이 장사를 한다는 느낌이 들면 있던 관심도 싹 사라진다. 그런 것은 강한 후크 포인트가 못 된다. 그러니까 고객에게 초점을 맞춰야 한다. 고객이 원하는 것을 제공하면 고객의 필요가 충족되고 결과적으로 당신의 필요도 충족된다. 분명히 고객에게 초점이 맞춰져 있는데도 후크 포인트가 통하지 않는다면 메시지를 더 간결하게 만들거나 표현을 바꿀 필요가 있다. 계속 테스트하다 보면 좋은 메시지나 표현이 나올 것이다(후크 포인트 제작법에 대해서는 잠시 후 더 이야기하겠지만 혹시 후크 포인트를 만들다가 언제든 우리 회사의 도움이 필요하다면 www.hookpoint.com/agency에 준비된 간단한 양식에 사업의 내용과 목표를 써넣어주기 바란다).

신생 브랜드일수록
더 강력한 후크 포인트가 필요하다
▼

파라마운트 픽처스에서 디지털마케팅본부장을 지낸 레이섬 아니슨은 무명 브랜드가 튀기 위해서는, 즉 강력한 후크 포인트를 만들기 위해서는 유명 브랜드보다 더 큰 노력이 필요하다고 말한다. 독립 영화를 홍보하는 것은 마블 영화를 홍보하는 것과 다르다. 마블 영화는 기존 브랜드의 일부이기 때문에 사람들의 인지도와 관심도가 높다. 어떤 브랜드나 콘텐츠를 사람들 앞에 내세우려면 그 전에 사람들이 그 브랜드를 얼마나 잘 아는지, 그 콘텐츠의 주제에 얼마나 관심이 있는지 현실적으로 파악할 필요가 있다.

굳이 관심을 끌려고 노력하지 않아도 될 만큼 대중의 관심을 많이 받는 사람이나 상품은 극히 드물다. 소비자가 당신이 누구이고 무슨 일을 하는지 모르고 있다면 알게 해야 한다. 이때는 융통성 있게 다양한 형식을 시도하며 최고의 방법을 모색해보자. 다양한 후크 포인트를 테스트하면서 무엇이 통하는지 알아내야 한다(여기에 대해서는 이 장의 뒤편에서 다시 이야기하겠다).

미래 예측: 그리고 그 다음은?

요즘 영화계에서는 본 예고편 전에 5초짜리 미니 예고편'쿠키 영상'이라고도 한다 - 옮긴이을 보여주는 게 대세다. SNS에서 처음 3초 만에 관객의 관심을 끌기 위해서다. 하지만 지금 당장은 이런 기법이 효과적일 수 있어도 사람들이 그런 예고편을 수백 번 본 후에는 아닐 것이다. 아니슨은 "마케터라면 다음은 무엇이 될지 예측할 수 있어야 한다"라고 말한다. 3초 세상에서 미니 예고편이 나온 이유는 알아두면 좋기 때문에 다음 장에서 또 이야기하기로 하자. 나도 아니슨의 말에 동의한다. 어떤 전략이 효력을 발휘하면 반드시 그것을 모방하는 사람들이 생긴다(이 장의 앞부분에서 말한 탐스 슈즈도 그랬다). 하지만 아니슨은 잠자코 기다렸다가 남의 것을 모방하는 것보다는 꾸준히 실험하며 치고 나가는 게 더 현명하다고 본다. 그렇게 유행을 앞서가려면 문화의 동향을 항상 잘 관찰해야 한다.

남이 만든 후크 포인트를 베끼기만 해서는 절대로 뜰 수 없다. 기껏해야 무난한 수준에 그칠 뿐이다. 반대로 획기적인 아이디어를 찾기 위해 계속 도전한다면 장기적으로 브랜드의 인지도와 영향력이 향상되는 쾌거를 거둘 것이다.

〈블레어 위치〉: 이 영화는 모두 실제 상황이다

▼

영화 〈블레어 위치〉는 기발한 마케팅으로 개봉하기도 전에 입소문을 타고 많은 기대를 모았다. 제작사인 아티즌 엔터테인먼트Artisan Entertainment는 이 영화가 실화이며 실제로 촬영된 영상을 재구성한 것이라고 홍보했다. 영화의 후크 포인트이기도 했던 태그라인은 "1994년 10월, 3명의 영화학도가 메릴랜드주 버키츠빌 인근의 숲에서 다큐멘터리 촬영 도중 실종됐다. 1년 후 그들이 찍은 필름이 발견됐다", "역대 최고로 무서운 영화가 실화라니!", "이 영화는 모두 실제 상황이다"였다. 예고편도 배우들이 숲속에서 카메라를 직접 보면서 말하고 우는 것이 꼭 다큐멘터리 같았다.

이 영화는 1999년 선댄스영화제에서 처음 공개됐는데 당시 아티즌 엔터테인먼트는 주연 배우 3인(마이클 윌리엄스, 조슈아 레너드, 헤더 도너휴)의 얼굴이 인쇄된 실종자 포스터를 개최지 곳곳에 붙여 놓았다. 그때만 해도 잘 알려진 배우들이 아니었기 때문에 사람들은 이 영화가 정말로 숲에서 실종된 학생들이 찍은 다큐멘터리인지 궁금해했다.[41]

마케팅 팀이 IT에도 밝았기 때문에 〈블레어 위치〉는 영화계에서 거의 최초로 인터넷 마케팅에 주력한 작품이기도 했다. 당시에는 위와 같은 마케팅이 큰 성공을 거뒀지만 지금도 비슷한 수법이 통할지는 의문이다. 이제는 사람들이 훨씬 눈치가 빨라졌기 때문이다. 이 또한 꾸준히 테스트하고, 배우고, '혁신'하는 태도가 필수인 이유다.

"지금 보시는 가이코 광고는 건너뛸 수 없습니다. 이미 끝났거든요."

2015년에 마틴 에이전시Martin Agency가 만든 가이코보험Geico Insurance 광고도 기발했다. 〈가족: 건너뛸 수 없음Family: Unskippable〉이라는 제목이 붙은 이 유튜브용 프리롤 광고pre-roll ad(사용자가 선택한 영상이 재생되기 전에 재생되며 최소 5초 시청 후 건너뛸 수 있는 광고)[42]는 《애드 에이지Ad Age》올해의 광고 캠페인상 최초 수상작이기도 하다.[43] 이 광고는 프리롤 광고를 최대한 빨리 건너뛰려고 하는 사람들의 습관을 역이용했다.

광고는 가족이 저녁 식탁에 앉아 있는 장면으로 시작한다. 어머니가 말한다. "나한테 고마워하지 마. 다 보험료 할인 덕분이니까." 어머니의 말은 광고가 시작되고 2초 만에 끝난다. 그리고 내레이션이 나온다. "지금 보시는 가이코 광고는 건너뛸 수 없습니다. 이미 끝났거든요." 이 말이 끝나면 딱 5초가 지나 있다. 이후 건너뛸 수 있는 부분에서는 아무도 움직이지 않고 갑자기 개 한 마리가 나타나서 접시에 남은 스파게티를 먹어치운다.[44] 이 혁신적인 광고는 사람들이 광고를 건너뛰는 현실을 코믹하게 이용해서 관심을 사로잡았다(www.brendanjkane.com/skip에서 볼 수 있다).

효과적인 후크 포인트 제작 프로세스 5단계

이제부터 탁월한 후크 포인트의 정수를 간단히 정리해보겠다. 물론 이 규칙을 전부 따라야 하는 것은 아니지만 대부분의 후크 포인트는 최소한 이 규칙 몇 가지는 지킨다. 아래의 규칙들은 특히 처음으로 후크 포인트를 만들 때 유용할 것이다. 일단 요령을 터득하고 나면 규칙을 어기고 자기만의 규칙을 만들어도 좋다.

• — 단어를 최소한으로 사용한다(잡지 표지의 헤드라인을 생각해보자).

'30일 만에 100만 팔로워'처럼.

- ─ 브랜드의 정체성과 존재 이유를 반영한다. 그렇지 않다면 단순히 클릭을 유발하기 위한 미끼로 인식될 것이다.
- ─ 생각을 바꾸게 하고 예상을 뒤엎는다. 예를 들어 내가 SNS에 올려서 인기를 끈 영상의 후크 포인트는 "경고!! 안전은 위험합니다"였다. 이것은 인생에서 안전을 추구하는 게 옳다는 통념에 이의를 제기한다.
- ─ 깊이 생각할 필요가 없다. 즉, 이해하기 쉽다.
- ─ 보는 사람으로 하여금 생각을 하도록 만들긴 해야 한다. 아예 생각을 안 한다는 것은 아예 주목하지 않는다는 뜻이다.
- ─ 더 보거나 더 알고 싶게 호기심을 유발한다. 〈사이버트럭을 의도적으로 못생기게 만든 일론 머스크의 탁월한 선택!〉이라는 기사 제목은 왜 못생긴 차를 만든 게 탁월한 선택인지 궁금하게 한다.[45]
- ─ 독창성이 있어서 튄다. 어디선가 본 적 있는 후크 포인트는 힘을 못 쓴다.
- ─ 친숙한 것을 특이한 것과 결합해서 관심을 유발한다. 휴대폰 충전기가 달린 어웨이Away의 여행용 캐리어가 좋은 예다. 캐리어는 이미 오래전부터 존재했지만 휴대폰 충전 기능은 신선하다.
- ─ 대번에 이해된다. 후크 포인트는 3초 이내에 이해돼야 한다.
- ─ 타깃층의 고충에 해법을 제시한다. 전설적 카피라이터 유진 슈워츠는 헤드라인을 쓸 때 항상 소비자의 고충을 직간접적으로 언급했다. "일흔, 여든, 아니, 아흔에 시작하는 중년!"(노화라는 고충), "다리미 없이 얼굴 주름 펴는 법"(노화와 외모에 관련된 고충)은 좋은

예다.[46]

탁월한 후크 포인트를 만들고 싶다면 다음을 명심하자.

- — 단번에 완성되기를 기대하지 말자. 처음부터(혹은 단 몇 번의 시도로) 완벽한 후크 포인트가 나오진 않는다.
- — 더는 무리다 싶을 만큼 많은 아이디어를 도출하자. 가능하면 50~100개의 아이디어를 내자. 이렇게 창의력을 극한으로 몰아붙이면 장기적으로 더 좋은 아이디어를 낼 수 있다.
- — 아이디어를 재가공하자. 표현을 바꿔보고, 형태를 바꿔보고, 완전히 뒤집어보고, 아이디어끼리 합쳐보자.
- — 후크 포인트가 꼭 상품이나 서비스의 판매로 이어질 필요는 없다. 후크 포인트의 목적은 어디까지나 타깃층의 관심을 유발하는 것이다. 상품이나 서비스를 판매하기 위한 대화는 그다음에 시작하면 된다.
- — 타깃층에게 초점을 맞추자. 무엇이 그들의 관심을 끌지 생각하자.
- — 억지로 웃기려고 하지 말자. 유머는 후크 포인트를 잘 만들 수 있다는 확신이 든 후에 구사해도 늦지 않다. 아니면 유머 감각이 좋은 사람을 기용하는 방법도 있다.
- — 후크 포인트가 꼭 언어로 표현될 필요는 없다. 후크 포인트는 어떤 형태도 될 수 있다. 예를 들어 유튜브에서 '10초 노래Ten Second Songs' 채널을 운영하는 앤서니 빈센트는 유명한 노래를 10초마다 창법을 바꿔 가며 부른다. 그가 케이티 페리의 〈다크 호스〉를 부른

영상을 보면 마치 더 도어스, 존 메이어, 퀸이 부르는 것 같은 느낌이 든다(https://www.youtube.com/watch?v=jus7S5vBJyU에서 직접 들어보자).

- — 후크 포인트가 꼭 태그라인이나 USP와 일치하진 않는다. 나이키의 태그라인은 '저스트 두 잇'이고 USP는 신발이다. 하지만 현재 다양한 광고에서 볼 수 있는 나이키의 가장 강력한 후크 포인트는 나이키가 후원하는 운동선수들이다(1장 참고).

- — 후크 포인트와 브랜딩을 혼동하지 말자. 후크 포인트는 브랜드의 상품과 서비스, 가치관에 관심을 집중시킴으로써 브랜드를 강력하게 만든다. 이번에도 나이키가 좋은 예다. 나이키가 스포츠 패션 브랜드라는 사실은 후크 포인트가 아니다. 사람들이 나이키에 관심을 갖게 만드는 요인은 차별화되는 상품(성능이 너무 좋아서 올림픽에서 금지될 위기에 처한 러닝화)과 나이키가 후원하는 유명인이다.

- — 희소성과 배타성이 강력한 무기가 될 수 있다. 예술계 종사자를 위한 회원제 사교 클럽인 소호 하우스Soho House는 아무나 가입할 수 없기 때문에 더욱더 가입하고 싶어진다.

- — 콘텐츠의 구성 방식도 후크 포인트가 될 수 있다. 여기에 대해서는 다음 장에서 버즈피드의 요리 영상 채널인 '테이스티Tasty'를 예로 들어 더 자세히 알아볼 것이다.

- — 무엇보다 중요한 것은 사람들의 관심을 사로잡는 것이다.

이제 직접 후크 포인트 제작법을 연습해볼 차례다. 다음의 '효과적인 후크 포인트 제작 프로세스 5단계'를 순서대로 따라 해보자.

다른 브랜드가 사용해서 효과를 본 후크 포인트를 찾아서 목록으로 정리하자. 귀찮다고 이 단계를 건너뛰면 안 된다. 멋진 카피들로 지금까지 총 10억 달러 이상의 매출을 일으킨 클레먼스도 초기에 헤드라인과 후크 포인트를 만들 때는 이렇게 했다. 당시에는 그의 후크 포인트도 형편없었기 때문이다. 다른 브랜드의 후크 포인트를 보면 자신의 후크 포인트를 보완하는 데 도움이 된다.

후크 포인트는 다음과 같은 곳에서 확인할 수 있다.

- 도서명
- SNS 콘텐츠
  - 밈meme 카드(페이스북이나 인스타그램에서 영상의 위나 아래에 달린 자막. 다음 장에서 더 자세히 설명할 것이다)
  - 헤드라인
  - 콘셉트
- 출시 광고 캠페인
- 기사 제목
- TV 광고
- SNS 광고(페이스북 광고 라이브러리에서 검색 가능하다. https://www.facebook.com/ads/library/)
- 인쇄 광고(옥외 광고판, 잡지 표지)

목록을 작성했으면 그중에서 최우수 후크 포인트들을 선정해서 그

안에 있는 제안, 표현, 사업, 상품, 서비스를 당신의 것으로 교체해보자. 그렇게 해서 만들어진 후크 포인트가 당신의 브랜드를 얼마나 튀게 만드는지 보자. 단, 이 후크 포인트를 그대로 사용해서는 안 된다. 1단계의 목적은 타 브랜드의 후크 포인트를 도용(혹은 모방)하는 게 아니라 독창적인 후크 포인트를 만들기 위한 아이디어를 얻는 것이다.

2단계: 나쁜 예에서 배운다

효과가 안 좋은 후크 포인트를 찾아서 왜 그런지 나름대로 분석해보자. 그런 후크 포인트는 어디서 찾을 수 있을까? 첫째, SNS에서 별로 인기를 못 끈 영상에서 찾을 수 있다. 둘째, 아마존, 구글 쇼핑, 리뷰 전문 사이트 옐프Yelp에 들어가서 특정 분야에서 리뷰가 제일 적거나 부정적인 리뷰가 가장 많이 달린 상품이나 서비스를 찾아봐도 좋다 국내에서는 가격 비교 사이트와 오픈 마켓을 이용할 수 있다 - 옮긴이. 셋째, 실적이 나쁘거나 망한 회사, 상품, 서비스의 광고를 찾아보는 방법도 있다. 넷째, 서점이나 잡지 가판대에서 즉시 눈길을 끌지 못하는 책 제목이나 잡지 헤드라인을 찾아보자. 다섯째, 옥외 광고판에서 발길을 멈추게 하지 못하는 광고를 찾아보자.

일반적으로 후크 포인트가 힘을 못 쓰는 이유는 다음과 같다.

- 장황하다.
- 헷갈린다.
- 모호하다.
- 과용됐다(즉, 다른 사람이나 기업이 이미 수없이 사용했다).

- 타깃층과 상관이 없다.
- 구식이다(즉, 현재의 사회·문화와 어울리지 않는다).
- 사람들이 특정한 주제에 당연히 관심이 있을 것이라는 가정하에 만들어졌다.
- 진정성이 없다.
- 독창성이 없다.
- 매력이 없다(즉, 눈길을 끄는 표현을 쓰지 않았다).

3단계: 나만의 후크 포인트를 만든다

이제 자기만의 독창적인 후크 포인트를 만들어볼 차례다. 당신이 유명한 잡지에 특집 기사로 소개된다고 해보자. 표지에 기사의 헤드라인이 나갈 것이다. 그러면 당연히 잡지가 출간되자마자 불티나게 팔려서 당신의 고객을 엄청나게 늘려줄 헤드라인을 써야 한다. 이때 중요한 것은 고객의 입장에서 생각하는 것이다.

잠재 고객이 혼잡한 거리를 걸어가고 있는 모습을 상상해보자. 차들이 경적을 울리고, 매력적인 사람들이 지나가고, 여기저기서 고함이 들린다. 이 사람 저 사람에게 치이던 잠재 고객이 잡지 가판대를 지난다. 가판대에는 당신이 나온 잡지 외에도 30종의 잡지가 더 꽂혀 있다.

이때 어떤 헤드라인이나 후크 포인트를 써야 잠재 고객이 멈춰서 다른 30종의 잡지가 아닌 당신이 나온 잡지를 사서 당신에 관한 기사를 읽게 만들 수 있을까?

실제로 잡지 가판대에 가보거나 온라인에서 과월호 표지를 찾아보면 도움이 될 수 있다. 표지 모델로 나가고 싶은 잡지를 생각해보자.《보그Vogue》도 좋고《스포츠 일러스트레이티드Sports Illustrated》나《포브스Forbes》도 좋다. 이제 그 잡지의 헤드라인을 찬찬히 살펴보자. 무엇이 눈길을 끌고 읽어보고 싶게 만드는가? 관심이 안 가는 것은 무엇인가? 이렇게 고객의 관점에서 생각하는 게 최강의 후크 포인트를 찾는 데 중요하다.

꼭 잡지만이 아니라 온라인 광고나 콘텐츠를 상상해도 좋다. 어떤 사람이 인스타그램이나 유튜브, 페이스북을 스크롤하고 있다고 생각해보자. 그 사람의 관심을 끌어 3초 이상 손가락을 멈추게 하는 동영상의 헤드라인이나 도입부는 무엇인가?

이때는 포토샵으로 잠재 고객의 인스타그램 탐색 탭(사용자가 좋아요를 누른 게시물, 팔로우하는 계정 등을 고려해 추천 게시물이 표시되는 페이지)을 가상으로 만들어보는 것도 좋다. 혹시 당신의 잠재 고객이 유튜브를 더 많이 이용하는 것 같다면 유튜브의 '다음 동영상' 섹션을 가상으로 만들어보자. 이 섹션에는 현재 재생 중인 동영상을 다 보고 난 후에 볼 만한 영상이 나열된다.

가상의 탭 혹은 섹션이 만들어졌으면 거기에 당신이 만든 섬네일 thumbnail 미리 보기 이미지 - 옮긴이, 제목, 헤드라인을 삽입해서 어떤 것이 관심을 끌 만큼 튀고 어떤 것이 묻히는지 보자. 이번에도 역시 경쟁자들을 꺾을 수 있는 조합을 찾아야 한다. 다시 강조하지만 후크 포인트는 다른 사람의 콘텐츠가 아닌 당신의 콘텐츠를 더 보고 싶어서 클릭하게 만드는 것이다.

이번 단계에서는 후크 포인트를 최대한 많이 만들자. 일단 많이 만들어놓고 추리는 게 좋다. 후크 포인트를 만들 때 처음에는 익숙하고 편한 것에만 손이 가겠지만 꾸준히 도전해서 그 선을 넘어설 때 비로소 최강의 후크 포인트가 탄생한다. 그러니 되도록 많은 아이디어를 내고 되도록 뻔하지 않은 아이디어를 내자. 아이디어를 기록한다고 해서 다 사용해야 하는 것은 아니니까 마음 편히 기록하자. 넓게 생각하고 다르게 생각하자.

자신만의 후크 포인트 목록이 만들어졌으면 그중에서 최고의 후크 포인트 3개를 선정하자. 그리고 위의 과정을 반복하자. 다시 후크 포인트를 만들어서 3개를 추리는 것이다. 그리고 또 반복하자.

4단계: 후크 포인트를 비교한다

3단계에서 만든 후크 포인트와 1단계에서 찾은 성공적인 후크 포인트를 비교해보자. 이를 위해 먼저 모든 후크 포인트를 한 페이지에 나열한 목록을 만들자.

후크 포인트

목록이 완성됐으면 그중에서도 특히 강력한 후크 포인트들에 순위를 매겨보자. 가족, 친구, 동료에게 무엇이 제일 괜찮냐고 의견을 물어도 좋다. 자신이 만든 후크 포인트가 상위권에 오르지 못했다면 다른 후크 포인트들을 능가할 때까지 고치고 또 고치자. 이 과정을 거쳐야만 후크 포인트 제작의 달인이 될 수 있다. 고수가 되기 위해 쏟은 시간은 결국 경쟁에서 승리하는 것으로 보상받을 것이다.

매일 온라인에서 600억 개의 메시지가 전송된다는 사실을 명심하자. 그 소음을 이길 수 있는 후크 포인트를 만들어야 한다.

5단계: 테스트, 또 테스트

이만하면 합격이다 싶은 후크 포인트 후보군이 만들어졌다면 친구와 동료에게 그중에서 무엇이 가장 관심을 끄는지 물어보자. 또는 SNS, 메일링 리스트, 검색엔진 광고를 통해 후크 포인트를 A/B 테스트하는 방법도 있다.

단번에 성공하지 못해도 괜찮다. 원래 시간이 걸리는 법이다. 중요한 것은 지속적인 테스트와 개선 작업을 통해 가장 흡인력 있는 후크 포인트를 찾는 것이다.

후크 포인트 A/B 테스트

클레먼스는 마케팅 콘텐츠를 만드는 데 이골이 난 사람이라도 해도 무참히 실패하는 후크 포인트를 만들 때가 많다고 한다. 반대로 전혀 기대하지 않았던 아이디어가 홈런을 치는 경우도 종종 있다. 그래서 지속적인 A/B 테스트가 중요하다. A/B 테스트는 어떤 것(헤드라인, 웹페이지, 이메일, SNS 콘텐츠, 기타 마케팅 요소)을 두 개 이상의 버전으로 만들어서 성과를 비교하는 기법이다.

이때 뭔가 통하는 것을 찾았다고 해서 멈추지 말고 계속 테스트해서 더 배울 점을 찾기를 권한다. 여기에 대해서는 전작인《100만 팔로워 마케팅》(www.onemillionfollowers.com)에 잘 설명되어 있다. 또 www.brendanjkane.com/test에서 헤드라인과 후크 포인트의 A/B 테스트법을 단계별로 정리한 자료를 받을 수 있다.

테스트 끝에 쓸 만한 후크 포인트를 찾았으면 이제 광고비를 투입해 기존 고객과 잠재 고객에게 노출시킬 때다. 그런데 노출이 이어지다 보면 그 후크 포인트가 약해지는 시점이 온다. 그래서 꾸준히 새로운 후크 포인트를 발굴해서 테스트하고 개선해야 한다. 앞에서 소개한 5단계를 포함해 이 책 전체의 목적도 당신이 후크 포인트를 꾸준히 개발하는 능력을 기르는 것이다. 그래야 브랜드의 장기적인 성장을 도모할 수 있다.

팁과 요약

1 후크 포인트를 만들 때는 어떻게 해야 다른 사람들이 당신의 상품이나 정보를 차별화되면서도 자신의 삶과 연관된 것으로 볼지 생각해야 한다. 당신의 상품이나 정보로 해결할 수 있는 그들의 고충은 무엇인가? 당신의 상품이나 정보가 타인의 삶에 최종적으로 제공하려는 것은 무엇인가?

2 후크 포인트로 예상을 뒤엎는 것은 관심을 사로잡는 좋은 방법이다. 사람들이 흔히 하는 생각이나 말을 거꾸로 뒤집어보자.

3 당신이 때마침 타깃층의 필요와 맞아떨어지는 주제로 흥미를 유발한다면 그들도 하던 일을 멈추고 집중할 것이다.

4 이미 잠재 고객의 마음속에서 벌어지고 있는 대화를 생각하고 그들이 밤잠을 설치게 하는 문제를 건드리자. 그들이 처리하고 싶어 하는 문제의 해법을 제시하자.

5 정보를 패키지화해서 더 친근한 이미지로 만들 방법을 찾아보자. 당신이 가진 정보를 이해하기 쉽게 분리하고 후크 포인트의 형태로 테스트하자.

6 다음은 무엇이 될지 예측하자. 문화적 민감성을 길러서 최신 트렌드를 읽자. 더 나아가 트렌드를 선도하자.

7 후크 포인트를 만들 때 이 장에서 배운 '효과적인 후크 포인트 제작 프로세스 5단계'를 참고하자.

8 타깃층이 당신의 후크 포인트에 대해 전혀 생각할 필요가 없어도 곤란

하지만 반대로 너무 깊은 생각이 필요해도 안 된다. 후크 포인트는 3초 안에 이해할 수 있어야 한다.

9 후크 포인트를 만들 때는 먼저 많은 후보를 만들고 그중에서 제일 좋은 것 3개를 추리자. 그리고 이 과정을 반복하자. 즉, 다시 후크 포인트를 만들어서 또 3개를 추리는 것이다. 그리고 또 반복하자.

10 잡지 가판대나 서점, SNS 등에서 많은 후크 포인트를 보고 힌트를 얻자.

11 지속해서 후크 포인트를 테스트하는 자세가 필요하다. 테스트를 많이 할수록 최강의 후크 포인트가 더욱 명확하게 보인다. A/B 테스트는 메일링 리스트, SNS, 검색엔진 광고를 통해 할 수 있다.

3장

1일 600억 건의
소음을 뚫는 법:
시각적 스토리텔링

강력한 후크 포인트를 만드는 원리를 알았으니 이제는 더 구체적으로 들어가서 디지털 콘텐츠와 영상을 만들 때 후크 포인트을 어떻게 이용할 수 있는지 알아볼 차례다. 매일 디지털 플랫폼에서 600억 건의 메시지가 쏟아져 나오는 현실에서 그 소음을 뚫고 튀기 위해서는 후크 포인트가 필수다. 후크 포인트를 사용하면 콘텐츠를 더 효과적으로 패키지화함으로써 유의미한 반응을 유도하고, 콘텐츠를 바이럴viral 어떤 콘텐츠가 입소문과 공유를 통해 폭발적으로 확산되는 것 - 옮긴이 화하고, 성장을 도모할 수 있다.

이번 장에서는 이미지를 이용한 시각적 스토리텔링의 중요성도 이야기하려 한다. 시각적 스토리텔링이 필수인 이유는 기업의 고위직 중 59퍼센트가 같은 정보라도 글보다는 영상으로 습득하는 편을 선호한다는 사실에서 알 수 있다. 이른바 '그림 우월성 효과picture superiority effect'라고 하는 현상이다. 우리는 시각 자료가 있을 때 정보를 더 잘 습득하고 기억한다. SNS 게시물에 이미지를 넣으면 적극적 반응이 180퍼센트 증가하고 콘텐츠가 기억될 확률도 65퍼센트로 상승한다.[47]

후크 포인트 설계하는 법

뉴스 앵커 케이티 쿠릭은 나와 같이 일하면서 배우 제시카 차스테인, 정치인 조 바이든현재 제46대 미국 대통령 - 옮긴이, 가수 챈스 더 래퍼, DJ 칼리드처럼 세계적으로 이름난 사람들을 포함해 다양한 인물을 인터뷰했다. 당시 인터뷰 콘텐츠를 일일이 테스트해보니 출연자의 인기와 콘텐츠의 성적은 별로 연관성이 없었다. 요즘 사람들은 단순히 유명한 사람이 나온다고 해서 하던 일을 멈추고 집중하지 않는다. 디지털 플랫폼에서 정말로 중요한 것은 정보를 어떻게 패키지화해서 전달하느냐다. 우리의 인터뷰에서는 출연자가 어떤 주제를 논하고 그것이 시청자에게 어떻게 전달되는지가 콘텐츠의 성패를 결정했다. 다시 말해 출연자의 명성만으로는 부족하고 출연자가 논하는 주제에 강력한 후크 포인트가 있어야 시청자가 피드를 스크롤하던 손을 멈추고 집중했다.

우리는 쿠릭의 콘텐츠가 소음 속에서 튈 수 있도록 뻔한 디지털 플랫폼용 인터뷰의 수준을 뛰어넘게 하고 싶었다. 당시 쿠릭은 야후와 손잡고 TV에서 디지털 플랫폼으로 주 무대를 옮긴 직후였다. 하지만 SNS 플랫폼들의 알고리즘은 그녀의 콘텐츠에 별로 호의적이지 않았다. 쿠릭의 콘텐츠가 그녀와 출연자의 팬들에게 거의 노출되지 않았다는 뜻이다. 이 문제를 해결하려면 콘텐츠를 촬영, 편집하고 SNS에 유통하는 방식을 전면적으로 개편할 필요가 있었다. 그래서 우리는 인터뷰 때 던질 질문을 생각하기 전에 인터뷰의 최종 결과물부터 생각하기로 했다. 좀 더 구체적으로 말하자면 인터뷰에서 어떤 후크 포인트를 만들어서 수많은 시청자의 관심을 사로잡을지 고심했다. 인터뷰 영상을 주변 사람들에게 적극적으로 공유할 만한 시청자가 누구인지 매번 인터뷰 전에 분석하고 그들에게 통할 만한 후크 포인트를 설계했다.

내가 회의에 처음으로 동석했을 때 야후의 중역들은 쿠릭의 콘텐

후크 포인트

츠를 두고 시청자층이 매우 협소하다고 말했다. 얼마 안 되는 시청자들이나마 공략해서 기존의 광고주들이라도 붙잡고 싶은 그들의 심정도 이해는 갔다. 하지만 그렇게 우물 안 개구리로 있어서는 곤란했다. 한시라도 빨리 더 많은 사람에게 통할 콘텐츠를 만들어야 알고리즘의 호의를 입고 성장할 수 있었다.

그러자면 각 인터뷰의 출연자와 주제를 고려해 어떤 사람들이 가장 열렬한 반응을 보일지 파악하는 게 중요했다. 그래야 각 인터뷰에 맞는 후크 포인트를 만들어서 열성 지지층이 인터뷰 영상을 주변 사람들에게 적극적으로 공유하게 만들 수 있다. 인터뷰를 공유하는 사람이 늘어나면 알고리즘이 그 인터뷰를 더 많은 사람에게 노출해서 콘텐츠의 바이럴 효과가 증폭된다. 그러면 광고주의 타깃층이 확대되고 쿠릭과 야후가 새로운 시청자에게 노출될 수 있다. 우리가 노리는 것은 쉽게 말해 가족과 친구끼리 영상을 공유하게 하는 것이었다. 요컨대 목표 시청자에게 쿠릭의 영상을 최대한 많이 노출하기 위해 후크 포인트를 활용하기로 했다.

쿠릭과 내가 처음으로 테스트한 콘텐츠는 배우 엘리자베스 뱅크스의 인터뷰였다. 우리는 세 가지 후크 포인트를 염두에 두고 인터뷰를 기획했다. 말했다시피 쿠릭이 인터뷰 때 던질 질문보다 인터뷰의 후크 포인트를 먼저 생각했다. 뱅크스가 영화 〈헝거 게임〉과 〈피치 퍼펙트〉 시리즈에 출연했고 열혈 페미니스트라는 점을 고려해서 각각에 관심이 있는 시청자에게 통할 만한 후크 포인트를 만들기로 했다.

앞에서 말한 대로 우리는 어떤 결정을 내릴 때든 최종 결과물을 고려했다. 〈헝거 게임〉, 〈피치 퍼펙트〉, 페미니즘과 관련해 어떤 후크 포인트를 쓰면 사람들이 스크롤을 멈추고 쿠릭과 뱅크스의 대화에 집중할 것인가? 그 후크 포인트들을 어떻게 패키지화해서 스크롤을 멈출 것인가? 뱅크스가 인기 있는 주제에 관해 이야기하는 것만으로는 부족하고 그들의 대화를 시청자가 듣도 보도 못한 독특한 후크 포인트가 많이 들어가도록 패키지화해야 했다.

후크 포인트를 찾는 과정에서 나는 잡지 테스트법(2장의 끝부분에서 소개한 5단계 중 3단계)을 썼다. '〈헝거 게임〉 팬들은 길을 걷다가 어떤 헤드라인을 보면 멈춰서 기사를 읽을까?'라고 생각해봤다. 결과적으로 뱅크스의 인터뷰에서 가장 강력한 힘을 발휘한 헤드라인/후크 포인트는 '〈헝거 게임〉의 배역을 따낸 비결'이었다. 이 후크 포인트는 영화의 팬들만 아니라 배우 지망생과 블록버스터의 캐스팅 과정에 관심이 있는 사람들에게도 효력을 발휘했다. 참고로 우리는 이 인터뷰의 후크 포인트를 30개 이상 만들고 그것을 다시 수백 개의 버전으로 만들어서 최강의 후크 포인트를 선별했다.

강력한 후크 포인트를 만들려면 감에만 의지해서는 안 된다. 후크 포인트를 테스트하고 개선하는 과정을 반복해서 탁월한 성과를 내는 후크 포인트를 찾아야 한다(내가 쿠릭과 함께 인터뷰 콘텐츠를 만들면서 사용한 A/B 테스트 기법에 대해 더 자세히 알고 싶다면 나의 첫 번째 책《100만 팔로워 마케팅》과 www.brendanjkane.com/test에서 받을 수 있는 단계별 안내 자료를 참고하기 바란다).

뱅크스의 인터뷰가 높은 조회 수를 기록하고 적극적 반응을 많이 끌어내긴 했지만 쿠릭과 내가 만든 인터뷰 콘텐츠 중에서 최고의 성적을 거둔 것은 사진 블로그 '뉴욕 사람들Humans of New York'의 운영자인 브랜던 스탠턴Brandon Stanton 인터뷰였다. 이 인터뷰의 클립clip ^{전체 동영상} 중 일부분만 잘라놓은 짧은 동영상 - 옮긴이 중에서 가장 인기 있는 클립은 조회 수와 공유 수가 각각 2,000만 회와 24만 회를 돌파했다. 우리가 사용한 헤드라인은 "'뉴욕 사람들' 운영자, 야후 글로벌 뉴스 앵커 케이티 쿠릭 인터뷰에서 페이스북 관련 도널드 트럼프에게 보내는 공개서한을 논하다"였다. 이 영상은 정치적으로 매우 민감한 주제를 다뤘고, 트럼프는 호불호가 심하게 갈리는 인물이었다.

이 영상의 후크 포인트는 헤드라인이 아니라 스탠턴의 첫 마디였다. "나는 당신이 인종차별주의자들의 사진을 리트윗한 것을 봤습니다." 발언의 내용만 아니라 그의 강한 어조가 사람들의 관심을 끌었다. 이 사람이 도대체 무슨 말을 하려는 것인가 하는 궁금증을 유발한 것이다. 영상이 공개된 타이밍도 절묘했다. 당시는 2016년 미국 대선 레이스가 절정에 이르러 유권자들의 촉각이 잔뜩 곤두서 있던 시기였다. 많은 힐러리 지지자가 이 인터뷰를 여기저기 뿌리다시피 활발하게 공유했다. 꼭 유명인이 등장해야지만 성공하는 것은 아니라는 증거다. 우리가 스탠턴보다 100배는 더 유명한 사람들도 인터뷰해봤지만, 최고의 성적을 거둔 것은 단연 스탠턴의 인터뷰였다. 그것은 그 인터뷰가 다루는 주제, 클립을 패키지화한 방식, 영상의 진행 속도, 스탠턴의 개성, 호불호가 갈리는 후크 포인트가 모두 맞아떨어진 결과였다.

내가 만든 영상이 바이럴된 이유

▼

데릭 멀러Derek Muller는 구독자가 800만 명에 육박하는 유튜브 채널 '베리타시움Veritasium'의 운영자다. 그는 〈내가 만든 영상이 바이럴된 이유My Video Went Viral. Here's Why〉라는 영상에서 유튜브의 알고리즘과 후크 포인트의 중요성을 설명한다.

유튜브 초창기에는 구독자 수가 제일 중요했다. 그때는 유튜브에 접속하면 구독 채널의 영상이 제일 먼저 떴다. 유튜버들은 구독자만 많이 모으면 채널의 시청 시간이 자연스럽게 늘어나니까 편했다. 하지만 3초 세상이 도래하자 유튜브도 대응을 안 할 수 없었다. 페이스북, 인스타그램 같은 곳에 사용자를 빼앗기지 않고 붙잡아둘 수 있도록 알고리즘을 변경해야만 했다. 조사 결과, 헤드라인에 탁월한 후크 포인트가 있을 때 시청 시간이 증가하는 것으로 밝혀졌고, 그에 따라 사람들이 콘텐츠를 시청하게 하는 것이 거리에서 신문과 잡지를 파는 것과 비슷하다는 결론이 나왔다(내가 잡지 가판대를 거론하지 않았던가!).

이와 관련해 멀러는 알고리즘이 자극적인 뉴스 콘텐츠의 생산을 부추긴다고 우려한다. 뚜렷한 근거도 없이 그럴싸한 헤드라인으로 장삿속만 채우는 황색 저널리즘이 성행할 수 있다는 말이다. 그는 SNS 플랫폼에서 진실한 뉴스만 유통되려면 알고리즘이 채널 구독자 수에 큰 비중을 둬야 한다고 본다. 그러면 콘텐츠 제작자들이 사람들의 관심을 끌려고 온갖 속임수를 쓸 필요가 없어지기 때문이다.

그런데도 유튜브를 비롯한 대다수의 SNS 플랫폼은 3초 세상에 맞춰져 있다. 유튜브는 구독자 수의 중요성을 축소하고 멀러의 표현을 빌리자면 "낚시성 섬네일"의 중요성을 키웠다. 나는 낚시성 제목 같은 꼼수를 쓰는 것을 권하지 않는다. 어차피 이제는 알고리즘이 낚시성 제목을 걸러내기 때문에 예전만큼 효과적이지도 않다. 그리고 설령 사용자가 낚시성 제목을 보고 클릭했다고 해도 알고리즘이 시청 시간(잠시 후 설명하겠다)을 중요시하기 때문에 큰 의미가 없다. 후크 포인트와 이야기를 만들 때 왜 진정성이 중요한지는 5장에서 자세히 알아보기로 하고 여기서는 눈길을 잡아끄는 헤드라인(낚시성 헤드라인과는 엄연히 다르다)이 중요하다는 것, 특히 유튜브에서 더 중요하다는 것만 알아두자.

멀러는 자신의 영상 중에서 가장 바이럴 효과가 커서 무려 3,200만 회 이상의 조회 수를 기록한 영상을 제작했을 때 이 헤드라인 이론을 염두에 뒀다고 한다. 당시 그는 뉴욕에서 열린 크리에이터 서밋Creator Summit에서 미스터비스트MrBeast(4,700만 명의 구독자를 보유한 유튜버)에게 로스앤젤레스 저수지의 수질 보호를 위해 띄워 놓은 검은 공에 대한 영상을 보여줬다. 미스터비스트는 이 영상이 인기를 끌 것을 직감했다. 그래서 두 사람은 어떤 헤드라인과 섬네일을 써야 최강의 후크 포인트가 만들어질지 논의했다. 멀러는 〈그늘 공 던지기Throwing Shade Balls〉라는 제목을 제안했지만 미스터비스트는 〈이 호수에 검은 공 9,600만 개가 떠 있는 이유는?Why Are There 96 Million Black Balls on This Lake?〉이 더 나을 것 같다고 말했다. 멀러는 여기서 '호수lake'만 '저수지reservoir'로 바꿨다(실제로 저수지니까). 그는 이 영상이 히트한 이유가 제목과 섬네일이 후크 포인트가 되어 호기심을 자극했기 때문이라고 본다.

멀러에 따르면 유튜브 영상이 바이럴화되어 수천만 회의 조회 수를 기록하려면 두 가지가 중요하다.

- — 시청 시간 유튜브 알고리즘은 사용자가 7~8분 정도 시청하는 영상에 좋은 점수를 준다. 그 정도 시청 시간을 확보하려면 영상의 길이가 최소 15분은 돼야 한다.
- — 클릭률 후크 포인트가 중요한 이유다. 클릭률은 제목과 섬네일이 클릭된 횟수를 제목과 섬네일이 노출된 횟수로 나눈 값이다.

미스터비스트는 멀러에게 클릭률이 10퍼센트, 20퍼센트, 30퍼센트를 돌파할 때마다 영상의 조회 수와 노출 수가 급격히 증가한다고 말했다. 그래서 유튜브에서는 제목과 섬네일이 대단히 중요하고 그 자체로 후크 포인트가 돼야 한다.

멀러는 "아무리 영상을 잘 만들어도 사람들을 확 잡아끄는 뭔가가 없으면 바이럴화되기 어렵다"라고 말한다. 그러니까 이 책을 만난 것을 행운으로 아시길! 물론 농담이다(반쯤은 진담이지만). 어쨌든 후크 포인트는 중요하다. 유튜브 알고리즘은 바뀔 수 있지만 유튜브와 같은 플랫폼에 앞으로도 계속 콘텐츠가 늘어나리란 사실은 바뀌지 않는다. 그러니까 튀어야 산다.

멀러는 튀는 섬네일을 찾는 법도 알려준다. 섬네일은 사용자가 시각적으로 가장 먼저 접하는 후크 포인트다. 많은 유튜버가 최적의 섬네일을 찾으려고 유튜브의 첫 화면을 스크린샷으로 찍은 후 포토샵으로 다양한 위치에 다양한 섬네일을 넣어본다. 눈에 확 띄는 섬네일이 있어야 영상이 튀어서 더 많은 조회 수를 올릴 수 있기 때문이다.

이런 테스트가 앞으로는 더욱더 중요해질 것이다. 현재 유튜브가 클릭률을 실시간으로 보여주는 방향으로 전환 중이기 때문이다. 멀러

후크 포인트

는 그렇게 되면 영상을 등록하자마자 다양한 섬네일을 실시간으로 테스트해서 클릭률을 극대화하는 게 가능해질 것이고 그런 테스트를 하지 않는 유튜버는 영상이 노출되지 않아서 도태될 것이라 본다. 영상이 묻히지 않으려면 주제, 제목, 섬네일이 사용자를 확 낚아채야 한다. 멀러는 "제목과 섬네일이 노출 안 되면 그 영상은 없는 것과 마찬가지"라고 경고한다.

SNS 플랫폼은 각 사용자의 피드라는 한정된 공간에 영상을 노출시킨다. 그 공간을 최대한 활용하려면 각 사람이 좋아할 만한 영상을 보여줘야 한다. 유튜브 사용자들은 시청 시간과 클릭으로 영상에 대한 호감도를 표시한다. 그래서 앞으로 또 어떻게 바뀔진 몰라도 일단 현재 유튜브 알고리즘은 시청 시간이 긴 영상을 선호한다. 비단 유튜브만 아니라 어떤 SNS 플랫폼에서든 타깃층을 만족시키고 알고리즘을 이길 수 있어야 한다. 이 책에 나오는 후크 포인트 제작법과 스토리텔링 기법이 도움이 될 것이다.

알고리즘

그러면 알고리즘에 대해 잠깐 이야기해보자. 알고리즘이 자기편이 아니라고 답답해하는 사람이 많다. 그런데 알고리즘의 궁극적인 목적은 사람들이 지속해서 해당 SNS 플랫폼에 접속하게 하는 것이다. 만약에 페이스북, 인스타그램, 유튜브를 열었는데 화면에 뜨는 콘텐츠가 시시하고 재미없으면 사람들은 어떻게 할까? 앱을 닫고 다른 뭔가를 할 것이다. 만약에 앱을 열 때마다 이런 현상이 반복된다면 서서히 다른 플랫폼으로 옮겨 갈 것이다. 그래서 알고리즘은 각 사용자가 접속할 때마다 관심이 갈 만한 콘텐츠를 보여주게끔 설계된다. 그런데 매 순간 수많은 콘텐츠가 업로드되고 사용자 대부분이 수백, 수천 개의 계정을 팔로우하고 있으니 알고리즘은 그 많은 콘텐츠 중에서 무엇을 피드의 꼭대기로 올리고 무엇을 바닥에 묻어둘지 판단해야 한다.

어떤 계정이 팔로워는 많은데 적극적 반응은 저조하다면 그 이유가 무엇일까? 보통은 팔로워들이 일부러 반응을 안 하거나 가짜 팔로워가 많아서 그런 게 아니라, 알고리즘이 그들에게 그보다 더 재미있다고 판단한 콘텐츠를 우선으로 보여주고 있기 때문이다. 다시 말해 애초에 팔로워들에게 콘텐츠가 노출되지 않으니까 반응도 없는 게 당연하다.

예를 들어 팔로워가 10만 명인 계정이 있는데 콘텐츠를 올릴 때마다 알고리즘이 그중 500명에게 콘텐츠를 보여주고 핵심 지표(노출 수 대 조회 수 비율, 조회 수 대 공유 수 비율, 조회 수 대 적극적 반응 수 비율 등)를 측정한다고 해보자. 만일 알고리즘이 기대하는 수준에 걸맞은 성과가 나왔다면 이번에는 또 다른 500명에게 그 콘텐츠를 노출시킬 것이다. 이번에도 성적이 좋다면 1,000명, 또 2,000명 하는 식으로 성과가 유지되는 한 계속 노출 수를 늘릴 것이다. 반대로 성과가 안 좋다면 알고리즘은 그 콘텐츠가 사람들에게 별로 감흥을 일으키지 못한다고 판단해 처음 500명에게만 보여주고 끝낸다. 더군다나 올리는 콘텐츠마다 반응이 저조하면 계정 자체를 시시하다고 판단해서 초기 노출 수마저 감소시킬 것이다. 기회 자체를 박탈해버리는 것이다.

그래서 타깃층이 적극적 반응을 보이는 것은 물론이고 알고리즘도 흡족해할 만한 콘텐츠를 꾸준히 올리는 게 중요하다. 알고리즘에게 실력 있는 콘텐츠 제작자로 인정받으면 콘텐츠를 올릴 때마다 노출 수가 증가해서 계정이 극적으로 성장한다. 제이 셰티Jay Shetty와 프린스 이에이Prince Ea 같은 사람들도 그런 식으로 노출 수가 늘어나면서 이제는 콘텐츠만 올렸다하면 조회 수가 몇만은 우습고 수십, 수백만 회까지 찍는 경지에 올랐다(이와 관련해 더 자세한 설명과 최신 정보를 원한다면 내 블로그를 방문하기 바란다. www.brendanjkane.com/bkblog).

3초 법칙

▼

내가 어릴 때 '3초 법칙'이란 게 있었다. 음식이 땅에 떨어졌을 때 3초 안에 주워서 먹으면 괜찮다는 법칙이었다. 요즘 우리가 SNS 영상을 소비할 때도 비슷한 법칙이 적용된다. 사람들은 피드에 있는 영상을 계속 볼지 그냥 넘겨버릴지를 3초 안에(보통은 1초 만에) 결정한다.

왜 하필 3초일까? 서문에서도 말했지만, 페이스북의 비디오 프로덕트 매니저 매트 페이크스에 따르면 페이스북에서 뉴스피드의 영상을 시청한 것으로 인정되는 기준이 3초다. 페이크스는 "영상을 3초 이상 안 넘기고 있으면 피드를 스크롤하지 않고 있다는 의미다. 영상을 볼 의향을 내비친 것이다"라고 말한다.

제작자 입장에서는 당연히 영상의 첫 3초를 보는 사람이 많을수록 좋다. 그러면 조회 수와 시청 시간이 증가하고, 따라서 알고리즘이 호의적으로 평가해서 콘텐츠가 더 많은 사람에게 노출되기 때문이다.

하지만 1초 만에 관심을 사로잡아서 3초간 보게 하기란 어려운 일이다. 1초는 정말 짧은 시간이다. 그래서 강력한 후크 포인트가 필수다. 이제부터 후크 포인트에 대한 지식을 활용해 조회 수를 대폭 늘릴 영상 제작법을 알아보자.

초반에 치고 나가기

▼

에릭 브라운스타인은 셰어러빌러티의 대표 겸 최고전략책임자이며 크리스티아누 호날두, 올림픽, 어도비, AT&T를 포함해 여러 유명인과 대기업을 위한 디지털 콘텐츠를 제작했다. 그는 SNS 영상에서는 기존의 기승전결식 스토리텔링이 안 통한다고 말한다. 그래서는 3초 만에 관심을 끌 수 없다. 그가 권하는 것은 초반에 확 치고 나가는 것이다. 셰어러빌러티의 영상은 대부분 처음 10초 안에 뭔가 한 방을 날린다. 그렇게 해야 더 많은 반응을 유발할 수 있고 바이럴화될 가능성도 커지기 때문이다. 이렇게 영상에서 제일 재미있거나 강렬한 부분을 초반에 넣고 거기에 더해 이제 알 만한 사람은 다 아는 시각적 스토리텔링 향상법(휴대폰에서 보기 좋게 제작하기, 클로즈업 이미지 활용하기, 적절한 조명 사용하기 등)까지 동원하면 빨리 관심을 끌기가 한층 수월해질 것이다.

약속의 시간, 3초

▼

앞에서 말한 대로 우리 팀의 디지털콘텐츠전략가인 나빈 고다는 퍼스트 미디어의 콘텐츠부사장 출신이다. 그는 퍼스트 미디어의 SNS 콘텐츠 성적을 월간 조회 수 30억 회 수준으로 끌어올린 주인공이다. 고다가 관리했던 SNS 채널은 DIY 및 생활 팁 채널 '블로섬 Blossom(https://www.facebook.com/FirstMediaBlossom/)', 요리 채널 '쏘 여미So Yummy(https://www.facebook.com/firstmediasoyummy/)', 미용 채널 '블러셔Blusher(https://www.facebook.com/ firstmediablusher/)'로 모두 밀레니얼 세대 여성을 겨냥한 채널이었다. 콘텐츠의 내용은 아기 음식용 유리병 뚜껑으로 작은 액자 만드는 법, 특이한 요리법, 일상 용품을 청소하거나 재활용하는 요령 등이었다.

고다가 퍼스트 미디어에 입사해서 처음 일했던 베이비퍼스트 BabyFirst는 원래 콘텐츠 성적이 게시물당 좋아요 1,000개가 달리는 수준에 불과한 브랜드였다. 조회 수 수백만은 기본으로 깔고 가는 브랜드들과 비교하면 그야말로 처참했다. 그는 디지털 세상에서 잘나가는 브랜드들의 비결을 파헤치기로 결심했다.

우선 커뮤니케이션 설계라는 관점에서 경쟁자들을 분석했다. 그 중 하나는 버즈피드의 요리 채널 테이스티였다. 고다는 테이스티가 어떤 식으로 콘텐츠를 제작하는지 꼼꼼히 뜯어보고 베이비퍼스트의 콘텐츠에 적용했다. 테이스티를 본보기로 삼은 이유는 요리 분야에서 가히 혁명적인 채널이었기 때문이다. 테이스티는 2016년에 개설한 지 한 달도 안 돼서 구독자 370만 명, 영상 조회 수 1억 9,000만 회를 기록했다.[48]

현재 테이스티의 유튜브 영상 중에서 조회 수가 가장 높은 영상은 약 4,000만 회를 기록한 〈15킬로그램짜리 햄버거를 만들어봤습니다I Made a Giant 30-Pound Burger〉이다(www.brendanjkane.com/tasty와 https://www. youtube.com/watch?v=z4L2E6_Gmkk에서 볼 수 있다).

고다의 분석 결과 중에서 제일 중요하게 볼 부분은 디지털 영상의 초반 3초가 시청자에게 영상의 주제가 무엇이고 어떤 식으로 메시지가 전달될지 약속하는 데 사용돼야 한다는 것이다. 3초 만에 브랜드를 소개하는 것은 무리다. 시청자는 아직 그런 것을 들을 준비가 안 되어 있다. 그래서 그 시간은 메시지가 어떻게 전달될 것인지 예상할 수 있는 시간이 돼야 한다. 메시지가 명쾌하고 흥미롭게 전달될 것인가, 아니면 복잡하고 어렵게 전달될 것인가? 시청자는 처음 3초가 재미있어야 뒷부분에도 시간을 할애할 것이다.

그런 면에서 SNS에 영상을 올릴 때는 시청자에게 투자 제안서를 건넨다고 생각하면 좋다. 시청자의 시간이라는 귀중한 자원을 요구하는 것이기 때문이다. 시청자는 다른 할 일도 많기 때문에 지금 당장 필요하다는 생각이 들지 않는다면 당신의 제안을 거절할 것이다.

당신이 초반에 확실한 약속으로 시청자의 신뢰를 얻는다면 알고리즘도 당신을 신뢰할 것이다. 반대로 초반에 시청자의 신뢰를 얻지 못하면 그 영상은 절대로 널리 공유될 수 없다. 그러니까 처음 3초가 대단히 중요하다.

느낌이 중요하다

▼

SNS용 영상을 제작하고 커뮤니케이션을 설계할 때는 시청자에게 어떤 느낌을 주고 싶은지를 반드시 생각해야 한다. 예를 들면 '와, 진짜 똑똑하다', '저건 공감을 안 할 수가 없네', '보길 잘했어' 같은 느낌이 들게 하는 것이다. 시청자가 마음으로 느끼는 것이 머리로 생각하는 것보다 중요하다. 영상이 바이럴화될 때는 시청자가 어떤 좋은 느낌을 받았을 때지, 영상이나 제작자에 대해 깊이 생각했을 때가 아니다.

시청자에게 어떤 느낌을 주고 싶은지 결정했으면 반드시 그 느낌을 기준으로 메시지 전달법, 시각적 표현, 속도, 출연자, 음악 등을 결정해야 한다. 명품 브랜드 구찌가 그런 쪽으로 일가견이 있다. 구찌는 그 제품을 착용하면 품격 있고 세련되고 유능하고 호감 가는 사람이 될 것 같다는 느낌이 들도록 마케팅한다. 모든 메시지가 그런 느낌을 주도록 만들어지고 전달된다. 매장에 들어서는 순간 소비자는 매대마다 옷이 잔뜩 걸린 여타 매장과는 전혀 다른 경험을 한다. 구찌는 아무나 누릴 수 없는 화려함을 선사하겠다고 약속하고, 그 약속은 매장에 발을 들여놓는 순간, 아니, 매장 앞 진열창을 지나기만 해도 피부에 와닿는다. 이렇게 목표로 하는 느낌을 만들 줄 알기 때문에 구찌는 원가가 20달러밖에 안 될 것 같은 티셔츠를 450달러에 팔면서도 잘나간다. 잘 설계된 콘텐츠도 마찬가지다. 그런 콘텐츠는 동일한 플랫폼(페이스북, 인스타그램, 유튜브)에 올라온 다른 콘텐츠가 20달러의 가치를 제공할 때 보란 듯이 450달러의 가치를 제공한다.

후크 포인트를 선택할 때는 시청자에게 어떤 느낌을 주고 싶은지 확실히 정해져 있어야 한다. 인앤아웃 버거In-N-Out Burger가 경쟁사들보다 잘되는 이유도 여기에 있다. 인앤아웃 버거의 후크 포인트는 매장을 나설 때 흡족한 마음이 들어서 다음에 배가 고프면 또 생각난다는 것이다. 고다는 인앤아웃의 모든 선택이 그런 느낌을 주기 위한 것이라고 본다. 메뉴가 한정적인 것만 해도 그렇다. 고를 수 있는 메뉴가 몇 개 없기 때문에 오로지 음식의 질에만 집중하게 된다. 메뉴를 간소화하는 것은 쉬운 일이 아니다. 하지만 그 결과로 인앤아웃버거는 소비자에게 목표로 한 느낌을 불러일으키고 '입안에서 느껴지는 품질의 차이'라는 태그라인을 실현한다.

콘텐츠를 만들 때는 반드시 '이것이 시청자에게 어떤 느낌을 줄까?'와 '이것으로 어떤 느낌을 주고 싶은가?'를 생각해야 한다. 두 질문에 대한 답이 나왔으면 이번에는 다른 콘텐츠 제작자가 남긴 선례가 있는지 조사해보자. 누군가가 이미 당신의 타깃층에게 그런 느낌을 준 적이 있는지 보는 것이다. 자신이 콘텐츠를 만들고자 하는 분야에 대해 잘 알아야 한다. 그렇지 않으면 반년쯤 고생하고 나서야 처음부터 다른 사람의 성공과 실패를 보고 배울 수 있었는데 괜히 시간과 돈을 날렸다고 후회할지 모른다.

소기의 목적을 염두에 두고 후크 포인트(그리고 영상의 처음 3초)를 만들면 더 강력한 콘텐츠가 탄생한다. 타깃층의 관심을 끌어야만 콘텐츠를 끝까지 보게 할 수 있고, 그래야만 알고리즘이 계속해서 당신의 콘텐츠를 새로운 잠재 시청자에게 노출시킬 것이다(온라인에서 수십억 회의 조회 수를 만들어낸 우리 팀의 콘텐츠 제작 전문가들에게 영상 제작에 대한 도움을 받고 싶다면 www.brendanjkane.com/work-with-brendan/을 이용하

후크 포인트

기 바란다).

지루하지 않게: 속도감과 리듬감 만들기

▼

초반에는 느리고 꼼꼼한 것보다 빠르고 시원시원한 게 좋다. 고다는 처음 3초 만에 전체 영상이 어떻게 구성되어 있는지 보여주고 어떤 느낌을 줄지 약속해야 한다고 말한다. 하지만 천천히 하면 안 된다고 했다고 너무 서둘러도 곤란하다. 중요한 것은 처음 3초 동안 분위기를 조성하는 것이다. 분위기를 조성하려면 어떤 행동을 하거나 어떤 미해결 상황을 만들면 된다. 정말로 하고 싶은 이야기는 3초가 지난 후에 해도 늦지 않다.

많은 영상이 너무 많은 정보를 너무 급하게 전달하려다 보니까 시청자가 따라가질 못한다. 그러면 시청자는 마치 영화가 시작되고 20분이 지나서 상영관에 들어갔을 때처럼 답답해진다. 그래서 영상을 더 보기가 싫어진다. 그리고 한꺼번에 너무 많은 정보를 전달하려고 하면 온갖 재료를 마구잡이로 때려 넣은 잡탕 같아서 흥미가 사라진다.

고다는 영상이 꼭 짜릿하고 신나야 할 필요는 없지만 이해하기 쉽고 재미있어야 한다고 말한다. 엄청난 구경거리는 없어도 끝까지 흥미를 유발해야 한다. 중간에 '지루한' 부분이 있으면 생각보다 성적이 더 나쁘게 나온다. 자신의 콘텐츠가 얼마나 재미있는지 솔직하게 평가하고 재미없는 부분을 어떻게 개선할 수 있을지(그리고 그 부분이 정말로 필요한지) 생각해보자.

고다는 뭔가를 직접 만들거나 처리하는 방법을 알려주는 DIY 영상을 만들면서 처음 3초 동안 좋은 속도감을 만드는 요령을 터득했다. 그것은 일단 카메라가 움직이지 않는 정적인 장면으로 시작한 후 물건을 등장시키고 어떤 행동을 가하는 것이었다. 예를 들어 고다의 팀이 만든 영상 중에 빨간 플라스틱 컵이 나오는 영상이 있다. 그 영상의 처음 3초는 이렇게 전개된다.

- — 빨간 컵이 등장한다.
- — 손으로 컵을 찌그러뜨린다.
- — 찌그러진 컵을 내려놓는다.

이렇게 도입부가 나간 후에 영상이 본격적으로 시작된다. 너무 원시적이고 단순하게 느껴질 수도 있겠지만 그런 단순함이 이해를 돕고 관심을 사로잡았다. 시청자들은 피드를 스크롤하다가 멈춰서 나머지 영상을 10초 이상 봤다. 그 결과로 이 영상은 220만 회 이상의 조회 수를 올렸다(https://www.facebook.com/watch/?v=10155697878679586에서 볼 수 있다).

영상에서 소개하는 절차나 정보는 시청자가 직접 말로 설명을 들을 때처럼 쉽게 따라올 수 있어야 한다. 고다의 말을 빌리자면 "처음에는 이렇게 하고, 그다음에는 이렇게 하고, 그다음에는 이렇게 하세요" 하는 리듬감이 필요하다. 그래야 이해가 잘 돼서 좋은 흐름이 만들어진다. '나도 따라 할 수 있겠는데?' 하는 생각이 들면서 '좋아, 다음은 뭐지?' 하고 궁금해진다. 고다는 이런 순차적 진행법을 뭔가를 안내하는 영상에만 적용할 게 아니라 모든 영상에 적용해야 한다고 조언한다.

그 좋은 예가 〈안 아프면 안 쳐준다If It Doesn't Hurt, It Doesn't Count〉다. 내 인스타그램 계정(www.brendanjkane.com/count)에서 볼 수 있는 이 영상은 속도감이 좋고 어떻게 하면 처음 3초를 잘 활용할 수 있는지 보여준다. 이 영상의 처음 3초가 좋은 이유는 시청자가 붙박이 헤드라인, 다른 말로 밈 카드(이것이 이 영상의 후크 포인트다)를 읽을 시간을 주기 때문이다. 그 뒤에 자막과 내레이션이 나온다. 그리고 화면이 천천히 전환되기 때문에 헤드라인을 읽고 내레이션을 듣던 중에 바뀌는 화면을 본다고 산만해지지 않는다.

영상을 이렇게 구성한 이유는 시청자가 다음과 같은 과정을 거치게 하기 위해서다. 첫째, 헤드라인을 읽는다. 둘째, 화면을 보고 내가 할 말이 어떤 맥락에서 나오는지 이해한다. 셋째, 내가 하는 말을 듣는다. 그리고 나서 내가 나오는 장면으로 전환되면 시청자는 이 영상이 재미없는 다큐멘터리 영상을 짜깁기한 게 아니라 뭔가 생각한 것을 이야기한 영상일 것이라고 예상하게 된다. 그래서 자연스럽게 내가 하는 이야기를 따라온다.

분위기와 기대감을 조성한다

기본적으로 처음 3초에는 너무 많은 행동이 들어가면 안 된다. 그 3초는 분위기를 조성하고 흥미를 유발하기 위한 시간이다. 하지만 아직 본격적인 이야기는 시작하기 전이라고 해도 시청자가 좋은 속도감을 느끼게 해야 한다. 그래야 영상이 느리고 지루하고 정적일 것이라는 예감이 안 든다.

처음 3초 동안은 영상이 시각적으로 만족스러울 것이라는 기대감도 조성해야 한다. 이것을 논리적으로 보려고 하지 말고 리듬이라는 측면에서 보면 좋겠다. 처음 3초간 영상의 리듬이 만족스러울 때 시청자는 관심을 보인다. 클럽에서 멋진 댄스곡의 도입부를 들었을 때와 비슷하다. 그 짧은 순간에 몸이 저절로 움직인다면 흥이 오르면서 나머지 부분도 마저 듣게 된다.

그렇다고 뭔가 대단한 촬영 기법을 동원하거나 엄청난 일을 벌여야 한다는 말은 아니다. 그릇을 놓고 콜라를 재미있게 따르는 것으로 영상을 시작해도 괜찮다. 얼핏 생각하면 재미없을 것 같지만 그건 너무 논리적으로 분석했기 때문이다. 그런 장면도 시각적으로 매력이 있으면 통한다. 고다도 그런 장면으로 지금껏 온라인에서 수십억 회의 조회 수를 올렸다.

시청자가 생각하게 만들면 안 된다

처음 3초간은 시청자가 생각하게 해서는 안 된다. 아니, 처음 3초만 아니라 영상을 보는 내내 생각을 너무 많이 할 필요가 없어야 한다. 시청자에게 생각을 요구하려면 반드시 자극이 있어야 한다. 그렇다고 낚시성 제목처럼 꼭 반전이 있거나 충격을 줘야 한다는 말은 아니다. 만족스러운 속도감과 좋은 구성만으로도 충분히 자극이 되어 호기심을 유

후크 포인트

발할 수 있다. 일단 전반적인 느낌을 잘 잡으면 전문적인 메시지나 생각을 요하는 메시지를 어디에 넣을지 쉽게 판단할 수 있고 그 메시지가 시청자에게 더 매력적으로 다가간다. 고다는 전반적인 느낌을 잘 잡으면 강의 시간 내내 지식만 나열하는 지루한 교수가 아니라 재미있고 현실적인 이야기를 적당히 섞어가며 전문 지식에 흥미를 느끼게 하는 교수가 될 수 있다고 말한다.

3초 만에 만족감을 주는 법

성공하는 SNS 영상의 처음 3초에는 이런 특징이 있다.

- — 보기 좋다. 그래서 시청자가 마저 봐야겠다는 호기심을 느낀다.
- — 적당한 속도로 진행된다. 그래서 시청자가 영상의 내용을 잘 따라갈 수 있겠다고 느낀다.
- — 순차적으로 메시지가 전달된다. 그래서 시청자가 머리를 많이 쓰지 않아도 된다.

백문이 불여일견이라고 고다는 다음의 3가지 영상을 좋은 구성이 돋보이는 예로 꼽는다.

- ○ 〈기분이 좋아지는 생활 꿀팁 5가지Brighten up your day with these 5 surprising hacks!〉(www.brendanjkane.com/bright)
- ○ 애덤 로아Adam Roa의 〈당신은 이미 당신이 찾던 사람입니다You Are Who You've Been Looking For〉(www.brendanjkane.com/adam)

○ 〈사랑하는 사람이 당신의 꿈을 응원하지 않을 때When someone you love doesn't support your dreams〉(www.brendanjkane.com/dreams)

영화 예고편 앞에 5초짜리 미니 예고편이 붙는 이유

▼

"제이슨 본이 웃통을 벗는다, 남자를 때려눕힌다, 쓸쓸한 눈빛으로 카메라 밖을 본다, 제목이 표시된다." 영화 〈제이슨 본〉의 예고편 앞에 나오는 5초짜리 영상의 내용이다. 말하자면 예고편을 예고하는 영상이다. 이제는 이런 예고편의 예고편이 흔해졌다. 〈두 교황〉, 〈아이리시맨〉, 〈원스 어폰 어 타임 인 할리우드〉, 〈분노의 질주: 홉스&쇼〉의 예고편도 이렇게 구성되어 있다. 이런 미니 예고편은 시청자가 예고편 전체를 보게 하는 후크 포인트로 작용한다.

예고편의 예고편이 존재하는 이유는 단 하나, 3초 만에 시청자의 관심을 사로잡기 위해서다. 〈인디펜던스 데이: 리써전스〉의 예고편은 다짜고짜 요란하고 현란한 장면으로 시작한다. 그래서 튀고 호기심을 유발한다. 그 짧은 장면에 대한 설명은 이어지는 실제 예고편에서 천천히 전달된다. 영화사들이 이렇게 나오는 이유는 예고편이 SNS에서 공유될 때 단 몇 초 만에 시청자의 관심을 끌어 스크롤을 중단시켜야 하기 때문이다.

파라마운트 픽처스의 디지털마케팅본부장으로 있었던 레이섬 아니슨은 미니 예고편이 무조건 통하지는 않는다고 지적한다. 요란하고 현란한 장면만 넣는다고 시청자의 관심을 사로잡을 수 있다고 생각하

후크 포인트

면 오산이라는 것이다. 당연한 말이지만 그런 장면이 흥미를 유발해야 한다. 시청자의 입에서 "어? 저게 뭐지?"라는 말이 나와야 한다. 더 보고 싶은 욕구가 생겨야 한다. 그런데 사람들이 요란하고 현란한 장면을 많이 접하면 접할수록 그 효과는 떨어진다. 그래서 아니슨은 "남들이 다 하는 것을 똑같이 따라 하지 않으려면 업계 동향에 밝아야 한다"라고 조언한다. 호기심을 강하게 자극할 새로운 방법을 모색해야 한다는 것이다.

재미있는 것은 영화 한 편에 어마어마한 돈을 쓰는 대형 영화사들 역시 사람들의 관심을 끌 방법을 찾기 위해 고심한다는 사실이다. 예고편 앞에 예고편을 넣어야 할 정도라니 SNS에서 조회 수를 올리기 위한 경쟁이 얼마나 치열한지 알 만하다.

당신이 잘 때 무슨 일이 벌어질까?

아니슨이 마케팅을 총괄한 영화 〈파라노말 액티비티〉는 두 개의 강력한 태그라인/후크 포인트가 있었다. "당신이 잘 때 무슨 일이 벌어질까?"와 "절대 혼자 보지 마시오!"였다. 예고편의 시각적 후크 포인트는 실제로 영화관에서 이 영화를 보면서 공포에 질린 관객들의 반응을 그대로 보여주는 것이었다. 예고편에는 영화 속 장면은 거의 안 나오고 관객이 깜짝 놀라고 무서워하는 장면이 대부분이었다. 그래서 시청자는 사람들이 그렇게 기겁할 정도면 도대체 무슨 내용일지 궁금해졌다.

예고편을 이렇게 만든 이유는 〈파라노말 액티비티〉가 저예산 영화인 데다 전개도 느리기 때문이었다. 짧은 콘텐츠로 영화에 대한 흥미를 일으키기가 쉽지 않았다. 아니슨도 예고편에서 영화 속 장면만 보여줬다면 지루했을 것이라고 한다. 〈파라노말 액티비티〉는 화려한 영상이나 현란한 액션으로 관객을 압도하는 영화가 아니었다. 〈어벤져스〉나 〈스타워즈〉처럼 거액의 자본이 투입되지 않았으니 그런 영화들의 예고편과 경쟁하려고 하는 것 자체가 말이 안 됐다. 대신 실제 관객들의 생생한 반응을 보여줌으로써 시청자에게 비슷한 경험을 하고 싶다는 기대감을 불러일으켰다.

정리하자면 자신의 상품이 가진 장점을 인지하고 그것을 돋보이게 하는 콘텐츠를 만들어야 한다는 뜻이다. 콘텐츠를 패키지화하는 방법은 무수히 많다. 테스트를 통해 상품이나 브랜드에 제일 잘 맞는 방법을 찾아야 한다.

인스타그램에서 한 달 만에 20만 팔로워 모으기

나는 오랫동안 인스타그램 고속 성장 전략을 연구했다. 그래서 찾은 초고속 성장법(한 달 만에 15~30만 팔로워 확보)은, 이미 많은 팔로워를 보유한 타 계정을 통해 콘텐츠를 테스트하고 유포하는 것이다. 이 성장법으로 나는 내 개인 계정에 100만 팔로워를 모으고 고객과 비즈니스 파트너들의 계정도 수백만 팔로워를 유치할 수 있었다.

후크 포인트

내가 콘텐츠를 유포했던 계정 중에서 가장 성과가 좋았던 유형은 밈 계정이었다. 밈 계정은 어떤 개인, 인플루언서, 브랜드, 기업의 계정이 아니라 특정한 분야에 초점이 맞춰진 계정이다. 명언, 패션, 음식, 스포츠, 유머 등 주요 분야에는 모두 밈 계정이 존재한다. '밈'이란 '인터넷에서 많은 사람이 공유하는 영상, 이미지, 문구'라고 정의할 수 있다. 인기 있는 밈 계정으로는 @thegoodquote, @mindset.therapy, @thefatjewish 등이 있다.

밈 계정의 운영자는 열성적인 콘텐츠 수집가여야 한다. 그래야만 무수히 많은 사람의 관심을 사로잡고 그들을 팔로워로 전환할 수 있다. 우리 팀이 사용한 인스타그램 고속 성장법 중 하나는 내 콘텐츠를 밈 계정에 올려서 사람들이 내 계정으로 들어오게 하는 것이었다. 이때는 두 가지 방법이 있다.

- — 맞공유(서로의 콘텐츠를 공유해주는 것) 같은 상부상조를 통해 무상으로 밈 계정에 콘텐츠를 올린다. 단, 이게 가능하려면 그 콘텐츠가 매우 흥미롭거나 밈 계정의 운영자에게 어떤 식으로든 유익한 게 있어야 한다.
- — 돈을 주고 '샤우트아웃shout-out 자신의 계정에 타인의 계정을 소개하는 것 - 옮긴이'을 구입한다. 쉽게 말해 타인의 계정에 광고를 내는 것이다(밈 계정을 이용한 홍보법에 대해 더 자세히 알고 싶으면 내가 진행하는 〈SNS 고속 성장법 강의Rapid

Audience Growth Course)를 듣는 것도 좋다(https://www.
rapidaudiencegrowth.com/).

밈 계정의 샤우트아웃을 구매했다면 사람들의 관심을 끌 만한
콘텐츠를 제공해야 한다. 즉, 강력한 후크 포인트가 있는 광고를
만들어야 한다. 주로 사용하는 방식은 사진을 올리고 팔로우를
유도하는 메시지를 쓰는 것이다.

이 방법이 성공하려면 어떤 형태의 콘텐츠와 후크 포인트가
팔로우를 유발할지 잘 파악해야 한다. 물론 말처럼 쉽진 않을 것
이다. 하지만 강력한 후크 포인트가 없으면 홍보는 하나 마나다.
예를 들어보자. 우리와 파트너 관계인 밈 계정 중 하나는 팔로워
가 1,900만 명 정도 된다. 우리가 그 계정에 후크 포인트가 약한
콘텐츠를 올리면 아마 우리가 목표로 하는 계정의 팔로워 증가
량이 200명에도 못 미칠 것이다. 반대로 강력한 후크 포인트가
있는 콘텐츠라면 24시간 이내에 5,000~2만 명의 신규 팔로워를
확보하는 것도 가능하다. 동일한 밈 계정을 이용해 같은 타깃층
에게 콘텐츠를 노출하더라도 강력한 후크 포인트를 가진 콘텐츠
만이 사람들의 관심을 끌어서 목표 계정의 '팔로우' 버튼을 누르
게 만드는 것이다.

아마 이 책을 읽는 사람 중 99퍼센트는 극강의 창의력과 효과
적인 후크 포인트를 이용해서 자신의 콘텐츠를 패키지화해야 하

후크 포인트

는 상황일 것이다. 나는 지금도 매일 내 브랜드와 고객의 브랜드로 훈련한다. 3초 세상에서 튀려면 사람들이 당신의 콘텐츠를 봤을 때 어떤 반응을 보였으면 좋겠는지 생각해봐야 한다. 그리고 테스트를 통해 무엇이 사람들을 당신의 계정에 들어오게 해서 팔로우 버튼을 누르게 할지 파악해야 한다. 후크 포인트와 마찬가지로 인스타그램 고속 성장법도 항상 변화하고 진화한다. 어쩌면 위에서 말한 기법도 이미 구식이 됐을지도 모른다.^{샤우트아웃을}

구입하는 것처럼 돈을 내고 타인의 계정에 자신을 노출하는 것은 엄밀히 말해 유료 광고이므로 게시물에 광고임을 명시하지 않으면 국내법에 저촉될 소지가 있다 - 옮긴이.

밈 카드의 정의와 사용법

▼

지난 몇 년간 수십만 개의 버전을 만들어가며 콘텐츠를 테스트한 결과 알게 된 사실이 있다. 영상에서 어떤 정보를 전달하려고 하는지 독창적인 방법으로 미리 알려줄 때 사람들이 영상을 시청하고, 클릭하고, 구입하고, 공유할 확률이 대폭 증가한다는 것이다. 이때는 헤드라인, 밈 카드, 붙박이 자막을 사용할 수 있다.

밈 카드는 페이스북이나 인스타그램에서 영상의 위나 아래에 붙어 있는 자막 박스를 말한다. 밈 카드를 쓰면 SNS를 스크롤하는 사람에게 후크 포인트를 빠르고 명확하게 전달할 수 있다. SNS를 이용하는 사람이라면 아마도 아래와 같은 콘텐츠를 본 적 있을 것이다. 이게 바로 밈 카드다.

고다는 밈 카드가 인스타그램과 페이스북에서 중요한 커뮤니케이 션 기법이기 때문에 그 활용법을 터득하지 못하면 사람들의 관심을 끌 기 어렵다고 말한다. 밈 카드는 어떤 메시지를 전달하려고 하는지 예상 하게 하고 첫인상을 형성한다. 만약 계산대에 갔는데 직원이 무뚝뚝하 거나 무례하게 응대한다면 기분 좋게 이야기하긴 글렀다는 예감이 들

것이다. 반대로 웃으며 반갑게 맞이한다면 아직 용건을 말하기 전인데도 대화가 잘 풀릴 것이란 기대감이 든다. 밈 카드가 그런 역할을 한다. 밈 카드는 당신이 콘텐츠를 어떤 식으로 전달하겠다는 약속이다.

고다는 많은 사람이 "이 영상을 끝까지 보세요"처럼 김빠지는 밈 카드를 만든다고 지적한다. 그런 말은 나는 흥미로운 내용을 명확하게 전달할 수 없으니 당신들이 알아서 찾으라는 소리나 다름없다.

카피라이터 크레이그 클레먼스가 최근에 "건강한 식단으로 그녀에게 점수를 따세요"라는 밈 카드가 달린 영상을 게시했다. 이 말은 그가 건강한 식단으로 부인에게 점수를 딴 경험을 예로 들어서 균형 잡힌 식사의 중요성을 강조하는 이야기의 첫 문장이다. 클레먼스는 이렇게 후크 포인트가 들어간 밈 카드로 시청자가 그 영상을 보는 게 시간 낭비가 아니고 깊이 생각하지 않아도 자연스럽게 내용을 이해할 수 있을 것이라고 예상하게 한다. 그러면 나중에 가서 시청자의 관심을 행동으로 전환시킬 수 있다. 단, 어디까지나 '나중'에 가서지 처음부터 가능한 것은 아니다. 콘텐츠를 올릴 때마다 뭔가를 해달라고 요구할 수는 없기 때문이다. 시청자 입장에서는 어차피 다른 영상도 많으니까 뭔가 수고스러운 것을 요구하지 않고도 더 가치 있는 것을 제공하는 영상을 보면 그만이다.

밈 카드에 강력한 후크 포인트가 있으면 영상에 호기심이 생긴다. 고다는 밈 카드가 반드시 영상을 요약하는 내용일 필요는 없다고 말한다. 영상은 설득하거나 격려하는 내용인데 밈 카드는 도발적이어도 괜찮다. 물론 어디까지나 영상 속 메시지가 진솔하게 전달돼야 한다는 조건이 붙는다. 다시 말해 밈 카드가 낚시성 제목이 돼서는 안 된다. 그것은 영상의 전체 내용과 자연스럽게 연결돼야 한다.

그 좋은 예가 마인드밸리 인스타그램 계정에 올라온 애덤 로아 Adam Roa의 강연 클립이다(www.brendanjkane.com/roa에서 볼 수 있다). 이 영상은 첫 화면에 삽입된 자막이 밈 카드의 역할을 하는데 그 내용이 다소 충격적이다. "이 차를 사야 인기남이 됩니다. 이 브라를 사야 인기녀가 됩니다." 이후 시작되는 로아의 이야기는 이 후크 포인트와 정반대되는 내용이다. 그는 짝을 찾으려면 뭔가를 사야 한다고 현혹하는 소비지상주의의 목소리에 귀를 기울이지 말라고 말한다. 마인드밸리가 이처럼 충격적인 문장을 후크 포인트로 선택한 이유는 그게 시청자의 관심을 끌기 때문이고 일단 영상을 다 보고 나면 그 진의가 이해되기 때문이다. 그러니까 낚시성 제목이 아니라 전체 메시지에 충실히 기여하는 문장이었다.

마인드밸리가 영상에 후크 포인트를 넣기 시작한 것은 최근의 일이다. 밈 카드 형태로 후크 포인트를 넣으면서 영상의 성적이 3배 향상됐다. 후크 포인트가 없을 때는 인스타그램에 올린 영상의 조회 수가 아무리 잘 나와 봤자 2~3만에 그쳤지만 지금은 10만을 넘어서기도 한다. 페이스북 영상은 조회 수가 수백만을 찍기도 한다. 밈 카드로 어떤 메시지를 전달하겠다고 분명하게 약속하니까 시청자가 더 많은 시간과 관심을 기울이는 것으로 화답하는 것이다(밈 카드를 비롯해 우리가 고객의 콘텐츠를 바이럴화하기 위해 사용하는 콘텐츠 형식에 대해 더 자세히 알고 싶다면 www.brendanjkane.com/viralreport에서 상세한 보고서를 받을 수 있다).

밈 카드 테스트

고다는 밈 카드에 쓸 최고의 문장을 찾으려면 다양한 버전을 테스트해보라고 권한다. 말했다시피 밈 카드는 메시지의 지원군 역할만 하면 되지 꼭 전체 메시지의 요약일 필요는 없다. 만일 영상에서 복잡한 주제를 다루고 있다면 밈 카드는 그 메시지의 출발선 정도만 돼도 충분하다. 혹시 밈 카드에 다소 복잡하고 꼬인 문장을 넣으려면 영상의 도입부가 느리게 진행돼야 한다.

예를 들어 "내가 나를 비웃겠다, 남들이 비웃기 전에"라고 적힌 밈 카드(www.brendanjkane.com/laugh)를 보자. 이 문장을 이해하려면 시간이 좀 걸린다. 그래서 우리는 그 문장에 어울리는 간단한 영상을 넣었다. 눈 쌓인 비탈을 미끄러져 내려오는 여성을 촬영한 영상이다. 처음 3초 동안 영상 속 움직임이 크지 않기 때문에 시청자가 밈 카드를 이해할 시간을 벌 수 있다. 고다는 밈 카드에 복잡한 메시지를 담고 영상까지 복잡하면 시청자가 과부하에 걸린다고 말한다. 그러니 커뮤니케이션을 설계할 때 글자와 영상의 균형을 잘 잡아야 한다.

그 균형은 면밀한 테스트를 통해 찾을 수 있다. 고다와 나는 A/B 테스트로 다양한 밈 카드와 3초 도입부 영상의 조합을 테스트해서 균형을 잡는다. 예를 들면 내레이션의 시작 시점을 0.5초 뒤로 늦춰보기도 하고, 밈 카드의 문장을 바꾸고 첫 3초에 다른 영상을 넣어보기도 하며 시청자의 반응을 보는 것이다. 짐작하다시피 바이럴화되는 SNS 영상을 만들려면 세심하게 신경 써야 할 부분이 많다. 우리는 다년간 그런 테스트법을 발전시켜왔다. 테스트를 시작하려는 사람이라면 도움이 될 만한 팁을 아래에서 참고하기 바란다.

효과적인 밈 카드를 만들기 위한 팁 3가지

- — 경쟁자를 분석하라. 경쟁자의 히트 영상을 찾아서 어떤 밈 카드를 사용했는지 확인하자. 경쟁자의 밈 카드 옆에 자신의 밈 카드를 놓고 튀는지 보자(1장의 끝에서 소개한 후크 포인트 훈련 참고).
- — 의미 있는 말을 하라. 밈 카드에 "이 영상을 끝까지 보세요", "감동적인 영상입니다", "두 눈을 의심하게 될 겁니다" 같은 말을 쓰기 쉽다. 하지만 이런 말은 모두 하나 마나 한 말이다. 시청자는 두루뭉술한 메시지를 싫어한다. 밈 카드에는 구체적이고 의미 있는 말이 담겨야 한다.
- — 텍스트 디자인에 유의하라. 밈 카드에 적힌 문구에서 핵심이 되는 부분이 어디인지 확실히 정하자. 그리고 가능하면 그 부분을 강조하거나 줄 바꿈을 통해 분리하자. 〈내가 나를 비웃겠다, 남들이 비웃기 전에〉 밈 카드(위에서도 적었지만 www.brendanjkane.com/laugh에서 볼 수 있다)가 좋은 예다.

보다시피 우리 팀은 '내가 나를 비웃겠다'를 문장의 핵심으로 정하고 줄 바꿈과 굵은 글씨로 강조했다. 문장을 어떻게 읽어야 하는지 넌지시 보여줌으로써 시청자의 이해를 도운 것이다. '비웃겠다'만 강조할 수도 있겠지만 그것만으로는 의미가 모호해진다. 고다는 가능하면 구체적이고 의미 있는 말을 빨리하라고 조언한다. '비웃겠다'는 시청자에

후크 포인트

게 아무 의미가 없는 말이다. 그저 그런 단어에 불과하다. 하지만 '내가 나를 비웃겠다'는 뚜렷한 의미를 담고 있다(우리가 바이럴 영상에 사용하는 밈 카드의 텍스트 디자인 원칙은 www.brendanjkane.com/viralreport에서 볼 수 있다).

SNS 분석과 검색을 통해 후크 포인트 테스트하기

아니슨은 파라마운트 픽처스에 있을 때 SNS 분석으로 후크 포인트를 테스트했다. 그의 팀이 SNS에 콘텐츠를 공개하면 댓글이 수만 개는 기본이고 많으면 수십만 개씩 달렸다. 그들은 이 데이터를 토대로 사람들이 메시지를 어떻게 받아들이는지 평가했다. 그러면 사람들이 어떤 주제와 아이디어에 열렬한 반응을 보이는지 알 수 있다.

예를 들어 공포 영화의 광고나 예고편을 공개했을 때 "무서워 죽는 줄 알았네!" 같은 댓글이 달린다면 그 콘텐츠가 통했다는 증거다. 〈파라노말 액티비티〉 때는 광고를 보고 밤에 잠을 못 자겠다는 댓글이 많이 달렸다. 그렇게 밤잠을 설치게 만드는 공포가 바로 아니슨의 팀이 사람들에게 주려던 느낌이었다. 그들은 그런 댓글에서 대박의 조짐을 읽을 수 있었다.

하지만 고다는 SNS 댓글을 맹신하면 안 된다고 경고한다. 그는 일반적으로 댓글보다 조회 수, 시청 시간, 공유 수 같은 수치가 더 정확하다고 본다. 물론 댓글에서 힌트를 얻을 수 있고 영상이 사람들에게 어떤 느낌을 주는지에 신경을 써야 한다는 점에는 그도 동의하지만, 댓글을 곧이곧대로 받아들이면 곤란하다는 것이다. 그랬다가는 헛다리를 짚을 수 있다. 사람들의 반응을 볼 때 중점을 둘 것은 그들의 말 한마디 한마디가 아니라 규모와 비율이다. 먼저 그런 수치를 보고 그 의미를 유추한 후 댓글을 볼 때 더 예리한 판단이 가능하다. 댓글은 분석 결과의 타당성을 확인하는 수단으로 써야지, 분석의 근거가 되면 안 된다.

예를 들어 어떤 콘텐츠의 조회 수 대비 공유 수가 매우 높게 나타났다고 해보자. 그러면 그 콘텐츠가 힘을 발휘하고 있다고 판단할 수 있다. 이런 판단하에서 댓글을 보면 설령 누군가가 비판하는 댓글을 달았다고 하더라도 향후의 결정에 영향을 미치지 못한다. 그런 댓글은 적당히 넘기고 긍정적인 댓글을 보면서 그 콘텐츠가 통하는 이유를 더 깊이 분석해보면 된다. 그러니까 먼저 데이터를 본 후에 댓글을 검토해야 한다.

검색 데이터를 활용하라

아니슨의 팀은 구글 같은 검색엔진의 검색량도 성공을 가늠하는 척도로 활용했다. 〈클로버필드〉는 1차 예고편이 나갈 때까지도 제목이 정해지지 않았다. 그래서 예고편 마지막 장면에 제목 대신 개봉 일자가 들어갔다. 아니슨의 팀이 검색엔진 분석을 해보니 예고편이 공개된 후 인터넷에서 영화의 개봉일에 대한 검색량이 급증한 것을 알 수 있었다. 도대체 무슨 영화인지 궁금해하는 사람이 많다는 방증이었다. 그들은 그 기세를 몰아서 더 많은 관심을 유발하기 위해 홍보비를 증액했다.

당신도 검색 데이터를 활용해 강력한 후크 포인트에 대한 아이디어를 얻을 수 있다. 고다도 다양한 플랫폼을 조사하고 검색하는 게 중요하다고 말한다. 페이스북, 인스타그램, 유튜브, 레딧Reddit, 구글은 최고의 콘텐츠를 가려내는 알고리즘이 저마다 다르다. 당연히 각 플랫폼의 알고리즘을 유리하게 이용할 줄 알아야 한다. 하지만 알고리즘은 자칫 독으로 작용할 수도 있다는 점 역시 유념해야 한다. 알고리즘의 부정적 영향 중 하나가 알고리즘만 믿고 콘텐츠 제작자와 SNS 관리자가 게을러질 수 있다는 것이다. 그렇게 되면 자기 분야에서 제일 유명한 콘텐츠 제작자가 히트시킨 콘텐츠만 분석하는 우를 범하게 된다. 고다는 자기 주변만 보는 우물 안 개구리가 되지 말고 시야를 넓히라고 당부한다. 좁은 시야로는 탁월한 아이디어를 도출하기가 어렵다. 그가 말하는 성공의 비결은 아래와 같이 여러 플랫폼에서 다양한 콘텐츠를 관찰하는 것이다. 그중에는 실패한 콘텐츠도 포함된다.

레딧

고다는 새로운 아이디어를 찾는 용도라면 레딧을 최고의 플랫폼으로 꼽는다. 그는 레딧에서 우수한 콘텐츠가 가장 먼저 발굴될 때가 많다면서 그 이유가 여타 플랫폼에 비해 알고리즘의 개입도가 훨씬 낮기 때문이라고 말한다. 레딧에서는 투표와 같은 사용자들의 능동적 참여에 의해 콘텐츠가 상위권에 올라간다. 애초에 레딧 자체가 능동적 참여를 요구하는 플랫폼이다. 레딧은 단순히 플랫폼이 보여주는 콘텐츠를 사용자가 스크롤하거나 스와이프하며 보는 구조가 아니라 사용자가 게시물을 직접 클릭해서 봐야 한다. 다시 말해 좋은 콘텐츠를 스스로 찾아야 한다. 콘텐츠에 반응을 보이는 방법도 따로 익혀야 한다. 그래서 레딧에서 상위권에 오르는 움짤, 영상, 콘셉트는 다른 플랫폼에 비해 훨씬 강력한 힘을 발휘한다. 레딧은 콘텐츠 제작자의 후광 없이도 최고의 콘텐츠가 발굴되는 곳이다.

레딧은 서브레딧이라고 불리는 주제별 게시판으로 구성되어 있는데 웬만큼 인기 있는 주제는 서브레딧은 다 있다고 봐도 무방하다. 하지만 고다는 레딧에서 상세한 검색이 쉽지 않다며 자신의 분야와 관련된 서브레딧에 가입해서 추천 게시물을 보기를 권한다. 그리고 레딧보다 구글의 검색 도구가 더 강력하니까 구글에서 검색어에 'reddit'이라는 단어를 추가해서 검색하는 게 낫다고 한다. 그렇게 해서 자신에게 맞는 서브레딧을 찾았으면 이제 거기 올라온 콘텐츠를 죽 훑어보면서 "와, 멋진데!"라는 말이 절로 나오는 콘텐츠를 찾아보자. 그런 콘텐츠가 후크 포인트와 이야기를 만드는 초석이 될 것이다 국내 사이트 중에서는 디시인사이드가 최대 규모이고 수많은 주제별 게시판이 있다는 점에서 레딧과 가장 비슷하지만, 그 외에도 여러 대형 커뮤니티와 카페가 존재한다 - 옮긴이.

튜블러 랩스

고다는 튜블러 랩스Tubular Labs 검색도 추천한다. 튜블러 랩스는 유튜브, 인스타그램, 페이스북에 등록된 모든 영상 콘텐츠를 모니터링하는 서비스다. 조회 수, 공유 수, 좋아요 수로 콘텐츠를 정렬하거나 검색할 수 있고 다양한 측정치를 기준으로 정돈된 데이터를 파일로 받을 수 있다. 그래서 우수한 성과를 내는 영상과 제작자를 찾기에 좋은 서비스다. 고다가 특히 중요하게 보는 부분은 특정 기간의 조회 수나 전체 공유 수 대 조회 수 비율이다. 하지만 데이터를 읽을 때 방심하면 안 된다고 경고한다. 광고비를 써서 성과를 대폭 향상하는 예도 있기 때문에 무턱대고 어떤 영상이 잘 만들어졌다고 생각하면 곤란하다는 것이다. 번거롭더라도 각 영상을 직접 시청한 후 조회 수가 광고의 결과인지 아닌지 판단해야 한다(물론 각종 측정치를 기준으로).

유튜브

고다가 콘텐츠 아이디어와 후크 포인트를 찾을 때 추천하는 세 번째 도구는 바로 유튜브다. 어떤 분야든 대다수의 사람이 이용하는 뻔한 검색어에 안주하지 않고 더 세밀하게 검색해보면 조회 수가 많지 않고 완성도는 낮을지언정 나름의 매력이 있는 콘텐츠를 건질 수 있다. 고다는 이렇게 남들보다 한 걸음 더 들어가는 검색을 통해 대히트작의 아이디어를 여러 번 찾았다.

일례로 언젠가 그가 중년의 중국 여성이 옷을 개는 영상을 발견했다. 티셔츠를 딱 세 번 접어서 순식간에 모양을 잡는 게 보통 솜씨가 아니었다. 고다의 팀이 그 아이디어를 특색 있게 패키지화해서 효과적으로 전달하자 조회 수가 3억 회를 돌파했다.

반대로 유튜브에서 완성도는 높지만 패키지화가 잘못된 영상을 찾아서 그 아이디어를 재활용하는 방법도 있다. 예전에 고다가 재미있는 만우절 장난 영상을 찾았는데 조회 수가 4,000회에 불과했다. 그의 팀이 그 아이디어를 빌려서 이번에는 일부러 조악한 영상을 만들었더니 시청자에게는 오히려 더 진짜처럼 보여서 성과가 훨씬 좋았다.

모든 상황에 통하는 만능 공식 같은 것은 존재하지 않는다. 직접 검색하고 테스트하고 배워야 콘텐츠에 가장 잘 맞는 후크 포인트와 커뮤니케이션 방식을 찾을 수 있다. 꾸준히 배우고 성장하기를 즐기는 사람만이 가장 효과적으로 메시지를 전달할 방법을 찾을 수 있는 법이다.

팁과 요약

1   적절한 후크 포인트를 선택하고 콘텐츠를 잘 패키지화해야만 사람들이 콘텐츠, 상품, 서비스를 보고, 공유하고, 클릭하고, 구매하게 할 수 있다.

2   헤드라인, 밈 카드, 자막을 이용해 콘텐츠에 대한 기대치를 명확히 설정하자.

3   디지털 영상의 첫 3초는 시청자에게 하는 약속이다. 그 약속은 명쾌하고 흥미로워야 한다.

4   시청자는 당신의 콘텐츠를 보는 것 외에도 할 수 있는 일이 대단히 많다. 그러니까 그들의 필요에 부합하고 유익할 것이라는 예감이 들게 콘텐츠를 만들어야 한다.

5   콘텐츠를 만들 때는 반드시 '이것으로 시청자에게 어떤 느낌을 주고 싶은가?'를 생각하자.

6   자신의 분야에서 활동 중인 다른 콘텐츠 제작자들을 분석하자. 남들이 어떻게 하는지 잘 관찰해야 그들의 성공과 실패에서 교훈을 얻을 수 있다.

7   영상의 첫 3초는 보기 좋아야 하고, 적당한 속도로 진행돼야 하며, 시청자가 깊이 생각하지 않고도 이해할 수 있어야 한다.

8   콘텐츠를 패키지화하는 방법은 무궁무진하다. A/B 테스트를 통해 직접 부딪히고 배우면서 상품이나 브랜드에 가장 잘 맞는 방법을 찾아보자.

9   밈 카드는 영상의 도입부에서 이제부터 어떤 식으로 메시지를 전달할지 예측할 수 있게 하는 중요한 도구다.

10   SNS 분석을 통해 콘텐츠의 성공도를 확인하고 다음에 제작할 콘텐츠에

대한 힌트를 얻자.

11 레딧, 튜블러 랩스, 유튜브를 통해 콘텐츠, 후크 포인트, 이야기의 아이
디어를 찾자.

4장

청중을 사로잡는
후크 포인트:
빌 클린턴처럼 PCM을 활용하라

가치 제안을 패키지화하는 것은 이제 막 대학을 졸업한 사회초년생만 아니라 이미 어마어마한 성공을 거둔 억만장자에게도 여전히 어려운 일이다. 사람들은 자신의 남다른 점이 무엇인지 모르기 때문에 어떻게 해야 3초 세상에서 관심을 붙들어 맬 만큼 흥미롭고 간결한 이야기를 찾을 수 있는지 모른다. 타깃층의 커뮤니케이션 스타일과 필요에 부합해서 공감을 일으키는 이야기를 하는 것만큼 중요한 기술도 없다. 미팅에서 새로운 계약을 성사시키려고 할 때든, SNS에서 바이럴화를 노리는 영상을 만들 때든, 브랜드를 마케팅할 카피를 작성할 때든 이야기를 통해 브랜드나 상품이 어떤 가치 있는 것을 제공하는지 효과적으로 전달할 수 있어야 한다.

나는 지금까지 내가 누구이고 무슨 일을 하는지 알려주는 이야기를 여러 편 만들었고 그런 이야기에는 반드시 실제 고객의 사례를 포함했다. 나는 잠재 고객을 만날 때 먼저 그 사람의 고충을 파악하기 위한 질문을 던진다. 그리고 그 답변을 토대로 상대방의 필요에 맞는 이야기를 적절히 수정해서 전달한다.

스티븐 스필버그가 설립한 영화제작사 앰블린 엔터테인먼트Amblin Entertainment의 CEO로 있던 마이클 라이트Michael Wright를 만났을 때 얘기다. 내 비즈니스 파트너가 주선한 자리라 라이트도 나도 무슨 목적으로 만나는지 몰랐다. 그저 라이트가 워낙 바쁜 사람이라서 25분 후에 일어나야 한다는 것만 알고 있었다.

나는 인사를 나눈 후 처음 7~8분 정도는 앰블린 엔터테인먼트가 무엇에 주안점을 두고 있는지 물었다. CEO로서 라이트의 목표가 무엇이고 그가 생각하는 성공의 걸림돌은 무엇인지, 현재 회사가 그것을 극복하기 위해 어떤 전략을 시행 중인지 질문했다. 그가 어떻게 회사를 운영 중이고, 가장 큰 고충이 무엇이며, 무엇을 가치 있다고 여기는지 알기 위해서였다.

라이트는 앰블린 엔터테인먼트가 거액을 들여 브랜드 인지도 제고를 위한 마케팅을 실시할 계획이라고 했다. 사람들이 스티븐 스필버그는 알아도 〈E.T.〉, 〈쥐라기 공원〉, 〈라이언 일병 구하기〉를 제작한 앰블린 엔터테인먼트는 모른다며 마블급으로 인지도를 끌어 올리는 게 목표라고 했다. 앰블린은 특히 자사의 콘텐츠를 소비할 수 있는 웹사이트를 제작하는 데 공을 들이고 있었는데 워낙 브랜드 인지도가 낮다 보니 웹사이트를 공개하고도 월 방문자가 고작 수천 명에 그칠까 걱정이었다.

나는 적절한 질문을 하고 대답을 경청하면서 앰블린을 마블과 비슷한 인지도를 지닌 브랜드로 발전시키는 게 우선적인 목표이고 웹사이트 제작이 그 목표를 달성하기 위한 수단으로서 중요하다는 것을 알게 됐다. 그러자 나에게 그의 문제를 해결할 방법이 있는 것은 물론이고 그 해법을 효과적으로 전달할 후크 포인트와 이야기 역시 있다는 생각이 들었다. 내가 나서면 새 웹사이트에 라이트의 고민을 해소할 만큼 많은 트래픽traffic 웹사이트에서 발생하는 데이터 전송량으로, 접속자가 많을수록 늘어난다 - 옮긴이을 발생시킬 수 있었다. 그때 나의 후크 포인트는 한 달 만에 야후에서 약 700만 명이 케이티 쿠릭의 콘텐츠를 보게 한 경험이 있다는 것이었다. 그래서 우리 팀이 페이스북을 통해 야후에 게시된 쿠릭의 인터 뷰에 대량의 트래픽을 발생시킨 전략을 이야기로 풀어냈다.

나는 20분 만에 문제의 해법을 명쾌하게 설명했고 라이트는 흥분 한 목소리로 하루빨리 협업할 방법을 찾아보자고 했다. 우리의 전략은 앰블린의 영화들에서 강력한 후크 포인트를 찾고 그것을 잘 표현할 수 있는 클립 영상과 인터뷰를 A/B 테스트해서 대량의 트래픽을 유발할 조합을 만드는 것이었다.

유감스럽게도 관계자들의 알력으로 이 프로젝트는 중도에 무산됐 고 라이트는 앰블린 엔터테인먼트를 떠나 영화·드라마 전문 방송국 에 픽스Epix의 대표로 취임했다. 그렇다고 해도 내가 찾은 후크 포인트와 이야기가 통했다는 사실은 달라지지 않는다. 나는 그것으로 라이트의 관심을 사로잡고, 신뢰를 얻고, 그에게서 나와 나의 비즈니스 파트너와 같이 일하고 싶다는 열렬한 반응을 끌어냈다.

미팅이 잘 풀려서 계약이 성사될 때도 있고 아닐 때도 있기 마련이 다. 여기서 내가 강조하고 싶은 것은 미팅의 목적이 무엇인지도 모르는 상황에서 상대방의 고충을 읽고 즉석에서 세운 전략을 흥미로운 이야 기를 통해 전달하자 내 가치가 입증됐다는 사실이다.

요가 수업에서도 가르쳐주지 않는 중요한 원칙: '유연하게'

미팅이 잡혔으면 그 계기가 된 후크 포인트에 부합하는 이야기를 준비하자. 하지만 일단 미팅에 들어가서는 유연성을 발휘해야 한다. 혹시 내가 라이트를 만났을 때처럼 어떤 후크 포인트 때문에 그 자리에 오게 됐는지 모를 때는 일단 상대방의 말을 잘 듣자. 그렇지 않고 미리 준비한 멘트만 남발하는 것은 최악이다. 앞에 앉은 사람이 처한 상황을 모른 채로 대본만 앵무새처럼 외우는 것은 현명한 전략이 아니다. 그러니까 조바심 내지 말고 상대방이 하는 말을 경청하며 그 의중을 파악해야 한다.

이때는 단순히 말만 듣는 게 아니라 보디랭귀지와 분위기를 읽어야 한다. 상대방이 질문에 어떻게 반응하는지 관찰하자. 상대방이 어떤 사람인지 파악하고 자연스럽게 대화를 이어가자. 상대방에게 필요한 게 무엇인지 자세히 알아야 내가 가진 정보를 한결 수월하게 패키지화할 수 있다. 모든 사람에게 공감을 일으키는 이야기란 존재하지 않는다. 상황에 맞는 이야기를 택하고 적절히 수정해서 말하는 게 중요하다.

자신의 강점을 이용할 것:
'나는 웃기진 않지만 진중하다'

이야기할 때는 자신의 성격상 강점을 충분히 발휘해야 한다. 나로 말하자면 웃기는 사람은 아니다. 농담이나 웃긴 이야기를 잘 안 한다. 진중하고 분석적인 성격이다. 내가 하는 이야기에도 그런 성격이 잘 반영되어 있다. 반대로 농담을 잘하는 사람이라면 이야기에도 농담을 섞으면 좋을 것이다. 유머는 집중력이나 신뢰를 저해하지만 않는다면 유

142   후크 포인트

용하게 쓰인다. 어쨌든 자신의 진정한 강점을 충분히 발휘해서 사람들이 관심을 갖고 같이 일하고 싶게 만드는 게 중요하다.

시간은 금,
최단 시간에 끝내는 것을 목표로 하자

▼

본론만 간단명료하게 말하는 것 역시 중요하다. 내가 미팅 때 하는 이야기는 보통 2~6분 분량이다. 더 길어지면 장황하게 들린다. 그리고 내 이야기만 하는 게 아니라 피드백과 질문을 받으면서 상대방의 반응을 살피는 시간도 남겨둬야 한다. 30분 동안 열심히 프레젠테이션했는데 애초에 이야기의 방향을 잘못 잡아서 상대방에게 아무 의미 없는 말만 했다면 정말 허탈할 것이다. 게다가 보통은 중요한 자리일수록 주어지는 시간이 짧다. 중요한 사람들은 항상 바쁘기 때문이다.

물론 SNS용 콘텐츠를 만들 때는 이렇게 즉각적인 피드백을 받고 내용을 수정하기가 불가능하다. 하지만 콘텐츠의 분량, 형식, 구조가 각각 얼마나 효과적이었는지 평가해서 다음번에 참고할 수는 있다. 다시 말하지만 객관적인 분석치를 꼭 확인하고 유념해야 한다. 각 플랫폼의 콘텐츠 소비 패턴도 알아두면 좋다. 예를 들어 페이스북과 인스타그램에서는 짧은 콘텐츠가 주로 소비되지만 유튜브의 경우에는 1시간이 넘는 영상을 보는 사람도 있을 만큼 긴 콘텐츠도 인기다. 플랫폼과 콘텐츠 형식을 바꿔가며 테스트해서 자신의 타깃층에 무엇이 가장 잘 통하는지 찾아야 한다.

강연용 스토리텔링의 요령

'진짜 수면 전문의' 마이클 브루스는 강연 일정이 잡히면 즉각 주최 측에 청중의 남녀 비율, 재산 수준, 직업, 거주지 등을 물어본다. 청중의 인적 사항을 알아야 그들에게 필요한 강연을 준비할 수 있기 때문이다. 나도 그렇게 했더니 강연 커리어를 발전시키는 데 큰 도움이 됐다.

예를 들어 청중의 남녀 비율이 9:1이라면 브루스는 남자의 사례를 세 가지 준비한다. 남자들이 여자의 사례에 공감할 수 있다고 해도 청중의 인적 구성에 더 잘 맞고 피부에 더 생생히 와닿는 슬라이드를 보여주는 편이 낫기 때문이다.

그리고 브루스는 강연을 시작할 때 자신이 만든 인물의 프로필을 보여주고 읽은 후 묻는다. "이 사람과 비슷한 분이 몇 명이나 계신가요? 한번 손들어주세요." 보통은 청중의 절반 정도가 즉시 손을 든다. 그러면 그는 또 묻는다. "좋습니다. 이번에는 손을 안 든 분 중에서 세 분 정도 손을 들어주시겠습니까?" 그래서 세 명이 손을 들면 "어떤 부분이 이 프로필과 다르세요?"라고 묻는다. 그 대답을 듣고 나면 예비 슬라이드에서 그런 사람들의 필요에 부합하는 사례를 대부분 찾을 수 있다고 한다. 그는 그들이 소외감을 느끼지 않도록 "이야, 잘됐네요. 뒤에서 선생님 같은 분들에 대해서도 이야기할 테니까 끝까지 들어주세요"라고 말한다. 이런 식으로 청중을 더 명확히 파악하고 그들에게 맞게 강연 내용을 조정한다.

청중은 강연이 자신과 상관없는 이야기라고 생각하면 귀를 닫아버린다. 그래서 브루스는 현장에 있는 사람들에게 메시지를 맞춘다. 이렇듯 청중의 인적 사항을 알면 그들의 필요에 맞는 내용으로 강연을 구성해 청중을 집중시킬 수 있다.

최근에 나도 7,000여 명의 치과 의사 앞에서 기조연설할 때 그런 경험을 했다. 나는 치과 의사들 앞에 나서본 적이 없었기 때문에 사전에 그들을 철저히 조사한 후 청중의 필요, 고충, 문제, 목표에 맞춰 강연 내용을 다듬었다.

브루스가 청중을 집중시키는 데 쓰는 또 다른 방법은 모든 사람과 눈을 맞추는 것이다. 그는 강연 중에 단 0.5초씩이라도 한 사람 한 사람과 눈을 맞춘다. 모든 사람이 그와 눈빛을 교환했다고 느끼게 하기 위해서다. 그러면 청중이 더 집중하는 것은 물론 수면과 관련된 문제를 더 편하게 털어놓는다.

브루스가 청중의 집중도를 높이는 데 사용하는 세 번째 방법은 그의 후크 포인트 중에서도 특히 강력한 후크 포인트들과 관련된 질문으로 질의응답을 시작하는 것이다. 예를 들면 이런 식이다. "제가 매번 받는 질문이 뭔지 아세요? '선생님, 잠잘 때 제일 좋은 매트리스가 뭡니까?', '선생님, 잠자기 전 언제 섹스를 하는 게 제일 좋습니까?'" 이런 흥미롭고 도발적인 주제는 더 자세한 내용을 듣고 싶게 한다.

청중에 대한 조사를 통해 그들의 필요에 부합하는 강연을 하자. 청중을 정확히 알 때 강연이 더 유익하고 재미있어진다.

프로세스 커뮤니케이션 모델

▼

프로세스 커뮤니케이션 모델PCM, Process Communication Model은 더 효과적인 커뮤니케이션을 가능케 하는 행동 관찰 기법이다. 미국항공 우주국NASA, 픽사, 빌 클린턴 등이 PCM을 활용해 사업적 목적이나 정치적 목적을 달성했다. PCM 전문가 제프 킹Jeff King은 PCM으로 사람들의 마음을 붙잡는 비결을 알려준다.

킹은 이야기할 때 청자를 생각해야 한다고 말한다. 반대로 '자신'의 관점에서만 이야기하면 망한다. 그런데 유감스럽게도 많은 사람이 그런 실수를 저지른다. 부지불식간에 자기에게 익숙한 어휘로 이야기하는 것이다.

PCM에서는 인간의 성격을 사고형Thinker, 주관형Persister, 화합형 Harmonizer, 상상형Imaginer, 반항형Rebel, 추진형Promoter의 6가지로 나눈다. 유형별로 세계를 경험하는 방식이 다르고 커뮤니케이션에서 주로 활용하는 수단, PCM의 용어를 빌리자면 '화폐'가 다르다. 사고형은 생각을 통해 세계를 인식하고 논리를 화폐로 쓴다. 주관형은 의견을 통해 세계를 인식하고 가치를 화폐로 쓴다. 화합형은 느낌을 통해 세계를 인식하고 연민을 화폐로 쓴다. 상상형은 관망을 통해 세계를 인식하고 상상을 화폐로 쓴다. 반항형은 반작용을 통해 세계를 인식하고 유머를 화폐로 쓴다. 추진형은 행동을 통해 세계를 인식하고 매력을 화폐로 쓴다. 한 사람 안에는 6가지 유형이 모두 존재하지만 그중에서도 제일 기본이 되는 성격 유형, 선천적으로 타고나서 죽을 때까지 변하지 않는 성격 유형이 존재한다. 이 기본적 성격에 따라 커뮤니케이션 시 선호하는 방식이 달라지고 세계를 인식하고 대응하는 방식이 달라진다.

예를 들어 사고형인 사람은 무의식중에 이야기의 70~80퍼센트를 논리적인 어휘로 구성한다. 하지만 이렇게 되면 전체 인구 중 사고형이 아닌 75퍼센트를 놓치게 된다. 그래서 진짜 이야기를 잘하는 사람은 논리, 가치, 유머, 상상, 행동, 느낌과 관련된 어휘를 모두 동원한다. 6가지 유형을 모두 고려해 100퍼센트의 청자에게 통할 만한 이야기를 만드는 것이다. 픽사에는 PCM을 능수능란하게 사용하는 직원들이 있다. 그래서 픽사 애니메이션에는 6가지 유형의 어휘가 모두 녹아들어 있다(보통은 각 유형에 해당하는 캐릭터가 등장한다). 픽사가 초히트작을 내는 비결 중 하나다.

PCM을 이용한 광고 카피

그러면 시범 삼아 자동차 광고 카피를 만든다고 해보자. 킹은 PCM을 이용해 자동차에 대한 메시지가 명쾌하게 전달되면서 각 성격 유형에게 잘 통하는 카피의 예를 제시한다.

> 자동차를 생각해보세요. 이 차는 리터당 20킬로미터를 달립니다. 동급 최고 연비입니다. 우리는 이 차가 고객에게 가격 이상의 가치를 제공한다고 믿습니다. 단언컨대 현재 시장에서 최고의 차입니다. 수려한 외관과 쾌적한 승차감도 빼놓을 수 없죠. 평소에는 연락도 없던 친구들이 갑자기 만나자고 할 겁니다. 이 차 한번 타보고 싶단 거죠.

각 문장이 어떤 유형을 위한 것인지 살펴보자.

- — "자동차를 생각해보세요. 이 차는 리터당 20킬로미터를 달립니다. 동급 최고 연비입니다." 논리를 이용해 **사고형**을 자극한다.
- — "우리는 이 차가 고객에게 가격 이상의 가치를 제공한다고 믿습니다." 가치를 이용해 **주관형**을 자극한다.
- — "단언컨대 현재 시장에서 최고의 차입니다." 매력을 이용해 **추진형**을 자극한다.
- — "수려한 외관과 쾌적한 승차감도 빼놓을 수 없죠." 느낌을 이용해 **화합형**을 자극한다.
- — "평소에는 연락도 없던 친구들이 갑자기 만나자고 할 겁니다. 이 차 한번 타보고 싶단 거죠." 유머를 이용해 **반항형**을 자극한다.

이 광고는 거의 모든 사람을 자극한다. 이와 달리 대부분의 광고는 광고를 만드는 사람의 커뮤니케이션 스타일을 따라간다. 그래서 세계

후크 포인트

를 다른 방식으로 인식하는 수많은 사람을 소외시킨다. 예컨대 자동차 광고를 만드는 사람이 의견을 통해 세계를 인식하는 성격이라면 가치만 강조할 확률이 높다. 그러면 논리, 행동, 반작용, 느낌으로 세계를 인식하는 사람의 관심을 끌 수 없다.

면접과 미팅에서 PCM 활용하기

킹은 유아·초중등교육 통합 교육 기관인 뮤즈 스쿨MUSE School의 교장이자 뮤즈 글로벌MUSE Global의 CEO다. 뮤즈 스쿨의 교사는 모두 상세한 PCM 교육을 받는다. 그래서 커뮤니케이션 스타일에 구애받지 않고 모든 학생을 평가하고 상담하고 격려할 수 있다.

학생들도 고등학생이 될 때까지 상세한 PCM 교육을 받는다. 그래서 방문객들은 학생들이 두 살이든 열여덟 살이든 간에 모두 커뮤니케이션에 능통한 것을 보고 깜짝 놀란다. 대입이나 취업 면접을 볼 나이가 되면 학생들은 상대방이 세계를 인식하는 방식을 고려해 긍정적인 자극을 줄 수 있는 경지에 오른다. 실제로 많은 대학에서 뮤즈 출신 학생의 커뮤니케이션 능력을 높이 평가한다.

킹은 상당수의 교육 기관에서 학생들을 취업에 적절히 대비시키지 못한다고 본다. 보통은 기계적으로 정보를 외우는 것만 강조하지 PCM 교육처럼 대화법, 스트레스 관리법, 교섭을 통한 갈등 해결법 같은 것은 가르치지 않는다.

PCM을 모르는 사람은 면접관을 맥빠지게 할 공산이 크다. 예를 들어 면접관이 논리에 근거해 "애플에서 얼마나 일했습니까?"라고 물었을 때 느낌을 선호하는 면접자는 "몇 년 동안 일하면서 즐거웠습니다. 애플은 정말 좋은 회사입니다" 같은 대답을 하기 쉽다. 하지만 PCM 교육을 받은 사람이라면 똑같은 상황에서 "4년 3개월 동안 일했습니다" 처럼 논리에 입각한 대답을 할 것이다. 이렇듯 PCM을 아는 사람은 면접관과 동일한 성격의 어휘를 사용해 관심과 공감을 유발한다.

미팅과 면접에서 소기의 성과를 거두려면 상대방의 관점을 이해해야 한다. 상대방의 필요를 충족시켜야 한다. 생각나는 대로 말할 게 아니라 상대방의 커뮤니케이션 스타일을 파악해서 서로 마음이 통해야 한다.

PCM으로 대통령이 된 빌 클린턴

PCM으로 커리어를 발전시킨 대표적인 예가 빌 클린턴이다. 클린턴은 항상 PCM을 이용해 상대방을 이해하고 공감대를 형성한다. 그리고 연설할 때 6가지 성격 유형의 어휘를 모두 동원한다. 그래서 대선 때 거의 모든 청중이 그에게 귀를 기울였다. 연설가나 강연자라면 당연히 탐낼 능력이다.

1996년 미국 대선 당시 클린턴은 중요한 토론회에서 조지 부시에게 판정승을 거두면서 분위기를 완전히 자기 쪽으로 몰아왔다. 킹에 따르면 그 자리에서 한 여성이 경제 위기가 국민의 삶에 끼치는 영향에 대한 각 당의 입장을 물었다. 그러면서 자신은 물론이고 가족과 친구들도

후크 포인트

불경기 때문에 힘들다고 토로했다. 이에 부시는 생각과 논리, 의견과 가치에 근거해 대답했다. 하지만 질문자는 느낌으로 세계를 인식하는 사람이었기 때문에 부시의 답변에 공감하지 못했다.

반면에 클린턴은 대번에 질문자의 커뮤니케이션 스타일을 간파했다. 그래서 먼저 그녀를 위로하는 말을 건넸다. 그리고 불경기에 대한 견해를 밝히면서 불경기가 자신에게 끼친 영향을 이야기했다. 클린턴은 질문자가 느낌을 중시하는 사람(북미 인구의 30퍼센트에 해당)이라는 것을 알고 느낌을 근거로 공감대를 형성했다. 그래서 순식간에 그녀와 같은 사람들에게 신뢰를 얻고 그들의 처지를 이해하는 사람으로 인식됐다.

그런데 힐러리 클린턴은 남편과 달랐다. 힐러리가 대선에서 도널드 트럼프에게 패한 이유 중 하나는 논리와 가치라는 두 가지 유형의 어휘로만 말했기 때문이다. 킹은 힐러리가 아무리 출중한 대선 후보였을지라도 논리와 가치로만 말했기 때문에 미국 인구 중 상당수의 마음을 얻을 수 없었다고 본다.

인생이 잘 풀릴 때는 6종의 어휘를 모두 구사해서 모든 성격 유형과 효과적으로 커뮤니케이션할 수 있다. 반대로 인생이 잘 안 풀릴 때는 '심란'해진다. 심란한 사람은 주변 사람들에게 부정적인 행동을 한다. 타인의 행복에 관심이 없고, 공감대를 형성해 긍정적인 자극을 주는 것과 거리가 멀다.

트럼프는 주로 심란한 상태에서 말한다. 그는 추진형 중에서도 심란한 추진형으로 상대방이 듣기 좋은 말만 골라서 한다. 그리고 교묘한 속임수를 잘 쓰고 사람들이 편을 갈라서 싸우게 만든다. 킹은 트럼프가 "(성추문 입막음 의혹과 관련해 검찰에) 납세 자료를 모두 제출하겠다", "(러시아의 미국 대선 개입 의혹과 관련해 특별 검사인) 로버트 뮬러Robert Mueller에게 조사를 받겠다"라고 말한 것을 대표적인 예로 꼽는다. 킹은 트럼프가 진심이 아니면서도 청중이 원하는 발언을 했다고 본다.

추진형은 사람의 심리를 교묘히 이용한 편 가르기에도 능하다. 트럼프는 재임 기간만 아니라 후보 시절에도 이 집단과 저 집단을 이간질해 싸움을 붙여놓고 "저런, 이 몸이 나서서 갈등을 해결해야겠군!"이라는 식으로 말할 때가 많았다.

물론 추진형도 심란하지 않을 때는 긍정적으로 행동한다. 모든 유형이 마찬가지다. 각 유형에는 긍정적인 면과 부정적인 면(심란할 때)이 있다. PCM은 '자신'을 긍정적인 상태로 유지하는 방법과 '타인'이 심란한 상태에서 긍정적인 상태로 변하도록 돕는 방법을 알려준다.

지구를 구하고 싶다고?

킹은 환경운동가들이 안타깝게도 최악의 커뮤니케이션을 할 때가 많다고 한다. 사실 환경운동가들만 아니라 변화를 일으키려는 의도로 이야기하는 사람 중 대다수가 비슷한 문제를 보인다. 불타는 사명감이 무색하게 그 말이 위력을 발휘하지 못하는 것이다. 환경운동가들이 빌 클린턴처럼 6가지 성격 유형을 모두 자극하는 말을 하는 경우는 드물다. 그들은 주로 가치나 논리로 말하는데 그래서는 전체 인구 중 일부에게만 통할 뿐이다. 그 밖의 수많은 사람에게는 말발이 서지 않는다. 킹

후크 포인트

은 그렇게 커뮤니케이션이 잘 안 되니까 환경 문제가 신속하게 해결되지 못한다고 본다.

커뮤니케이션 능력이 부족한 환경운동가는 예를 들면 이런 식으로 말한다. "생선을 먹지 말아야 합니다. 이렇게 먹다가는 바다에서 어류가 사라질 거예요. 더군다나 물고기 배 속에는 플라스틱이 한가득 있어요. 생선을 먹는 사람은 나쁜 사람입니다. 바다야 어떻게 되든, 환경이야 어떻게 되든 자기 배만 채우겠다는 거잖아요."

솔직히 이런 말에 누가 귀를 기울이겠는가? 설령 위의 말이 100퍼센트 객관적인 사실에 부합한다고 할지라도 이런 식으로 듣는 사람을 깎아내리고 공격하면 듣고 싶은 마음이 싹 사라지고 신뢰도 떨어진다. '~해야 한다', '~가 촉구된다' 같은 표현과 "내가 시키는 대로 안 하면 나쁜 사람이다" 같은 발언으로는 변화를 촉발할 수 없다.

그러므로 환경운동가처럼 사회를 개혁하고자 하는 사람들은 되도록 6가지 성격 유형에 모두 통하는 메시지를 만들어야 한다. 예를 들면 이렇게 말할 수 있을 것이다(아래 예시의 각 문장은 PCM의 거의 모든 유형이 들어 있다).

우리는 바다와 물고기를 사랑합니다. 예측치를 보면 2030년이면 어류가 멸종할 것이라고 합니다. 우리가 후손들에게 아름다운 바다를 물려주려면 어류를 대체할 음식을 찾아야 할 것으로 보입니다. 바다가 오염되지 않고 어류가 풍족한 미래를 상상해보세요. 저희와 함께 행동에 나서 주십시오.

PCM과 영화

북미 인구 중 추진형(행동으로 세계를 인식하고 매력이 화폐인 유형)
은 5퍼센트에 불과하다. 추진형의 특징은 큰 위험을 무릅쓸 줄 알고 강
렬한 카리스마를 발휘한다는 점이다. 그들은 남들이 위험하다고 물러
서는 일을 기꺼이 단행함으로써 나머지 95퍼센트의 마음을 움직인다.
킹은 성공한 영화를 보면 추진형이 주인공인 경우가 많다고 한다. 추
진형이 극장으로 관객을 끌어들이기 때문이다. 관객은 아이언맨, 제
임스 본드 같은 캐릭터는 물론이고 사기꾼 프랭크 애버그네일Frank
Abagnale(〈캐치 미 이프 유 캔〉의 주인공) 같은 캐릭터를 볼 때 마음이 동하
면서 '나도 저렇게 되고 싶다'라고 생각한다. 이런 특성 때문에 추진형
은 중요한 리더직에 많이 오른다(스티브 잡스, 빌 클린턴, 도널드 트럼프 등
이 그 예다).

PCM과 TV 광고

영화에서는 추진형이 남다른 활약을 하지만 TV 광고를 만들 때는
좀 더 넓게 봐야 한다. 킹에 따르면 TV 광고는 계산적일 필요가 있다.
그는 메시지를 만들 때 느낌 30퍼센트, 논리 25퍼센트, 유머 20퍼센트,
가치 10퍼센트로 구성하기를 권한다. 이렇게 PCM 어휘를 폭넓게 사용
해야 더 많은 시청자의 마음을 사로잡을 수 있다는 것이다.

달러 셰이브 클럽Dollar Shave Club이 제작한 〈달러셰이브클럽닷

컴—면도날 존× 좋아요DollarShaveClub.com—Our Blades Are F***ing Great〉가 PCM 어휘를 잘 사용한 예다. 이 영상은 2012년에 공개되자마자 초대박을 쳤고 지금까지 약 2,700만 회의 조회 수를 올렸다. 그 덕에 달러 셰이브 클럽은 성공적으로 시장에 진입했고 이후 10억 달러가 넘는 금액을 받고 유니레버Unilever에 인수됐다.[49] 킹은 이 영상이 느낌, 논리, 유머를 사용해 전체 인구 중 가장 비율이 높은 성격 유형 3개를 공략함으로써 어마어마한 관심을 집중시켰다고 평가한다.

PCM과 SNS 콘텐츠
▼

온라인 콘텐츠를 기획할 때는 그 속에 사람들이 세계를 인식하는 방식이 모두 녹아들어야 한다. 다시 말하지만 북미에서는 느낌, 논리, 유머가 가장 많은 사람이 쓰는 어휘다. 그러니까 북미 시장을 목표로 한다면 영상, 기사, 게시물에 그런 요소가 포함돼야 한다.

그러나 유감스럽게도 대부분의 콘텐츠 기획자가 자신이 세계를 인식하는 방식에만 의존해서 그 밖의 무수히 많은 사람을 소외시킨다. 그래서야 혼잣말을 하는 것밖에 안 된다. 자신이 선호하는 어휘가 논리라고 해도 논리만으로 이야기를 만들어서는 안 된다. 커뮤니케이션의 중심은 자기 자신이 아닌 상대방이 돼야 한다는 사실을 잊지 말자.

옛날 옛적에 영웅과 용이 살았다

▼

아무도 안 듣는 이야기는 아무 의미가 없다. 그래서 셰어러빌러티의 에릭 브라운스타인은 어떤 브랜드를 위한 이야기를 만들 때든 사람들이 그 브랜드에 관심을 갖고 애정을 느끼는 이유부터 파악한다. 더브리지코의 감독 겸 프로듀서로서 에미상을 수상한 마이크 저코백도 마찬가지다. 그는 소비자와 정서적으로 이어지지 않으면 시간 낭비일 뿐이라고 여긴다.

브라운스타인은 운동화 브랜드라면 단순히 충격 흡수가 잘 된다는 이야기만 해서는 안 된다고 말한다. 충격 흡수력이 좋은 운동화는 이미 많다. 그래서 나이키는 과감한 마케팅을 펼친다. 일례로 에미상을 수상한 〈미친 꿈을 꿔라Dream Crazy〉 광고에서 미식축구 선수 콜린 캐퍼닉 Colin Kaepernick을 등장시켰다. 캐퍼닉은 경기 시작 전 국가가 울릴 때 경찰의 폭력성과 인종 차별에 저항하는 뜻으로 기립을 거부해서 논란이 된 선수다. 그를 광고에 출연시키는 것은 나이키로서도 대단한 모험이었다. 하지만 그런 과감한 광고를 통해 나이키가 중요시하는 것이 무엇인지 전달함으로써 사람들의 입에 오르내렸다. 광고가 공개된 직후 주가가 역대 최고가를 찍었으니 결과적으로는 어마어마한 이득을 봤다고 해도 좋겠다.[50]

카피라이터 어니스트 루피나치는 여기에 더해 이야기의 전파력을 높이기 위한 팁을 또 하나 제시한다. "모든 브랜드의 이야기는 동화와 같은 구조로 만들 수 있다고 본다." 예를 들어 수 세기에 걸쳐 전해 내려온 동화들은 다음과 같이 3막으로 구성된다. "옛날에 평화로운 세상에

용이 나타났습니다. 영웅이 등장해 용을 무찔렀습니다. 새로운 세상에서 모두 오래오래 행복하게 살았습니다."

루피나치는 브랜드의 이야기를 동화처럼 구성하면 전파력이 높아진다고 말한다. 만일 그가 BMW를 위한 동화를 만든다면 아래와 같을 것이다.

옛날 옛적에는 모든 사람이 좋은 국산 차를 몰고 싶어 했습니다. 캐딜락이 드림 카였죠. 그러던 어느 날 '너무 넓은 선택의 폭'이라는 용이 나타났습니다. 선택할 수 있는 것이 저렴한 일본 차, 비싼 일본 차, 엄청 비싼 유럽 차, 수많은 국산 차로 늘어난 것이죠. 별안간 모든 차가 불만족스럽게 느껴졌습니다. 그때 '궁극의 드라이빙 머신' BMW라는 영웅이 등장했습니다. BMW를 선택한 사람들은 오래오래 행복하게 살았습니다.

만일 당신에게 소비자의 '용'을 처치해줄 상품이 있는데 전파력 좋은 이야기까지 만드는 능력까지 있다면 더 많은 사람이 당신의 메시지에 귀를 기울일 것이다.

혹시 당신이 간단한 성공 공식을
간절히 원한다는 사실을 아십니까?

루피나치가 브랜드, 상품, 서비스를 위한 후크 포인트나 카피를 찾을 때 애용하는 기법이 있다. "혹시 ~라는 사실을 아십니까?"라는 문장에 사람들이 동의하는지 보는 것이다. 예를 들어 그가 생수 브랜드 다사니Dasani의 재출시를 앞두고 조사해보니 다른 회사들은 생수가 건강에 좋고 자기네가 좋은 수원水源에서 물을 가져온다는 것을 강조하고 있었다. 하지만 사람들이 생수를 선택할 때 건강이나 수원보다 맛을 훨씬 많이 따진다는 것을 그는 직감적으로 알았다. 더군다나 많은 사람이 물에는 맛이 없다고 생각하지만 그는 그것이 착각임을 알고 있었다. 사람들은 수돗물과 생수를 구별할 수 있고 생수도 브랜드마다 맛이 다 다르다.

그래서 루파나치는 다음과 같이 "혹시 ~라는 사실을 아십니까?"를 이용해 다른 사람들도 자신의 견해에 동의하는지 알아보기로 했다.

혹시 현재 시중에 7만 5,000개의 생수 브랜드가 있고 우리가 하루에 물을 8잔씩 마셔야 한다는 사실을 아십니까? "네, 압니다. 귀에 못이 박이도록 들었어요. 사람들이 시도 때도 없이 얘기해요. 회사에 커다란 정수기도 있고요. 물 안 마시면 죽는대요." 그러면 혹시 생수의 품질에 큰 차이가 없다는 사실을 아십니까? "네." 그러면 혹시 우리가 먹고 마시는 게 그래도 우리에게 매력적이어야 한다는 사실을 아십니까? 쉽게 말해 맛이 있어야 한단 말이죠. 아니면 그게 약이지 음식입니까? "네, 압니다." 그러면 다사니를 한번 드셔보세요. "뭐가 다르죠?" 다사니는 입에 군침이 돌게 하는 맛있는 물입니다.

이 같은 테스트를 통해 루파나치는 자신의 캠페인 아이디어가 얼마나 효과적일지 신속하게 평가한다.

다음번에 새로운 후크 포인트, 이야기, 사업 계획이 생각나면 "혹시 ~라는 사실을 아십니까?" 테스트를 해보자. 그래서 사람들이 당신의 메시지에 크게 공감하지 않는다면 다시 생각해봐야 한다. 반대로 사람들이 고개를 끄덕인다면 더 발전시켜도 좋을 것이다.

이 관심이 적절한 관심인가?

▼

상품이나 서비스를 마케팅할 때는 당연히 사람들의 관심을 끌어야 한다. 그런데 이때는 그 관심이 어떤 관심이냐도 중요하다. 무조건 관심만 끈다고 능사가 아니다. 메시지가 상품의 특징을 잘 반영하지 못하면 엉뚱한 관심만 끌 수 있다.

영화 〈링〉 3부작의 마지막 편인 〈링스〉의 개봉에 맞춰 파라마운트의 디지털마케팅 팀에서 홍보 영상을 바이럴화하기 위한 후크 포인트를 만들었다. 전자 제품 매장을 구경하던 손님들이 갑자기 텔레비전에서 튀어나오는 영화 속 여자 귀신을 보고 비명을 지르는 몰래카메라 영상이었다(〈링스(2017)-텔레비전 매장 몰래카메라Rings(2017)-TV Store Prank〉 영상은 www.brendanjkane.com/rings에서 볼 수 있다).

이 몰래카메라 영상은 약 1,000만 회의 조회 수를 기록했다. 그런데 정작 영화는 큰 재미를 못 봤다. 몰래카메라가 웃긴 게 후크 포인트였지만 〈링스〉는 공포 영화라서 웃음을 주는 이야기가 영화의 주제나 관객의 반응과 어울리지 않았기 때문이다. 아마 웃음이 아니라 공포를 자아내는 영상이었다면 더 효과적이었을 것이다.

기껏 만든 후크 포인트가 엉뚱하게 작용하면 무용지물이다. 그러니까 관심을 끌기 위한 이야기가 상품의 메시지나 주제와 일맥상통해야 한다. 그렇지 않으면 화제는 되지만 정작 상품의 주 구매층에게는 영향을 못 미친다.

이야기의 주인공은 브랜드가 아니다

▼

셰어러빌러티의 브라운스타인은 브랜드가 이야기의 주인공이 되면 안 된다고 말한다. 셰어러빌러티는 어도비Adobe의 홍보 영상을 여러 편 만들었다. 모두 민감한 문제를 다루고 있었다. 그중에서 〈허리케인 하비 피해자들의 추억 복원을 돕는 학생들 | 어도비 크리에이티브 클라우드Students Help Victims of Hurricane Harvey Restore Lost Memories | Adobe Creative Cloud〉라는 영상은 허리케인으로 훼손된 가족사진을 복원해주는 학생들의 이야기다. 만일 이 이야기가 진정성 없이 순전히 영리 목적으로 만들어졌다면 사람들이 금방 알아차렸을 것이다. 그래서 셰어러빌러티는 어도비를 전면에 내세우지 않았다. 이 영상의 주인공은 피해자들과 학생들과 시민 단체들이었다. 어도비는 스포트라이트를 빼앗지 않고 문제와 주인공에게 스포트라이트를 비추는 무대로 남았다. 브랜드가 주인공 자리를 양보하고 뒤로 물러나면 사람들은 더 강한 신뢰감을 느낀다.

레드불Red Bull도 비슷한 마케팅을 펼치고 있다. 레드불은 웹사이트와 SNS에서 농구, 암벽등반, 펜싱 등 각종 스포츠 선수들을 소개한다. 그들의 이야기를 전달하기 위한 무대가 되는 것이다. 레드불 역시 자사

160   후크 포인트

의 스포츠 음료를 내세우지 않고 선수들에게 주인공 자리를 내준다.

2012년에 레드불이 약 6,000만 달러를 투입해 스트라토스Stratos 프로젝트를 개시했다. 초음속 스카이다이버 펠릭스 바움가르트너Felix Baumgartner가 기구를 타고 성층권까지 올라가 고도 약 39킬로미터 상공에서 낙하하는 이벤트였다.[51] 이날 바움가르트너는 최고 시속 1,342킬로미터(마하 1.24)에 도달하며 세계 기록을 3개나 경신했다.[52] 이 행사를 주관한 레드불은 자회사인 레드불 미디어 하우스Red Bull Media House와 서버스TVServusTV를 통해 관련 영상과 사진을 매스컴에 배포했다. 당시 유튜브 실시간 스트리밍은 "낙하 시작 전에 이미 조회 수가 3억 4,000만 회를 돌파했다"고 한다. 그 덕에 유튜브는 동시 시청자 수 800만 명 돌파라는 신기록을 세웠다.[53]《가디언The Guardian》의 오언 깁슨Owen Gibson은 유명 브랜드들이 "단순히 미디어와 저작권 보유자에게 돈을 내고 광고를 내거나 티셔츠나 광고판에 로고를 붙이는 차원을 탈피해 콘텐츠 제작자가 되겠다고 밝힌 지도 수년째지만 그것을 진심으로 실천한 것은 레드불이 처음"이라고 호평했다.[54] 레드불이 이 프로젝트에 어마어마한 시간과 돈을 투자한 것은 운동선수를 이야기의 주인공으로 내세우는 것의 중요성을 잘 안다는 뜻이다. 물론 '우주 스카이다이빙'이 어마어마한 후크 포인트란 것은 두말하면 잔소리다.

브라운스타인은 기업용 상품과 서비스B2B를 위한 영상을 만들 때도 그 영상을 통해 알리고자 하는 브랜드에 스포트라이트를 주면 안된다고 말한다. 셰어러빌러티가 만든 어도비 익스피리언스 클라우드Adobe Experience Cloud의 홍보 영상이 좋은 예다. 해당 서비스를 이용하는 어도비의 고객사 중에 세인트주드아동병원St. Jude Children's Research

Hospital이 있다. 홍보 영상에는 이 병원에서 어도비의 기술을 이용해 환자에게 더 좋은 서비스를 제공하는 이야기가 담겨 있다. 이야기의 주인공은 어디까지나 병원과 그 고객이고 어도비는 레드불과 마찬가지로 무대 역할만 한다.

나이키도 마케팅에서 스포트라이트를 양보할 줄 아는 기업이다. 앞에서 언급한 미식축구 선수 캐퍼닉이 등장하는 광고에서 나이키는 캐퍼닉의 용감한 행동을 전면에 내세웠다. 캐퍼닉을 응원하는 광고를 만들었다가는 치명타를 입을 것이라고 말하는 사람이 많았지만 실제로는 주가가 폭등하는 정반대의 결과가 나왔다.

나이키의 탁월한 스토리텔링 능력이 돋보이는 영상이 또 있다. 〈더 미친 꿈을 꿔라Dream Crazier〉는 다양한 스포츠 상황에서 소리치고 우는 여자 선수와 감독들을 보여주면서 많은 사람이 여성의 감정이나 솔직함에 "미쳤다"라는 표현을 쓴다고 지적한다. 그리고 여성이 최초로 복싱을 하고 스포츠 팀 감독이 되는 장면을 보여주면서 그들도 처음에는 미쳤다는 소리를 들었다고 말한다. 이 영상의 메시지는 여성이 그런 말에 굴하지 않고 소신껏 행동할 때 강력한 힘이 생기고 여성을 둘러싼 편견이 깨진다는 것이다. 나이키는 여성이 "당당히 미쳐서" 미친 사람이 무엇을 이룰 수 있는지 보여줄 것을 촉구한다.

이 영상에서도 나이키는 뒷전으로 물러나 있다. 영상의 초점은 어디까지나 여성의 강인함을 보여주는 것이다. 나이키는 선수들이 입고 있는 옷과 마지막 장면의 로고를 통해서만 노출될 뿐 끝까지 무대로 남는다.

브라운스타인은 스토리텔링이 이성적 행위가 아니라 감성적 행위

후크 포인트

기 때문에 사람들이 브랜드와 사랑에 빠지게 만드는 게 현명하다고 말한다. 이를 위해 그가 권하는 것은 실제 인간관계에서 사랑이 싹트는 과정을 참고하는 것이다. 사랑은 어떤 속임수를 쓰거나 상대방에게 뭔가를 끊임없이 요구함으로써 형성되지 않는다. 사랑을 받으려면 먼저 사랑을 줘야 한다. 너그럽게 사랑을 나눠줘야 사랑을 받을 수 있다. 이와 마찬가지로 브랜드가 사람들에게 관심을 받고 뭔가를 요구할 수 있는 자격을 얻으려면 먼저 가치 있는 것을 제공해야 한다. 브랜드가 사람들과 사랑하는 사이가 되는 것에 초점을 맞춘다면 더 좋은 이야기로 더 많은 사람의 마음을 움직일 수 있을 것이다.

더욱이 사람들은 기본적으로 '남'의 브랜드보다 '자신'에게 더 관심이 많다. 브랜드에 스포트라이트를 비추면 사람들은 금방 흥미를 잃는다. 그러지 말고 그들에게서 적절한 반응을 유도하는 것과 가치 있는 것을 제공하는 것에 중점을 두자.

많은 브랜드가 실수하는 지점

브라운스타인은 콘텐츠를 평가하는 기준이 좋은 스토리텔링과 동떨어져 있는 경우가 많다고 지적한다. 투자수익률을 본다고 브랜드가 소비자에게 얼마나 각인됐는지 알 수 없고, 광고수익률을 본다고 브랜드 인지도를 높이기 위한 콘텐츠가 얼마나 성공을 거뒀는지 알 수 없다. 스토리텔링, 브랜드 강화, 적극적 반응 유발을 목적으로 콘텐츠를 만들 때는 꼭 클릭이나 구매를 유도할 필요가 없다. 적극적 반응을 일으키기 위한 마케팅과 구매를 일으키기 위한 마케팅이 반드시 같이 가야 할 필요는 없다는 말이다. 브라운스타인은 많은 브랜드가 하나의 콘텐츠로 두 마리 토끼를 잡으려 하지만 그런 시도는 비효율적일 뿐만 아니라 진정성이 없다는 인상을 줄 수 있다고 경고한다. 한 콘텐츠에 두 가지 목적이 섞이면 자칫 가치 있는 콘텐츠가 아니라 광고를 보는 느낌을 줄 위험이 있다.

그래서 브랜드 인지도를 높이기 위한 콘텐츠와 상품을 팔기 위한 콘텐츠의 차이를 알아야 한다. 셰어러빌러티에서는 이 두 가지 목표를 모두 달성하고자 할 때 '풀퍼널 활성화full-funnel activation' 전략을 사용한다'풀퍼널'이란 마케팅에서 잠재 고객을 발굴해서 고객으로 만드는 전 과정을 뜻한다 - 옮긴이. 구체적으로 보자면 먼저 히트를 하고 바이럴화될 만한 콘텐츠를 공개한다. 그다음으로 적극적인 반응을 유발할 콘텐츠를 공개하지만 이때 어떤 행동을 강력히 요청하진 않는다. 마지막으로 앞의 두 콘텐츠에 적극적 반응을 보인 사람들을 대상으로 고객사가 목적한 바를 이루기 위해 필요한 행동(클릭, 다운로드, 구매)을 요하는 콘텐츠를 공개한다.

2016년에 셰어러빌러티가 이동통신사 크리켓 와이어리스Cricket Wireless의 의뢰로 프로레슬러 존 시나John Cena가 등장하는 〈뜻밖의 존 시나 몰래카메라The Unexpected John Cena Prank〉 영상을 제작했다. 존 시나의 팬들이 크리켓 와이어리스 광고의 오디션인 줄 알고 그를 소개하는 연기를 하고 있을 때 시나 본인이 포스터를 찢고 깜짝 등장하는 영상이었다(www.brendanjkane.com/cena에서 볼 수 있다). 팬들의 반응이 정말 인상적이다. 페이스북과 유튜브에 공개된 이 영상의 총 조회 수는 무려 2억 3,500만 회나 된다! 이후 셰어러빌러티는 후속작인 〈존 시나의 반응·John Cena Reacts〉을 제작했다. 이 영상은 사실 셰어러빌러티가 기획한 일명 '존 시나는 인터넷을 사랑해John Cena Loves the Internet' 마케팅 캠페인의 일환이었다.

〈존 시나의 반응〉은 〈뜻밖의 존 시나 몰래카메라〉와 정반대로 팬들이 존 시나를 놀라게 하는 영상이다. 존 시나가 '절대 포기하지 마'라는 그의 좌우명 덕분에 부상과 상심을 극복한 팬들의 편지를 한 통씩 읽는다. 그리고 어머니가 암을 이길 힘을 줘서 감사하다고 말하는 소년의 영상 편지를 보고 시나의 감정이 한껏 고조됐을 때 첫 번째 영상에서 시나가 찢고 나왔던 것과 똑같은 포스터를 바로 그 소년이 찢고 나오며 어머니와 함께 감사 인사를 전한다. 시나의 벅차오르는 감정이 표정에 고스란히 드러나고 시나와 팬들이 서로 진심으로 고마워하는 아름다운 장면이 펼쳐진다.

이 영상들이 크게 성공한 이유 중 하나는 아무것도 요구하지 않기 때문이었다. 두 영상의 목적은 그저 시청자에게 가치 있는 것을 제공하는 것이었다. 첫 번째 영상은 웃음을 주고 두 번째 영상은 감동을 줬다. 두 번째 영상은 유튜브 인기 순위 3위까지 오르고 2017년 최다 공유 광고에 등극했다. 페이스북에서는 250만 회 이상 공유되고, 영상의 공식 조회 수는 1억 1,000만 회, 다른 사람들이 재업로드한 영상까지 합치면 총 1억 7,500만 회 이상의 조회 수를 기록했다. '존 시나는 인터넷을 사랑해' 캠페인 전체로 보면 유튜브와 페이스북을 통틀어 약 300만 회의 공유와 1,000만 건의 적극적 반응이 유발됐다.

셰어러빌러티는 그 기세를 몰아 두 영상에 적극적 반응을 보인 사람들을 겨냥한 광고 영상들을 제작했다. 모두 존 시나가 시청자에게 크리켓 와이어리스의 웹사이트를 방문하라고 말하는 영상이었다. 전형적인 광고에 가까웠지만 시청자들은 앞서 본 재미있고 감동적인 영상들 때문에 이미 존 시나(그리고 크리켓 와이어리스)에게 유대감을 느끼고 있었다. 팬들이 진정한 유대감을 느낄 때 관심을 갖고 행동을 취할 가능성이 더 크다.

브라운스타인은 가치 있는 것을 제공하는 데 집중하면 훌륭한 결과, 때로는 예상을 초월하는 결과를 얻을 수 있다고 말한다. 셰어러빌러티가 만든 또 다른 영상 두 편을 보고 약 80만 명이 유명한 반려동물용품 회사의 웹사이트 링크를 클릭했다. 그런데 두 영상의 주목적은 웹사이트 트래픽을 유발하는 게 아니었다. 그런데도 그 같은 결과가 나온 이유는 콘텐츠의 흡인력이 강해서 영상의 끝에 나오는 "반려동물이 더 살기 좋은 세상을 만들 방법을 자세히 알고 싶다면 여기로 오세요"라는 행동 요청 문구에 큰 힘이 실렸기 때문이다.

한편으로 나는 정보 상품을 만드는 사람들이 그저 장사에만 급급하다고 말하는 사업가 게리 바이너척의 의견에도 동의한다. 그는 그들이 당장은 돈을 벌지라도 브랜드 강화라는 장기적 비전이 없기 때문에 결국에 가서는 쓴맛을 보게 된다고 지적한다. 그래서 바이너척도 나도 브랜드를 강화해서 더 많은 고객을 끌어들이려면 콘텐츠를 만들 때 가치 있는 것을 무료로 제공해야 한다고 주장한다. 이런 마음가짐으로 콘텐츠를 제작하면 직접 반응 광고소비자에게 클릭, 구매 같은 즉각적인 반응을 유발하는 것이 목표인 광고 - 옮긴이 콘텐츠를 통해서도 얼마든지 가치 있는 것을 제공할 수 있다. 많은 콘텐츠 제작자가 브랜드 강화용 콘텐츠와 직접 반응 광고용 콘텐츠를 구별하지 않는 실수를 저지른다. 하지만 나는 다년간

후크 포인트

의 연구와 테스트를 통해 브랜드 강화용 콘텐츠와 직접 반응 광고용 콘텐츠가 시너지 효과를 일으켜 엄청난 결과를 가져올 수 있다는 것을 확인했다. 기본적으로 진정성 있게 가치 있는 것을 제공한다는 마음가짐을 유지한다면 브랜드 강화용 콘텐츠와 직접 반응 광고용 콘텐츠를 병용함으로써 양 콘텐츠의 성과를 향상할 수 있을 것이다.

디지털 스토리텔링을 위한 시각 디자인 팁

▼

디지털 콘텐츠 전략가 나빈 고다는 최상위권 유튜버가 되는 비결을 장기간 연구했다. 유튜브는 긴 분량의 콘텐츠가 소비되는 플랫폼이다. 고다가 유튜브에서 성공한 개인과 브랜드를 분석해보니 유사한 커뮤니케이션 스타일이 포착됐다.

고다에 따르면 커뮤니케이션 설계의 성패를 결정하는 것은 영상의 색감, 진행 속도, 조명 같은 요인이다. 이렇게 사소해 보이지만 실제로는 큰 영향을 미치는 요인이 의외로 많다. 일례로 고다의 연구에서 영상당 평균 400~500만 회의 조회 수를 기록하는 최상위권 유튜버들은 과할 정도로 또박또박 발음하는 사람이 무척 많은 것으로 나타났다. 그렇지 않은 유튜버는 비슷한 메시지를 전달하는 콘텐츠를 만들어도 그만큼 높은 조회 수를 올리지 못했다. 고다는 이처럼 히트 영상을 만드는 세부적인 요인을 연구하면서 커뮤니케이션 설계를 깊이 이해하게 됐다. 이제 그는 별로 특이하지 않은 소재나 콘셉트로도 수억 회의 조회 수를 기록하는 영상을 만들 수 있다.

당연한 말이지만 콘텐츠의 시청각적 측면에 신경을 써야 한다. 같은 정보라도 시각적으로 전달될 때 더 쉽게 학습되고 기억된다. 이 점에 유의하면 사람들이 더 오래 콘텐츠를 보게 할 수 있다. 그리고 경쟁자 분석을 통해 시각적 요소에 대한 힌트를 얻는 것도 중요하다. 경쟁자들의 커뮤니케이션 설계를 참고하면 고민하는 시간을 아껴서 더 빨리 더 좋은 결과를 얻을 수 있을 것이다(SNS 콘텐츠의 성과가 안 나와서 고민이라면 www.brendanjkane.com/work-with-brendan/에서 다양한 형태로 고다와 나의 도움을 받을 수 있다).

시각적 만족감

고다는 디지털 스토리텔링에서 제일 중요한 부분이 시각적으로 만족감을 주는 것이라고 본다. 다행히도 그런 효과를 내는 방법은 많다. 고다는 걸쭉한 물질에 손가락을 집어넣는 것을 그중 한 예로 제시하며 "왜 그런지는 몰라도 그런 장면을 보면 기분이 좋아진다"라고 말한다. 빠르게 그림을 그리거나 화이트보드를 칠하는 장면도 만족감을 준다. 그런 영상은 막판에 작품이 완성되는 쾌감을 느끼기 위해 계속 보게 된다. 식물이 초고속으로 자라는 영상도 마찬가지다. 전체 과정이 단시간에 완성되는 것은 현실에서 볼 수 없는 장면으로 역시 쾌감을 준다.

콘텐츠를 만들 때 시청자가 느낄 시각적 만족감을 고려하면 자연히 조회 수가 높아진다. 놀라게 하거나 기분이 좋아지게 하는 시각 효과를 넣어도 마케팅 콘텐츠와 SNS 영상의 성과가 향상된다.

모르는 사람에게 보내는 영업용 메일 작성법: 이메일 스토리텔링

▼

영업의 기본은 관계 맺기다. 그래서 어떤 사람이나 기업을 고객으로 유치하려면 소개를 받는 게 제일 좋다. 하지만 아무리 찾아봐도 연줄이 닿지 않는 때도 있다. 그렇다면 직접 관계를 트는 수밖에 없다. 이때는 링크드인LinkedIn 같은 서비스가 도움이 되기도 하지만, 사람들이 링크드인에서 얼마나 많은 메시지를 받는지 생각해보면 여전히 이메일이 제일 좋은 수단이다.

누군가에게 상품이나 서비스의 사용을 제안할 때는 이메일이 표준적으로 사용되는 이유는 모르는 사람에게 다짜고짜 전화를 거는 것보다 이메일을 보내는 게 효과적이기 때문이다. 직접 전화를 거는 것은 상대방을 소개받거나 최소한 한 번은 만난 후로 미루는 게 통상적이다. 이런 이유로 이메일로 사람들의 관심을 끌 수 있으면 커리어를 발전시키는 데 큰 도움이 되고 어쩌면 초특급 거래를 성사시키는 밑거름이 될 수도 있다.

예전에 내 친구가 전혀 친분이 없는 상태에서 보낸 메일로 수천만 달러가 걸린 계약을 체결했다. 그는 먼저 링크드인에서 자신이 목표로 하는 회사의 요직에 있는 사람들을 검색했다. 그래서 그 회사의 모 팀장에게 연락해야겠다는 판단이 서자 여러 가지 메일 주소 형식을 테스트해서(그 방법은 잠시 후에 설명하겠다) 그 사람의 메일 주소를 알아냈다. 그리고 이런 메시지를 보냈다. "안녕하세요. 제 친구 두 명이 회사를 세웠는데 제가 지금 거기로 이직할까 고민 중입니다. 그래서 팀장님이 그 회사에 대해 어떻게 생각하시는지 고견을 듣고 싶습니다."

그 팀장은 비교적 신속하게 답장을 보내서 커피 한 잔 마시면서 이야기하자고 했다. 그리고 만났다가 헤어질 때쯤 이렇게 말했다. "그 회사에 들어가세요. 그리고 친구들하고 언제 한 번 이쪽으로 와요. 우리가 같이 할 수 있는 일이 많을 것 같은데요." 이후 친구는 그 조언 대로 이직했고 앞에서 말한 대로 수천만 달러짜리 계약을 따냈다. 모두 생판 모르는 사람에게 보낸 메일로 시작된 일이었다. 물론 웬만한 사람은 그런 메일로 답장을 못 받는다. 하지만 A/B 테스트를 통해 요령껏 접근한다면 큰 건수를 잡는 것도 가능하다.

영업용 메일의 헤드라인

영업용 메일의 성공 공식 중 첫 번째는 제목에 후크 포인트를 넣는 것이다. 예를 들어 내 친구는 위의 팀장에게 보내는 메일의 제목을 "조언 좀 해주실 수 있나요?"라고 썼다. 그는 뭔가를 팔려고 하는 게 아니었다. 다시 말하지만, 그는 뭔가를 팔려고 하는 게 절대로 아니었다. 그런데도 그 메일은 그의 인생에서 최대 규모의 계약으로 이어졌다.

이 점을 강조하는 이유는 많은 사람이 누군가에게 영업용 메시지를 보낼 때 다짜고짜 상품이나 서비스를 팔려고 하는 실수를 저지르기 때문이다(특히 링크드인에서 심하다). 그렇게 하면 왜 안 되는지는 7장에서 자세히 이야기하기로 하고 여기서는 첫 번째 메일에서 절대로 장사를 해서는 안 된다는 것만 알아두자.

후크 포인트

영업용 메일의 본문

내 친구는 메일 본문에 강요하는 느낌 없이 튀는 카피를 넣었다. 이런 식으로 상대방의 의견을 물은 것이다. "제게 너무 중요한 기회라 일면식도 없는 사이에 염치 불고하고 여쭤봅니다. 그 회사로 이직을 해야 할지 말아야 할지 고민 중인데 팀장님의 고견을 듣고 싶습니다." 이렇게 접근하니까 상대방은 '나한테 뭘 팔려고 하는 게 아니잖아, 좋아'라고 생각했다. 사실이 그랬다. 첫 번째 메일을 보낼 때 내 친구는 뭔가를 팔려고 하지 않고 그저 조언을 구할 뿐이었다. 뭔가를 배우고 싶다는 솔직한 욕구를 통해 차후에 엄청난 이익이 될 계약으로 이어지는 문을 연 것이다.

영업용 메일의 A/B 테스트

나는 메일의 헤드라인과 카피를 모두 A/B 테스트해서 가장 효과적인 조합을 찾아내기를 권한다. 그러기 위해서는 먼저 링크드인 검색을 통해 메일을 보낼 사람들의 명단을 만들어야 한다. 예를 들어 로스앤젤레스에 있는 엔터테인먼트회사가 목표라면 그런 회사를 100군데 정도 파악해서 각사의 설립자나 경영진이 누구인지 검색해보는 것이다. 그 다음에는 그들의 메일 주소를 찾아야 한다.

메일 주소를 찾는 것은 이 과정에서 제일 귀찮고 시간을 많이 잡아먹는 일이다. 이때 헌터.아이오hunter.io, 파인드댓.이메일Findthat.email, 클리어비트 커넥트Clearbit Connect처럼 전문화된 서비스를 이용하면 효율을 높일 수 있다. 예상되는 메일 주소를 구글에서 검색해서 실제로 검색 결과에 표시되는지 확인하는 방법도 있다. 혹은 그 사람이 기고한 글이 있는지 찾아보는 것도 좋다. 기사에 필자의 메일 주소가 기재되는 경우가 많기 때문이다.

이렇게 해서 확보한 메일 주소들을 허브스팟HubSpot, 세일즈포스Salesforce, 프레시웍스Freshworks 같은 고객관계관리CRM 소프트웨어에 입력하자. 그리고 연속되는 메일을 최대 5통까지 작성하자. 5통이 넘으면 과하다. 어떤 사람에게 메일을 4~5통 보냈는데도 답장이 없다면 카피를 변경해서 같은 회사의 다른 사람에게 보내는 게 낫다.

예를 들면 다음과 같이 4통의 연속된 메일을 구성할 수 있을 것이다.

- — 메일1 당신의 상품과 서비스로 상대방의 회사가 겪고 있는 구체적인 고충을 어떻게 해결할 수 있는지 대략적으로 설명한다.
- — 메일2 당신의 상품과 서비스를 다시 소개하고 상대방이 관심을 보이는지 확인한다. 실제 사례를 넣거나 현재 고객 중에서 상대방과 관련이 있는 고객을 나열해도 좋다.
- — 메일3 계속 메일을 보내는 것에 대해 사과하고, 당신의 상품이나 서비스가 상대방의 목표에 부합하는지 확인하는 질문을 한다.
- — 메일4 상대방에게 당신과 대화할 시간이 있는지 간단히 묻는다.

메일1을 첫째 날 발신한다면, 메일2는 셋째 날, 메일3은 다섯째 날, 메일4는 일곱째 날 발신되게 하자. 이때 각 메일을 몇 가지 버전으로 작성해서 반응을 측정해야 한다. 가령 메일1의 버전1에서 첫 번째 문단의 카피를 바꿔서 버전2를 만들고, 제목을 바꿔서 버전3을 만드는 식이다. 여기서 유의할 점은 변경점이 단순해야 어디를 바꿨을 때 좋은 반응이 나왔는지 식별하기 쉽다는 사실이다.

예컨대 메일1에서 제시하는 편익을 두 가지로 나눠서 어느 쪽이 더 흥미를 많이 일으키는지 확인하려고 한다고 해보자. 이때는 A그룹에게 보내는 메일1의 제목은 "SNS 마케팅으로 [목표로 하는 회사의 이름]의 매출을 신장하는 법"이라고 쓰고 B그룹에게 보내는 메일1의 제목은 "[목표로 하는 회사의 이름]의 로스앤젤레스 고객을 증가시키기 위한 SNS 마케팅법"이라고 쓸 수 있을 것이다.

이렇게 두 개의 버전을 보낼 때는 물론 수신자를 50명은 A그룹, 나머지 50명은 B그룹 하는 식으로 적절하게 나눠야 한다. 그러고 나서 각 메일에 대한 반응을 확인하자. 만일 A그룹에서 답장이 한 통도 안 온다면 이번에는 그들과 같은 기업에 재직 중인 다른 사람들에게 앞서 B그룹에게 보냈던 메일을 보내자. 최적의 메일 제목과 카피를 찾을 때까지 이런 식으로 A/B 테스트를 진행하면 된다.

매출을 4배 올리는 카피 작성법

매력적인 카피를 쓰는 능력은 필수다. 아무리 좋은 후크 포인트가 있어도 그것을 제대로 전달하지 못하면 아무 소용이 없다. 카피라이팅 능력을 향상하고 싶은 사람에게는 마이클 매스터슨Michael Masterson과 존 포드John Forde가 쓴《탁월한 도입부: 영업용 메시지를 시작하는 6가지 방법Great Leads: The Six Easiest Ways to Start Any Sales Message》을 읽어보기를 권한다. 이 책에는 카피를 시작하는 도입부의 6가지 유형이 나와 있다.

그 유형은 '제안형Offer Lead', '약속형Promise Lead', '문제해결형Problem-Solution Lead', '비밀형Big Secret Lead', '선언형Proclamation Lead', '이야기형 Story Lead'으로 나뉘는데 여기서는 효과적인 후크 포인트와 이야기를 작성하는 데 도움이 되는 선언형에 대해 알아보자.

선언형 도입부는 심리적 자극을 주는 헤드라인으로 시작한다. 이 헤드라인은 대담한 문장으로 잠재 고객과 관련된 주제를 거론하며 어떤 편익을 약속한다. 그리고 보통은 깜짝 놀랄 만한 미래의 결과를 언급한다. "상상의 한계를 초월하는" 약속으로 호기심을 불러일으키기 위해서다. 하지만 대담한 발언이 효력을 발휘하려면 그 뒤에 나오는 카피로 그 주장이나 약속의 타당한 근거를 제시해야 한다. 또한, 좋은 선언형 도입부는 상품이나 서비스의 가장 중요한 부분을 카피가 끝나기 직전에야 비로소 노출한다.

《탁월한 도입부》에서는 《대체 의학Alternatives》 뉴스레터의 우편홍보물을 역대 최고의 영업용 편지로 꼽았다. 이 홍보물은 "죽기 싫으면 읽으십시오"라는 헤드라인으로 시작한다. 이 문장을 읽은 잠재 고객은 도대체 얼마나 중요한 이야기길래 안 읽으면 죽는다고 할 정도인지 궁금해진다. 이렇게 후크 포인트로 관심을 사로잡은 후 이어지는 카피에는 대담한 예측이 담겨 있다. "현재 우리는 이미 이 세상 어딘가에 치료법이 존재하는 질환으로 사망할 확률이 95퍼센트입니다. 저희 《대체 의학》 편집진은 여러분을 그런 운명에서 해방시켜 드리고자 합니다." 이 도입부를 읽으면 사람들은 이런 생각이 든다. '고칠 수 있는 병으로 죽을 확률이 정말로 95퍼센트라면 좀 더 읽어봐야겠군.' 특히 평소에 건강 정보에 관심이 많은 사람이라면 안 읽고는 못 배길 것이다.

예측의 형태로 제시되는 선언형 도입부의 또 다른 예는 "초비상! 2006년 12월 31일까지 미국인 투자자 '수천만' 명을 끝장낼 3대 충격 사건…"이다. 이 문구를 읽는 사람은 도대체 그 3대 사건이 무엇이길래 연말까지 그렇게 엄청난 파괴력을 발휘한다는 것인지 호기심이 생긴다. 이어지는 카피는 "유명한 시장분석가"의 견해라며 그런 예측의 신빙성을 증명한다. 심리적으로 자극적인 발언이 그 뒤의 이야기를 읽게 만드는 것이다. 매스터슨과 포드에 따르면 탁월한 선언형 도입부는 "가만히 앉아서 작성할 수 있는 게 아니라 적극적으로 발굴해야만 하는 것"이고, 이때 가장 좋은 방법은 조사다. 선언을 뒷받침하는 증거를 확보해야만 그 말이 감정을 자극할 만큼 튀면서도 신뢰감을 줄 수 있다.

카피라이터 크레이그 클레먼스는 탁월한 선언형 도입부는 물론이고 어떤 형태로든 탁월한 도입부/후크 포인트를 찾으려면 잠재 고객의 두려움, 욕구, 필요를 한 문단으로 정리해보라고 한다. 그다음으로는 자신의 상품이나 브랜드가 잠재 고객의 삶을 어떻게 개선할 수 있는지 생각해봐야 한다(이때 잠재 고객의 문제가 얼마나 심각한지, 혹은 자신의 해법이 얼마나 좋은지 입증할 데이터가 있다면 훨씬 좋다). 그 후에 잠재 고객의 문제와 자신의 해결책이 교차하는 지점을 찾아서 그 교차점을 핵심 메시지로 하는 카피(혹은 SNS 영상 대본)를 쓰면 된다.

꽂히는 메시지를 쓰는 절대 공식

클레먼스가 팟캐스트 〈롤런드 프레이저의 점심에 듣는 비즈니스 성공학Business Lunch with Roland Frasier)에 출연해서 다음과 같이 사람들의 관심을 집중시키는 카피 작성법 4단계를 공개했다.

- — 질문 잠재 고객이 "예"라고 대답할 만한 질문을 한다(돈을 은행에만 묵혀두지 않고 높은 수익률을 올리고 싶으신가요? "예." 그러면 미술품을 구입하는 것도 생각해볼 만합니다").
- — 공감 당신도 잠재 고객과 같은 처지였던 적이 있다는 것을 알린다. 아마도 그 처지란 어떤 분야에서 성공이 요원하게만 느껴지던 상황이었을 것이다. 그때의 경험을 통해 당신이 중요한 정보를 습득했고 그것이 잠재 고객을 성공으로 이끌 수 있다는 것을 암시하자. 당신이 무엇 때문에 그 정보를 찾아내려고 고생했는지 말하자("저도 돈을 투자할 곳을 이리저리 찾아본 적 있는데 그때는 미술품으로 큰 수익을 올릴 수 있다는 걸 몰랐어요", "나도 그러고 싶었는데 어디서부터 시작해야 할지를 몰랐어요").
- — 전수 그때 배운 게 무엇인지 알려준다. 그것은 당신을 지금의 위치에 서게 해준 것이고 잠재 고객도 그렇게 되도록 도와줄 수 있는 것이어야 한다("그때 J. 폴 게티J. Paul Getty가 쓴《부자 되는 법How to Get Rich》이란 책을 알게 됐어요. 미술품으로 부자가 된 비결을 말해주는 책이죠. 내용은 좋았는데 그게 현재의 미술계에도 통하는지 모르겠더군요. 그래서 미술품으로 수천만 달러를 번 유명한 투자자를 만나봤죠. 그분한테 책을 보여드리니까 요즘은 그 내용을 어떻게 응용하면 되는지 알려주셨어요. 그대로 했더니 지난 5년 동안 연평균 수익률이 30%예요. 저는 주식보다 미술품 수익률이 더 높아요").

• ─ 유도 커뮤니케이션의 목적을 달성하기 위해 뉴스레터 구독, 도서 구매, 계정 팔로우 등의 행동을 요구한다("제가 웹페이지에 내용을 정리해서 올려놨어요. 무료니까 편하게 보세요", "제가 뉴스레터로 팁을 하나씩 보내거든요. 구독하시면 도움이 될 거예요").

이 기법은 한 문장이나 문단으로 짧게 메시지를 만들 때는 물론이고 영상이나 1시간 분량의 프레젠테이션을 기획할 때도 얼마든지 사용 가능하다(https://podcasts.apple.com/us/podcast/business-lunch/id1442654104?i=1000429481263에서 클레먼스의 설명을 직접 들을 수 있다).[55]

팁과 요약

1. 잠재 고객의 필요를 최대한 자세히 파악하자. 이것이 정보를 패키지화하고 잠재 고객과 공감대를 형성하는 기초가 된다.

2. PCM을 통해 잠재 고객과 동일한 어휘를 사용하자. 스토리텔링의 고수들은 논리, 가치, 유머, 상상, 행동, 느낌을 골고루 동원해서 모든 성격 유형을 공략한다.

3. "혹시 ~라는 사실을 아십니까?"라는 문장으로 후크 포인트, 이야기, 사업 구상이 사람들에게 통하는지 테스트하자.

4. 브랜드가 이야기의 주인공이 되어서는 안 된다. 적절한 반응을 유도하는 것과 가치 있는 것을 제공하는 것에 중점을 두자.

5. 사람들이 공감하고 반해서 자기 이야기라고 생각할 만한 이야기를 하자. 충성 고객을 늘리는 지름길이다.

6. 영상의 조회 수를 대폭 증가시키려면 커뮤니케이션 설계에 신경을 쓰자. 특히 시각적 만족감을 고려하며 영상의 시청각적 요소를 검토하는 게 중요하다.

7. 영업용 메일도 질만 활용하면 높은 가치가 있는 잠재 고객을 발굴하는 금맥이 된다.

8. 영업용 메일을 보낼 때는 제목에 후크 포인트를 넣자. 그리고 A/B 테스트를 통해 본문에 어떤 카피를 썼을 때 가장 반응이 좋은지 확인하자.

9. 상품이나 서비스를 판매하기 위한 카피를 쓸 때는 잠재 고객의 문제와 자신이 가진 해법의 교차점을 찾아서 그것이 핵심 메시지가 되는 카피

후크 포인트

[혹은 SNS 영상 대본]를 쓰자.

10   잠재 고객의 관심을 집중시키는 카피 작성법 4단계를 활용하자.

5장

진정성과 신뢰에 관한
특별 수업

휘트니 울프Whitney Wolfe에게는 '여권女權 신장'이라는 사명이 있었다. 그녀는 남녀 관계에서 여자는 얌전해야 하고 적극적 구애를 삼가야 한다는 통념을 깨고 싶었다. 그래서 여자가 먼저 관심 있는 남자에게 메시지를 보내야 하는 데이팅 앱 범블Bumble을 개발했다.

그녀는 모교인 서던메소디스트대학교Southern Methodist University의 여학생 사교 클럽들을 다니며 여성이 먼저 구애할 권리가 있음을 설파했다. 연애에서 꼭 남자가 주도권을 쥘 필요가 없고 오히려 남자들도 구애의 부담을 덜고 싶어 한다고 말했다. 그렇게 인습을 타파하겠다는 의지를 전파하며 여학생들이 범블을 다운받게 만들었다. 그다음으로는 남학생 사교 클럽들을 다니면서 수많은 여학생이 데이트 상대를 기다리고 있다고 전했다. 그리고 앱을 다운받는 대가로 피자 한 조각과 쿠키를 제공했다.

기존의 연애 구도를 바꾸고 여권을 신장한다는 취지가 후크 포인트가 되어 5,200만 명이 범블을 다운받았고 이 데이팅 앱은 3억 3,500만 달러의 매출을 올렸다.[56] 범블이 출시된 2014년 12월에 데이팅 앱 시장이 이미 과포화 상태였음을 고려하면 엄청난 성과다.[57]

범블이 히트한 데는 울프의 진정성이 크게 작용했다. 범블은 그녀가 사명감과 목적을 갖고 만든 앱이다. 변화에 대한 진실한 갈망이 그녀를 남다르고 튀는 존재로 만들고 사업을 성공으로 이끌었다.

나는 매일 아침 왜 일어나는가?

▼

후크 포인트는 진정성이 있을 때 제힘을 발휘하고 3초 세상에서 두각을 드러낸다. 반대로 진정성과 목적이 없는 후크 포인트, 이야기, 상품과 서비스는 속 빈 강정이 되어 실패할 수밖에 없다. 사이먼 사이넥의 《나는 왜 이 일을 하는가?》를 읽어본 사람이라면 좋은 브랜드가 되려면 "지금 하는 일을 왜 하고 있는지 명쾌히 밝힐 수 있어야 한다"라는 그의 주장을 잘 알 것이다. 브랜드의 '왜'는 곧 브랜드의 '목적, 명분, 신념'이다. 사이넥은 "우리 회사는 왜 존재하는가? 우리는 매일 아침 왜 일어나는가? 그게 다른 사람들에게 무슨 상관인가?"를 생각해보라고 한다. 이 질문에 대한 답은 당신이 무엇을 만들고, 그 가격이 얼마이고, 그것을 어디서 파느냐와는 무관하다. 자신의 '왜'를 알 때 진정성을 지키면서 고객에게 신뢰를 줄 수 있다.

많은 기업이 당장의 수익을 올리는 데만 급급해서 왜 소비자가 귀중한 시간과 돈을 써가며 자기네 상품이나 서비스를 사용해야 하는지는 생각하지 않는다. 소비자가 어떤 상품이나 서비스를 사는 이유는 기업의 돈줄이 되기 위해서가 아니라 가치 있는 것을 얻기 위해서다. 뚜렷한 목적을 갖고 사업을 영위하는 기업을 보면 소비자는 그 가치를 높이 평가해 힘을 실어주고 싶어진다.

애플과 나이키는 자사의 '왜'를 진정성 있게 전달할 줄 아는 브랜드다. 이것은 애플과 나이키에 대한 언론 보도, 두 브랜드가 판매하는 상품의 디자인과 포장, 매장의 구조를 보면 알 수 있다. 애플과 나이키가 내리는 모든 결정은 브랜드의 비전에 부합한다. 사이넥은 애플이 고객과 커뮤니케이션할 때 그 기저에 깔려 있는 철학을 이렇게 표현한다. "우리는 무엇을 하든 현재에 도전하는 것을 중시합니다. 다르게 생각하는 것의 힘을 믿습니다. 우리는 현재에 도전하기 위해 제품을 아름답게 디자인하고 사용하기 쉽게 만듭니다. 그래서 우리는 컴퓨터를 꽤 잘 만듭니다. 한 대 사시겠습니까?" 이처럼 자사의 '왜'를 똑똑히 전달하기 때문에 애플의 제품은 애플의 이상을 진정성 있게 구현한 결과물로 인식된다.

사이넥은 이렇게 덧붙인다. "애플은 초창기의 애플 컴퓨터 시리즈, 그리고 후속작인 매킨토시가 당시 컴퓨터 시장에서 지배적 위치에 있었던 IBM 도스 플랫폼의 아성에 도전한다고 믿었다. 오늘날 애플은 아이팟과 아이튠스가 현재의 음악 산업에 도전하고 있다고 믿는다. 그리고 우리는 모두 애플이 보이는 행보의 이유를 알고 있다."

전설적 카피라이터 어니스트 루퍼나치는 "사람들은 기업의 제품을 사는 게 아니라 기업의 신념을 산다"고 믿는다. 광고회사 와이든+케네디Wieden+Kennedy에 근무할 때 루퍼나치는 이제 막 유럽 축구 시장에 진입한 나이키의 광고 캠페인을 기획하기 위해 직접 유럽으로 날아갔다. 당시는 축구계에 일대 변화가 일고 있었다. 아는 사람은 알겠지만 프랑스와 영국은 1066년 10월의 헤이스팅스 전투Battle of Hastings _{프랑스 왕의 봉신인 노르망디 공 윌리엄 1세가 잉글랜드 왕 해럴드 2세와 맞붙어 승리한 전투로, 잉글랜드 왕국에 노르만 왕조가 들어서는 계기가 됐다 - 옮긴이} 이후로 지금까지 라이벌 관계를 유지하고 있다. 그런데 1992년에 프랑스 축구의 톱스타였던 에릭 칸토나가 영국의 맨체스터 유나이티드로 이적하더니 몇 년 후에는 주장 자리까지 거머쥐는 이변이 일어났다. 그야말로 역사적인 사건이었다. 하지만 당시 칸토나를 후원하고 있던 나이키는 그런 변화를 어떻게 마케팅에 접목해야 할지 몰랐다. 유럽 축구계에서는 신참 브랜드인 주제에 유럽 축구에 대한 발언을 해봤자 신뢰성이나 진정성을 인정받지 못할 것이라고 우려한 것이다. 하지만 루피나치의 생각은 달랐다. 그는 유럽 축구 팬들을 겨냥한 나이키의 브랜딩 전략을 제안하면서 나이키가 소신껏 발언하는 브랜드로 걸어온 역사가 있기 때문에 오히려 큰 기회를 목전에 두고 있다고 역설했다. "여러분, 1940년대에 재키 로빈슨Jackie Robinson이 흑인 최초로 메이저리그에 입성했을 때 나이키가 존재했다면 분명히 로빈슨을 후원했을 겁니다. 그게 바로 나이키니까요. 그게 바로 나이키라는 브랜드가 아침마다 일어나는 이유죠."

그 자리에서 루피나치의 팀은 나이키가 후원 계약을 맺은 걸출한 축구 선수들의 명단과 함께 체 게바라를 연상시키는 그림이 담긴 슬라이드를 보여줬다. 거기에는 이렇게 적혀 있었다. "나이키, 1971년 이래 기성 질서를 타파하다." 이어서 루피나치는 유럽 축구판에서 나이키의 최대 강점은 나이키가 프로 축구계에 기여할 자격이 있고 경쟁사들과 달리 논란의 한복판에 있는 사건에 대해 발언할 줄 아는 용기가 있다는 점이라고 말했다. 그가 말하는 핵심은 축구용품을 혁신하는 게 아니라 "축구라는 스포츠의 인적 구성을 쇄신하는 것"이었다. 정곡을 찌르는 제안이었다. 이로써 대중에게 나이키의 관점을 신뢰감 있고 진정성 있게 전달하기 위한 메시지의 가닥이 잡혔다.

루피나치는 광고 캠페인에 현재의 사건(그의 표현을 빌리자면 "자극적 사건")을 접목하려면 신뢰성과 진정성이 필수라고 말한다. 그 이유는 이렇다. "좋아하는 드라마나 영화를 생각해보자. 캐릭터가 후속 에피소

드나 속편에서 갑자기 평소와 다르게 행동하거나 안 하던 짓을 하면 진정성이 안 느껴져서 실망하게 된다. 마케팅에서도 마찬가지다. 브랜드가 일관성을 잃으면 그 메시지에서 진정성이 안 느껴진다. 그 이유를 보자면 브랜드가 믿는 것과 브랜드가 만드는 것 사이에 연결 고리가 확립되지 않아서인 경우가 많다."

루피나치는 나이키에는 그 연결 고리가 있기 때문에 유럽 축구계에 참여할 자격이 있었다고 봤다. "그것은 나이키가 신발을 만들어온 역사가 있기 때문이 아니라 꾸준히 힘 있는 메시지를 전달해온 역사가 있기 때문이다. 나이키가 비록 축구계에 진입한 지는 얼마 안 됐어도 운동선수들에게 공감을 불러일으키는 나이키의 신념은 종목의 장벽을 거뜬히 초월하는 것이다. 브랜드의 힘은 상품의 품질에서 나오지 않는다. 브랜드의 힘은 그 신념에서 나온다."

'왜'를 잘 아는 브랜드가 또 있다. 바로《바보를 위한 ○○○》시리즈다. 이 브랜드의 이야기 역시 현실에 안주하지 않고 기존의 틀에 도전하는 이야기다. IDG 북스 월드와이드IDG Books Worldwide의 창립 멤버이자, 회장 겸 CEO이며《바보를 위한 ○○○》시리즈의 창시자인 존 킬쿨런John Kilcullen은 이 시리즈가 어떤 주제에 대한 필수 지식을 쉽고 재미있게 전달하기 위한 목적으로 탄생했다고 말한다. 팬들은《바보를 위한 ○○○》시리즈의 장점으로 유머, 만화, 시각 자료로 재미있게 공부할 수 있다는 것을 꼽았다.

각 권의 디자인과 마케팅에 기존의 틀에 도전한다는 이 시리즈의 '왜'가 잘 반영됐다. 이 시리즈는 본문에서만 아니라 상품의 포장에도 유머를 많이 사용한다. 예를 들어《바보를 위한 섹스Sex for Dummies》의 프랑스어판을 냈을 때 뒤표지 안쪽에 콘돔을 넣고 화살표 밑에 "잠깐! 여기서 서세요"라고 써놓았다. 이 시리즈는 이렇게 적당히 수위를 조절하는 유머로 관심을 끌고 주제를 더 친근하게 알려주기 때문에 경쟁자들 사이에서 튄다. 만일 이런 아이디어가 브랜드의 정신에 부합하지 않았다면 저질스럽거나 진정성이 없게 느껴졌을 것이다. 하지만 이 도발적인 마케팅(그리고 실로 탁월한 후크 포인트)이 회사의 메시지와 일맥상통했기 때문에《바보를 위한 섹스》는 미국 외 지역에서 발행된《바보를 위한 ○○○》시리즈 중에서 최고의 인기를 끌었다.

자신의 '왜'를 찾기가 어렵다면 사이넥의《나는 왜 이 일을 하는가?》를 꼭 읽어보기 바란다. 개인의 차원에서든 기업의 차원에서든 자신을 움직이는 동력원을 알게 될 것이다. 그리고 그것이 나침반이 되어 더욱 진정성 있는 후크 포인트와 이야기가 탄생할 것이다.

질레트와 나이키

'왜'를 알고 모르고는 후크 포인트와 이야기를 만들 때 큰 차이를 빚는다. '왜'를 모르면 괜히 역효과만 날 수 있다. 최근에 질레트가 성희롱, #미투 운동, 약자에 대한 괴롭힘을 거론하며 '해로운 남성성'을 지적하는 〈우리는 믿습니다We Believe〉 광고 (https://time.com/5503156/gillette-razors-toxic-masculinity/에서 볼 수 있다)를 냈다가 거센 역풍을 맞았다. 광고의 메시지는 홀

후크 포인트

름했다. 남자든 여자든 타인을 존중해야 하는 것은 당연하다. 하지만 시청자의 반감도 충분히 이해가 간다.

질레트라는 브랜드는 이전에 사회적 책임에 대해 말한 적이 없었다. 항상 면도에 대해서만 이야기했다. 그런데 갑자기 남성에게 변화를 촉구하는 광고를 내보내자 많은 소비자가 그런 주제에 목소리를 낼 자격이 없는 회사가 주제넘게 나선다는 인상을 받았다. 일부는 이 광고를 기회주의적이라고 비판했다. 그 이유 역시 질레트가 그간 자기들이 하는 일이 무엇인지만(부드럽게 수염이 잘리도록 5중 면도날과 윤활제가 들어간 면도기를 만드는 것) 말했지, '왜' 그런 면도기를 만드는지는 단 한 번도 말한 적이 없기 때문이었다. 그래서 질레트가 이 광고로 관심은 많이 받았을지언정 전에 없던 공감대와 친밀감을 형성하는 데 도움이 됐는지는 불분명하다. 시장조사 기업 크림슨 헥사곤Crimson Hexagon의 상품마케팅팀장 제인 주펀Jane Zupan은 이 광고를 통해 질레트와 여성들 사이에서 새로운 공감대가 형성됐다고 본다.[58] 하지만 현재 유튜브에서 이 광고는 '좋아요'가 80만 6,000개인 반면에 '싫어요'는 150만 개다. 내가 보기에는 크게 성공했다고 할 수 없을 것 같다.

이것은 나이키가 사회적 발언을 할 때와 확연히 다른 결과다. 나이키는 그 방면으로 풍부한 경험이 있고 그동안 자사의 '왜'를 훌륭하게 표현했다. 그래서 콜린 캐퍼닉의 목소리로 "소신을 지키십시오. 모든 것을 잃을지라도"라는 태그라인이 나가는 광고가 논란을 일으켰을지언정 히트했다. 이 태그라인은 경찰의 폭거에 항의하는 뜻으로 NFL에서 퇴출당할 위험을 무릅쓰고 국가 제창 시 기립을 거부한 캐퍼닉의 결단을 떠올리게 한다. 이 광고가 비록 호불호가 극명히 갈렸을지언정 대체로 좋은 평가를 받은 이유는 첫째, 나이키가 자사의 핵심 타깃층(사회적으로 목소리를 내는 브랜드를 지지하는 Z세대와 밀레니얼 세대)를 잘 알았고 둘째, 광고가 나이키의 가치관(나이키는 희생하는 사람들에게 투자하겠다고 밝혔다)에 부합했기 때문이다. 광고가 공개된 후 나이키는 주가가 최고가를 경신했고, 그 주말에 온라인 매출이 31퍼센트 증가했으며, 하루 만에 트위터에서 45만 개 이상의 멘션타인의 계정을 언급하는 트윗 - 옮긴이을 받았다.[59]

이 두 사례에서 배울 수 있는 점은 후크 포인트가 반드시 브랜드의 정체성에 부합해야 한다는 것이다. 무턱대고 후크 포인트와 이야기를 만들면 뒤탈이 날 수 있다. 하지만 진정성 있는 후크 포인트를 만든다면 대박도 기대해볼 만하다.

좋은 후크 포인트는 신뢰를 만든다

▼

셰어러빌러티의 에릭 브라운스타인은 사업상 새로운 기회가 생겼을 때 후크 포인트를 통해 빠르게 신뢰를 형성한다. 행사장에서 강연자나 토론자와 안면을 트고 싶을 때 상대방의 관심을 끌기 위해 주어지는 시간은 단 몇 초에 불과하다. 그는 누군가와 즉각적으로 신뢰 관계를 형성하려면 후크 포인트를 이용하는 게 최선임을 다년간의 경험으로 알게 됐다. 그래서 강연자가 무대에서 내려오면 바로 다가가서 이렇게 말한다. "안녕하세요. 좋은 말씀 잘 들었습니다. **저희 회사가 요즘 영상 콘텐츠 제작으로는 제일 잘나가는데** 선생님의 이야기를 더 많은 사람에게 더 효과적으로 전달할 수 있도록 도와드릴 수 있을 것 같습니다. 시간 되실 때 얘기 나눌 수 있으면 좋겠습니다." 굵은 글씨로 표시한 부분이 신뢰감을 형성해서 만남을 성사시키는 후크 포인트다. 만일 요즘 제일 잘나가는 영상 콘텐츠 제작사라는 정보를 빼고 단순히 "시간 되실 때 얘기 나눌 수 있으면 좋겠습니다"라고만 말한다면 브라운스타인도 남들처럼 뻔하게 보여서 튀지 못할 것이다.

대기실에서 만난 대선 후보와 진정성의 힘
▼

전작이 출간된 후 나는 언론 인터뷰를 위해 뉴욕에 가서 두 개의 프로그램에 출연했다. 첫 번째는 〈데이비드 웹 쇼The David Webb Show〉였다 (www.brendanjkane.com/davidwebb/에서 들을 수 있다). 인터뷰를 마친 후 진행자 데이비드 웹이 혹시 신규 고객을 받고 있다면 자신도 SNS 컨설팅을 받고 싶다고 했다. 내가 그 방송에 출연한 목적은 순전히 청취자에게 가치 있는 것을 제공하기 위해서였다. 하지만 예상치도 못한 사업상의 기회가 생긴 이유는 내게 진심으로 사람들을 도와서 좋은 성과를 내고 싶다는 욕구가 있었고 또 30일 만에 100만 팔로워를 만들었다는 강력한 후크 포인트(내가 그 방송에 초대된 이유이기도 했다)를 사용했기 때문이다.

폭스 비즈니스 TV의 〈케네디Kennedy〉에 나갔을 때도 비슷한 경험을 했다. 방송 전에 대기실에서 민주당 대선 경선 후보 존 딜레이니를 만났다. 대화를 시작할 때만 해도 나는 그가 누구인지 몰랐다. 그저 내가 하는 일과 내가 SNS를 보는 관점에 대해 진솔한 대화를 나눴을 뿐이다. 그런데 내 이야기를 듣던 그가 SNS 선거 운동에 나를 기용하고 싶다는 의사를 내비쳤다. 이렇게 자연스럽게 누군가를 만난 자리에서 가치 있는 것을 제공하며 진솔하게 관계를 맺으면 어느새 신뢰가 형성돼서 새로운 사업상의 기회가 생기기도 한다(나는 존 딜레이니나 데이비드 웹에게 뭔가를 팔려는 의도가 없었기 때문에 당연히 영업용 멘트를 쓰지 않았다).

당신이라고 못 할 것 없다! 신뢰를 형성하려면 제일 강력한 후크 포인트와 제일 흡인력 있는 이야기로 대화를 시작하자. 내가 이 책에서 소개하는 프로세스를 따른다면 더 많은 기회의 문이 열릴 것이다. 이 프로세스는 분명히 효과가 있다! 하지만 훈련이 필요하니까 숙달되기까지 시간이 걸리더라도 낙담하지 않았으면 좋겠다. 나도 여전히 후크 포인트와 이야기를 완벽하게 다듬는 데 몇 달씩 걸리기도 한다.

세 가지 대실패 사례에서 배우는 교훈

　사람들의 관심을 집중시키는 요령을 터득하면 감당할 수 있는 것 이상으로 많은 기회가 찾아오기도 한다. 그러면 신이 나서 모두 수락하고 싶겠지만 참아야 한다. 나도 멋모르고 맡은 프로젝트가 나와 맞지 않아서 고생했다. 초창기에 강력한 후크 포인트와 이야기 덕분에 내게 적격이 아닌 일도 많이 들어왔다. 문제는 대형 프로젝트나 고객을 잡았으면 그에 걸맞은 성과를 내야 한다는 것이다.

　예를 들면 수백만 달러의 투자금을 유치하고도 회사가 망해버린 적이 몇 번 있다. 탁월한 후크 포인트와 흡인력 있는 이야기로 투자를 받았는데도 번번이 회사가 망해버렸다. 거기에는 여러 원인이 있었지만 나의 핵심 역량이 CEO나 COO로서 회사를 경영하기에 적합하지 않다는 게 제일 큰 이유였다. 그런 일을 겪으면서 내가 전략과 비전을 제시하고 혁신을 도모하는 능력은 최상급이지만 통상적인 경영 활동에는 미숙하다는 것을 깨달았다.

　이 책에 실린 내용을 숙지하면 큰 계약을 따내거나, 매출을 대폭 향상시키거나, 한층 효과적인 콘텐츠를 만들 수 있을 것이다. 하지만 진정한 성공을 거두려면 자신이 진짜로 잘하는 게 무엇인지 알아야 한다. 자신의 정체성을 잘 알고 잘 살릴 때, 즉 진정성이 있을 때 다른 것도 따라오는 법이다. 어떤 브랜드나 기업이든 아무리 탁월한 후크 포인트와 이야기로 사람들의 관심을 사로잡는다고 해도 그 이야기가 거짓되게 들리고 결과적으로 약속한 성과가 나오지 않으면 망한다.

　영화 〈디 인벤터: 아웃 포 블러드 인 실리콘 밸리The Inventor: Out for

Blood in Silicon Valley〉는 한 편의 거대한 사기극을 폭로하는 다큐멘터리다. 의료기술기업 테라노스Theranos의 설립자 엘리자베스 홈즈Elizabeth Holmes는 세계 최연소로 자수성가한 억만장자가 됐지만 결국에는 회사가 망하고 자신도 몰락했다. 그녀가 만든 제품이 가짜였기 때문이다. 홈즈는 후크 포인트의 힘으로 손쉽게 투자를 유치하고 계약을 성사시켰다. 하긴, 피 한 방울로 다양한 질병을 진단해 혈액 검사의 비용과 고통을 덜어준다는 기술에 열광하지 않을 사람이 어디 있을까? 그야말로 과학의 쾌거였을 것이다. 물론 홈즈의 말이 진실이었다면 말이다. 유감스럽게도 홈즈는 기술이 아니라 이야기를 창조하는 데 일가견이 있었다.

파이어 페스티벌Fyre Festival도 유사한 사례다. 파이어 페스티벌은 '초호화' 음악 축제로 마케팅하며 큰 기대를 모았다. 하지만 파이어 미디어Fyre Media의 CEO 빌리 맥팔랜드Billy McFarland는 약속을 이행하지 못했다. 많은 사람이 맥팔랜드를 사기꾼으로 간주하지만 나는 그를 포함한 주최 측의 마케팅은 진심이었다고 본다. 다만 홍보 단계에서 그렇게 폭발적인 관심을 모은 축제를 실현하기가 얼마나 어려운지 미처 예상하지 못했던 게 아닐까 싶다.

명확한 기대치 설정하기

방금 말한 것과 같은 불상사를 방지하려면 자신에게 솔직해져야 한다. 그러면 고객에게도 솔직해진다. 나는 케이티 쿠릭과 야후 프로듀서들과 일할 때 항상 최적화의 필요성을 말했다. 과하다 싶을 정도로 많

후크 포인트

은 인터뷰를 테스트할 것이라고 쿠릭에게 단단히 일러뒀다. 처음부터 "어떤 한 인터뷰에 집착하지 마세요"라고 주의시키며 "어떤 인터뷰가 성공 못 해도 괜찮아요. 거기서 뭔가를 배워서 계속 개선하다 보면 결국에는 바이럴화되는 인터뷰가 나올 겁니다"라고 말했다.

이런 식으로 미리 언질을 준 이유는 그게 가장 현실적인 시나리오이기 때문이었다. 그래서 쿠릭도 우리가 성공으로 가는 과정에서 실패가 있을 것임을 예상할 수 있었다. 명확한 기대치가 설정된 것이다.

약속을 이행할 수 없을 때

▼

넷플릭스 다큐멘터리 〈파이어Fyre〉를 보면 맥팔랜드는 파이어 페스티벌이 망하고도 정신을 못 차렸다. 그 건으로 소송이 진행 중인 와중에 이번에는 아무 권한도 없는 콘서트의 백스테이지 특별 출입권을 판매하는 사기를 치려다가 들통났다. 물론 세상에 완벽한 사람은 없으므로 누구나 실수를 한다. 하지만 실수를 했으면 뭐라도 배우는 게 있어야 한다. 이를 위해서는 어떤 행동과 전략이 통하고 통하지 않는지 잘 분석해야 한다. 그래야 자신의 한계를 깨닫고 성장해서 다음번에는 성공 확률을 높일 수 있다.

만약에 어떤 이유로든 약속을 이행하지 못할 것 같으면 고객에게 솔직하게 말해야 한다. 그럴 때 잠적하는 것은 최악의 대응이다. 먼저 연락해서 왜 차질이 생겼는지 설명해야 한다. 물론 쉽진 않을 것이다. 하지만 일이 계획대로 진행되지 않는 현실을 외면하는 것보다는 훨씬 낫다. 사람들은 문제가 있을 때 솔직하게 말해주는 것을 좋아한다. 반대로 아무 일 없는 척 시치미를 떼면 십중팔구 고객을 잃는다. 그런 사태가 반복되면 평판이 나빠진다. 그러니까 문제가 있으면 구체적으로 무엇이 문제이고 어떻게 해결할 것인지 솔직하게 말하자. 필요하면 고객에게 다른 사람을 찾아보라고 말할 수도 있어야 한다. 당장은 불편해도 장기적으로는 정직함이 더 좋은 결과를 불러온다.

거절의 힘

▼

내가 어떤 사람과 같이 일하기로 한다면 그 이유는 거기서 어떤 흥미롭고 짜릿한 기회를 포착했기 때문이다. 나는 사업상 누군가를 만날 때 '좋았어, 이게 내 커리어의 전환점이 될 거야. 한 건 제대로 잡았어. 떼돈 벌어야지' 같은 생각을 하지 않는다. 대신 이렇게 생각한다. '이거 진짜 흥분된다. 이 정보를 사람들에게 알려주고 싶어. 이 후크 포인트와 이야기가 상대방에게 분명히 가치가 있을 거야.' 만일 그런 생각이 들지 않는다면 그 건은 깨끗이 거절한다.

나는 이런 마음가짐이 성공의 필수 조건이라고 믿는다. 진심으로 좋아서 하는 일이 아니라면 티가 나는 법이다. 그래서 나는 나를 흥분시키지 못하는 것에 대한 후크 포인트나 이야기는 절대 만들지 않는다. 내가 거물급 인사들과 비즈니스를 논하면서 금방 신뢰를 형성할 수 있는 이유는 그들과 함께할 프로젝트에 대한 열의가 진심으로 드러나기 때문이다. 다시 말하지만 나는 마음이 동하지 않는 일은 맡지 않는다.

마음이 동하지 않는 일을 거절하는 게 밑지는 장사는 아니다. 언젠가 세계 최고의 거리예술가 허시Hush와 저녁 식사를 할 기회가 있었다. 그 자리에서 그는 한 해에 고가의 작품을 단 몇 점만 그리기 때문에 각 작품의 가격이 수만 달러를 호가한다고 말했다. 어떻게 작품에 대한 수요를 만드는지 묻자 그는 "거절의 힘"이라고 대답했다. 그에게 작품을 의뢰하겠다는 사람이나 단체는 많지만 진심으로 열의가 생기는 프로젝트가 아니라면 거절한다는 것이었다. 그는 자신의 작품이 희소해서 더 큰 수요가 창출된다는 것을 알고 있었다.

그러니까 기회가 생겼다고 무조건 수락하지 말자. 진심으로 마음이 움직이는 일만 받아들이자. 그럴 때 자신의 가치가 더 높아진다.

당장의 성공에 눈이 멀면

영업의 성공은 신뢰 관계에 달렸다. 약속을 이행할 것이란 믿음을 줘야 소비자나 잠재적 파트너가 지갑을 연다. 설령 당장 계약이나 구매라는 성과가 나오지 않더라도 상대방과 좋은 관계를 유지해야 한다. 언제 변할지 모르는 게 사람 마음이다. 몇 달, 몇 년 후에 또 그 사람과 같이 일할 기회가 생길지 모를 일이다.

예전에 내 동료가 중요한 고객을 만나는 자리에서 사고를 쳤다. 사전 조사를 소홀히 해서 그 회사에 필요 없는 서비스를 소개한 것이다. 그는 실패를 직감했다. 이후 그는 그 자리를 주선하고 동석했던 사람에게 사과했다. 겸허히 자신의 잘못을 인정할 줄 아는 사람이었다. 그게 당시 그가 할 수 있는 최선의 대응이기도 했다. 그의 태도에 신뢰감을 느낀 주선자는 훗날 훨씬 큰 선물을 가져다줬다.

젊을 때는 무엇이든 당장 얻기를 원한다. 하지만 경험이 쌓이면 오늘 나누는 대화가 나중에 좋은 일로 이어질 수 있다는 것을 깨닫는다. 그러니까 조급함 때문에 앞으로 올 기회를 망치지 말자. 항상 장기전을 생각해야 한다.

그리고 중요한 계약을 성사시키고 싶다면 자신이 팔고 있는 상품이나 서비스를 정말로 좋아하고 잘 알아야 한다. 그래야 상대방의 고충을 이해하고 질문에 자신 있게 답하며 의심이나 불안을 불식할 수 있다.

만약 질문에 대한 답을 모르겠거든 괜히 말을 지어내서 둘러대지 말자. 모른다고 솔직하게 인정하고 다시 답을 알려주겠다고 말하는 게 훨씬 낫다. 진솔함이 신뢰를 만든다는 사실을 명심하자.

진정한 신뢰를 형성하는 법

에릭 바커Eric Barker는 〈FBI 행동 전문가에게서 배우는 호감의 7대 공식How to Get People to Like You: 7 Ways From an FBI Behavior Expert〉(제목 자체로 훌륭한 후크 포인트다)에서 친밀감과 신뢰감을 주는 요령을 말한다. 이 글은 FBI 행동분석센터장을 지낸 로빈 K. 드리크Robin K. Dreeke와의 인터뷰를 정리한 것이다. 27년 넘게 인간관계를 연구해온 드리크가 제일 중요하게 여기는 것은

"상대방을 함부로 판단하지 말고 그 사람의 견해를 구하는" 것이다. 상대방의 생각에 반드시 동의해야 하는 것은 아니지만 그 사람의 꿈, 욕구, 필요를 경청하고 인정해주는 것은 필요하다.

드리크가 말하는 신뢰 형성의 7대 공식은 다음과 같다.

1. 상대방을 있는 그대로 인정한다. 상대방을 함부로 판단하지 말고 그 사람의 견해를 구하자.
2. 상대방에게 초점을 맞춘다.
3. 진심으로 경청한다. 질문하고 상대방의 대답을 집중해서 듣는다.
4. 상대방이 겪고 있는 어려움에 대해 묻는다.
5. 대화 초반에 쓸데없이 시간을 끌지 않겠다는 점을 확실히 밝힌다. 그러면 상대방도 마음이 놓인다.
6. 미소를 유지하고 손바닥은 활짝 펴서 위를 보게 한다.
7. 만일 상대방이 잔꾀를 부리는 것 같으면 대화의 목적을 명확히 한다. 이때 적대적으로 나가지 말고 상대방에게 무엇을 원하는지 솔직히 말해달라고 요구한다.[60]

이 외에 데일 카네기Dale Carnegie의 《데일 카네기 인간관계론》과 마셜 로젠버그Marshall Rosenberg의 《상처 주지 않는 대화》도 효과적인 커뮤니케이션으로 타인의 필요를 이해하고 신뢰를 키우는 법을 가르쳐준다.

콘텐츠의 진정성이란?

진정성은 신뢰감을 만든다. 진정성이 있고 없고에 따라 디지털 플랫폼에서 성패가 갈린다고 봐도 과언이 아니다. 디지털 콘텐츠 전략가 나빈 고다에 따르면 요즘 사람들은 웬만한 마케팅 기법은 다 알고 있기 때문에 많은 브랜드가 SNS에서 의미 있는 반응을 끌어내기 어렵다. 이제 기업은 자신이 누구이고 무슨 말을 하고 싶은지 생각하기 전에 시청자의 필요부터 생각해야 한다.

스탠드업 코미디언 조 로건Joe Rogan은 3초 세상에서 어마어마한 성공을 구가하고 있다. 사람들이 몇 시간이고 그의 채널을 시청하는 이유는 그가 콘텐츠의 품질에 있어서는 절대 타협을 모르기 때문이다. 고다는 시간이 걸리더라도 강력하고 신뢰감 있는 브랜드를 구축해야 한다고 본다. 그러면 결국에 가서 시청자의 시간을 더 길게 확보할 수 있기 때문이다.

초미세 관심의 시대에 지속해서 의미 있고 질 좋은 콘텐츠를 만들어 낼 때 더 큰 친밀감과 신뢰감을 줄 수 있다. 그럴 때 사람들은 가치 있는 것을 얻을 수 있다는 생각으로 당신의 콘텐츠를 더 오래 시청한다. 반면에 콘텐츠를 만들 때 그저 조회 수처럼 눈에 보이는 수치를 높이기에 급급해서, 혹은 일정에 쫓겨서 적당히 요령을 피우면 필연적으로 품질이 떨어지고, 그러면 사람들(그리고 알고리즘)의 신뢰를 잃는다. 그래서 조악한 영상을 몇 편만 연속으로 올려도 그다음부터는 아무리 잘 만든 영상을 올려도 성적이 잘 안 나온다. 고다는 그런 일을 방지하려고 여타 콘텐츠 제작자보다 영상 한 편에 투입하는 조사, 기획, 제작 시간을 2~3배 정도 들인다. 콘텐츠를 잘 만들면 못 만들었을 때보다 10~100배는 좋은 성적이 나온다는 사실을 알기 때문에 그럴 수 있는 것이다.

콘텐츠를 올리는 것은 직장에 출근하는 것과 비슷하다. 그냥 출근만 한다고 능사가 아니다. 업무를 열심히 수행하고 커뮤니케이션을 잘해서 고객이나 상사의 신뢰를 얻는 게 중요하다. 기껏 출근해놓고 농땡이나 치면서 해야 할 일을 안 하는 날이 며칠만 이어져도 신뢰에 금이 간다. 고다는 영상을 포함해 디지털 콘텐츠를 만들 때는 항상 무난하게 만드는 수준을 넘어 사람들의 마음을 뒤흔드는 것을 목표로 삼으라고 조언한다.

화려한 영상에 대한 불편한 진실

시청자는 때깔 좋은 화면이 빠르게 전환되고 현란한 특수 효과가 펼쳐지면 무의식중에 광고로 인식한다. 고다는 영상을 만들 때 최대한 현실적으로 보이게 만들라고 한다. SNS에서는 호화로운 콘텐츠라고 무조건 성공한다는 보장이 없다. 성공의 요건은 진정성 있고 흡인력 있는 이야기다. 이것은 많은 사람에게 반가운 소식이다. 굳이 많은 제작비를 들이지 않고 스마트폰으로 영상을 촬영해도 수많은 사람의 마음을 사로잡을 수 있다는 뜻이기 때문이다.

▼

팁과 요약

1   후크 포인트는 진정성에 살고 죽는다.

2   당신의 '왜'를 토대로 소비자가 진정성을 느끼고 신뢰하게 만들자.

3   "사람들은 기업의 제품을 사는 게 아니라 기업의 신념을 산다." -어니스트 루피나치

4   후크 포인트가 브랜드의 정체성에 부합하지 않으면 오히려 역풍을 맞을 수도 있다.

5   사업상의 기회가 보일 때 후크 포인트를 이용해 신속하게 신뢰를 형성하자.

6   자신이 할 수 있는 것과 할 수 없는 것을 고객에게 미리 명확하고 솔직하게 알리자.

7   마음이 동하는 일만 수락하자. 때로는 거절로 더 많은 수요가 창출된다.

8   영업의 성패는 신뢰 관계에 달렸다.

9   조급함 때문에 앞으로 올 기회를 망치지 말자. 나중에 다시 좋은 기회가 찾아올 수 있으니 항상 장기전을 생각하자.

10   경청을 통해 고객의 필요를 파악하자.

11   의미 있고 질 좋은 콘텐츠를 지속해서 만들면 신뢰가 쌓여서 시청 시간이 늘어난다.

12   SNS에서는 호화로운 콘텐츠라고 무조건 성공한다는 보장이 없다. 성공의 요건은 진정성 있고 흡인력 있는 이야기다.

6장

경청을 배우고,
경청으로 배운다

NBA 댈러스 매버릭스Dallas Mavericks의 구단주이며 ABC의 창업 서바이벌 방송 〈샤크 탱크Shark Tank〉에 투자자 패널로 출연 중인 사업가 마크 큐반Mark Cuban은 첫 직장이었던 트로닉스 2000 Tronics 2000에서 래리 메노Larry Menaw라는 사람에게 일생일대의 조언을 들었다. 메노는 그가 넘치는 에너지를 주체하지 못하고 항상 분주한 것을 보고 어느 날 회의가 시작되기 전에 말했다. "마크, 내 하나만 부탁하지. 회의하려고 앉으면 일단 노트와 펜을 꺼내서 오른쪽 위에 '경청'이라고 적게." 큐반은 지금도 그 조언을 따르고 있다. 언제나 회의를 시작하기 전에 '경청'이라고 적으면서 조용히 다른 사람들의 말을 듣겠다고 다짐하는 것이다.[61]

양쪽 귀 사이의 금광

경청은 우리가 사는 3초 세상에서 꼭 필요한 기술이다. 날마다 어마어마한 양의 정보가 우리를 현혹하는 와중에 고객이나 파트너의 말에 온 정신을 집중하는 것이야말로 최고의 후크 포인트를 찾는 지름길이기 때문이다. 잠재 고객의 말을 귀 기울여 들으면 그들의 고충이 무엇이고 자신이 보유한 기술, 상품, 서비스가 어떤 면에서 그들의 필요에 부합하는지 알 수 있다.

경청은 당신을 정보의 금광으로 인도해 더 가치 있는 존재가 되게 한다. 경청을 통해 적절한 질문을 던지면 상품과 서비스를 더 효과적으로 소개할 수 있다. 미팅 시에 경청하면 당신의 후크 포인트와 이야기를 잠재 고객의 문제에 대한 해법으로 제시할 길이 더 빨리 열린다.

'진짜 수면 전문의' 마이클 브루스도 경청이야말로 탁월한 후크 포인트를 찾는 비결이라고 말한다. 그는 강연 때 환자와 청중의 질문을 듣고 많은 사람이 공통적으로 경험하는 고충이 무엇인지 파악해서 후크 포인트와 이야기를 만든다. 경청을 통해 효과적으로 메시지를 조정해서 자신이 수많은 사람이 겪고 있는 수면 문제에 해법을 제공할 수 있다는 것을 보여준다.

바보를 위한 후크 포인트

앞에서 《바보를 위한 ○○○》 시리즈로 초대박을 터트린 존 킬쿨런을 소개했다. 킬쿨런도 사업이 성공하려면 기존 고객과 잠재 고객의 말을 경청하는 능력이 필수라고 본다. 그래서 그는 《바보를 위한 ○○○》 시리즈에 독자가 보낼 수 있는 엽서를 동봉하고 실제로 도착한 엽서를 열심히 읽는다. 《바보를 위한 퀴큰Quicken for Dummies》퀴큰은 개인용 재정 관리 소프트웨어다 - 옮긴이이 발간됐을 때 많은 독자가 재테크 안내서가 필요하다는 피드백을 보냈다. 그게 이 브랜드의 일대 전환점이 됐다. 킬쿨런과 직원들이 IT 서적만 고집할 게 아니고 재테크 서적으로도 범위를 넓히기로 결단한 것이다.

그들은 고객의 요구를 경청함으로써 기존에는 IT 안내서에 머물렀

후크 포인트

던 브랜드를 다양한 주제를 다루는 브랜드로 탈바꿈시켰다. 만일 고객의 피드백을 듣지 않았다면 지금까지 약 2,500종의 도서를 총 2억 부 이상 발행하는 위업을 이룩하지 못했을 것이다.

어니스트 루피나치 역시 고객의 말을 경청할 때 브랜드를 성공적으로 확장할 수 있다고 말한다. 잡지 《라이프Life》의 콘텐츠가 진화한 과정이 그 증거다. 《라이프》에서 제일 인기 있는 섹션은 〈인물People〉이었다. 그래서 《라이프》의 발행처인 메러디스 코퍼레이션Meredith Corporation은 《피플People》을 창간했다. 《피플》에서 제일 인기 있는 섹션은 〈스타일〉이었고, 그래서 《인스타일InStyle》이 창간됐다. 《인스타일》에서는 결혼 섹션이 제일 인기였고, 그래서 《인스타일 웨딩InStyle Weddings》이 탄생했다. 《인스타일 웨딩》에서 최고 인기는 셀러브리티 섹션이었고, 그래서 《인스타일: 셀러브리티 웨딩InStyle: Celebrity Weddings》이 나왔다.

고객에게 피드백을 요청하고 진지하게 듣자. 거기서 수백, 수천만 달러짜리 사업 아이디어가 나올지 누가 알겠는가. 단, 고객의 피드백은 적절한 질문을 던질 때만 들을 수 있다.

테일러 스위프트를 사로잡은 경청의 힘

내가 말하는 경청은 적극적 경청이다. 적극적 경청이란 말속에 숨은 뜻을 알아차리고 상대방의 진의를 파악하는 듣기 행위다. 적극적 경청을 할 때 대화에 온전히 집중해서 상대방의 마음을 정확히 읽을 수 있다. 이렇게 해서 얻는 정보는 상품과 서비스를 더 효과적으로 소개하는 밑거름이 된다. 예를 들어 어느 회사의 CEO, 부사장, 중간 관리자와 차례로 대화한다고 해보자. 이들이 같은 조직에 속해 있다고는 해도 각자 경험하는 고충에는 미묘한 차이가 있다. 이럴 때는 적극적 경청을 통해 그런 차이를 인지하고 각 사람에게 맞는 후크 포인트와 이야기를 제시해야 한다.

앞에서도 말했지만 나는 테일러 스위프트를 만나기 전에 그 측근들을 먼저 만나야 했다. 스위프트를 만날 기회가 생긴 것은 내가 MTV와 라이선스 계약을 체결하면서였다. 당시 나는 스위프트가 누구인지 몰랐다(지금 기준으로는 그게 말이 되나 싶겠지만 그때는 그녀가 슈퍼스타는 아니었다). 그런데도 그녀를 만나려고 했던 이유는 다행히 내가 아직 엔터테인먼트 업계에 들어온 지 얼마 안 된 신인이라 기회만 있으면 누구든 만날 의향이 있었기 때문이다.

내가 제일 먼저 만난 사람은 스위프트가 소속된 음반사 대표였다. 이어서 그녀의 부모님을 만난 후 마침내 스위프트를 대면했다. 그녀와 계약을 성사시킬 수 있었던 비결은 각 사람의 말을 경청했기 때문이다. 한 사람씩 만날 때마다 나는 상대방이 세상을 어떻게 보는지 파악했다. 그래서 내 이야기에서 각자의 필요에 부합하는 부분을 강조함으로써 다음 단계로 넘어갈 수 있었다.

그 과정에서 많은 질문을 통해 스위프트가 진짜로 원하는 게 뭔지 점점 명확히 알게 됐다. 그렇게 입수한 정보를 토대로 스위프트의 필요에 부합하는 매력적인 후크 포인트와 이야기를 만들었다. 듣자 하니 스위프트는 팬과 직접 소통하며 브랜드를 구축했다고 했다. 그녀는 꾸준히 대댓글을 달고, 사인을 해주고, 사진을 찍어주며 팬들과 좋은 관계를 맺고 있었다. 그녀가 온라인에서 소통의 장소로 처음 선택한 곳은 마이스페이스였다. 마이스페이스는 사용자가 임베드 코드embed code 다른 웹사이트에 동영상, 음악 등을 삽입할 수 있도록 생성되는 코드 - 옮긴이로 자신의 페이지를 직접 디자인할 수 있다는 점이 그녀의 마음에 들었다.

하지만 마이스페이스로는 성에 차지 않았다. 그래서 그녀는 거금을 들여 화려한 웹사이트를 만들었지만 무엇 하나라도 업데이트하려면 이틀씩 걸렸다. 그것도 직접 할 수는 없고 일일이 개발자의 도움을 받아야 했다. 스위프트는 자신의 웹사이트인데 남의 손을 빌려야 하는 게 못마땅했다. 그래서 우리 팀은 내가 스위프트와 그녀의 양친에게서 받은 피드백을 토대로 단 6시간 만에 완전히 새로운 웹사이트를 구축했다.

나는 스위프트를 만나서 이런 이야기를 했다. "팬들과 직접 소통하고 브랜드도 직접 관리하는 것을 좋아하신다고 들었습니다. 그런데 웹사이트를 직접 수정할 수 없으니까 답답하실 만도 하죠. 저희가 스위프트 씨 같은 분들을 위해서 만든 시스템이 있습니다. 코드를 작성할 줄 몰라도 웹사이트를 원하는 대로 수정할 수 있어요." 그 자리에서 나는 새로운 웹페이지를 만들고, 이동 버튼을 수정하고, 사진을 올리고, 2초 만에 배경을 그녀의 최신 앨범 사진으로 바꾸는 방법을 보여줬다. 그리고 그녀가 직접 마우스를 쥐고 웹사이트에서 이것저것 이동시키고 바꿔보게 했다.

음반사 대표와 스위프트의 부모님을 만났을 때 내가 한 이야기는 또 조금씩 달랐다. 각 사람의 필요, 질문, 고민을 고려한 결과였다. 음반사 대표와 부친에게는 사업적 측면을 강조한 이야기를 하고, 모친에게는 우리 팀에 대한 신뢰감을 주는 이야기를 했다. 그러려면 먼저 각 사람이 원하는 게 무엇인지 귀담아들어야 했다. 만약에 내가 무작정 스위프트부터 만났다면 그녀의 필요에 부합하는 아이디어를 제시하지 못했을 수도 있다.

마케팅을 하려면 무턱대고 미팅에 나가서 자기 할 말만 하며 뭔가를 팔려고 해서는 안 된다. 디지털 콘텐츠를 제작할 때도 마찬가지다. 상품이나 서비스를 제공하는 본인이 하고 싶은 말만 할 뿐 타깃층이 무엇을 듣고 싶어 하는지에는 관심이 없는 경우가 많다. 이제 나는 미팅 시에 웬만해서는 프레젠테이션이나 시연용 제품을 준비하지 않는다. 그런 것을 미리 준비하면 할 말이 정해져서 그때그때 상대방의 반응을 보고 메시지를 변경할 수 없기 때문이다.

미팅 자리에 나갔는데 상대방이 상황을 보는 시각이 당신과 다르다는 것을 알게 됐다고 해보자. 혹은 그 사람의 시각이 같은 회사에 속한 또 다른 사람(당신이 계약을 성사시키거나 상품을 판매하기 위해 최종적으로 설득해야 하는 사람)과 다를 수도 있다. 예를 들면 CEO를 만났더니 "내가 볼 땐 괜찮은데 마케팅본부장과 얘기해보세요. 이런 건 그쪽이 결정권자니까요"라고 말했다고 해보자. 이럴 때 마케팅본부장을 만나서 CEO에게 했던 이야기를 그대로 하면 안 된다. CEO와 마케팅본부장은 서로 역할과 책임이 다르기 때문에 고충, 해법, 필요에 대한 생각도 서로 다를 가능성이 농후하다. 그러니까 CEO에게 들은 말은 그대로 잘 기억하되 마케팅본부장에게는 그 사람이 중요시하는 것을 알아내기 위한 질문을 해야 한다. 그래야 마케팅본부장에게 잘 맞는 이야기로 당신의 가치를 증명할 수 있다.

금광을 캐는 법: 적절한 질문 던지기

미팅 시 상대방을 속단하지 말고 미리 아이디어나 대본을 준비하지도 말자. 설령 상대방과 같은 회사에 소속된 사람들을 만난 후라고 해도 마찬가지다. 누구를 만나든 무턱대고 자기 할 말만 하지 말고 질문하고 그 사람의 말을 경청해야 한다. 서두르지 말고 상대방이 어떤 사람이고 문제를 어떻게 보는지 파악하자. 상대방의 보디랭귀지, 기분, 반응을 살피자. 이런 변수를 모두 고려해서 자신이 가진 정보를 패키지화할 때 잠재적 고객, 파트너, 고용주와 더 좋은 관계를 맺을 수 있다. 상대방이 원하는 게 대충 무엇일 것이라고 섣불리 짐작하면 안 된다. 상대방의 반응과 피드백을 고려해서 이야기를 만들어야 한다.

나는 내 이야기들을 잘 말할 수 있도록 여러 사람을 상대로 연습하고 또 연습한다. 그리고 실제로 미팅에 임해서는 일단 상대방이 하는 말을 듣고 후크 포인트나 이야기를 수정한다. 나는 미팅을 준비할 때 먼저 '30일 만에 100만 팔로워' 같은 후크 포인트를 정한 후 믿고 의견을 구할 수 있는 비즈니스 파트너들을 상대로 그 이야기를 연습한다.

이렇게 미리 연습하는 이유는 첫째, 후크 포인트와 이야기를 잘 전달하기 위해서이고 둘째, 그 후크 포인트와 이야기가 잘 통하는지 피드백을 받기 위해서다. 사전에 이런 식으로 후크 포인트와 이야기를 여러 번 연습하고 나면 미팅 자리에서 여유 있게 상대방의 말을 경청하면서 상대방의 반응에 맞춰 이야기를 수정할 수 있다.

사전 연습은 매우 중요하다. 자신이 가진 정보를 모두 술술 말할 수 있을 정도가 돼야 실전에서 유동적으로 이야기를 수정할 수 있다. 다시 말해 자신감이 있어야만 잠재 고객의 필요에 맞춰 이야기의 순서를 바꾸고 뺄 부분 빼고 필요한 부분은 넣을 수 있다. 물론 상대방의 질문을 잘 듣고 그 사람이 무엇을 중요하게 여기는지 파악하는 것도 중요하다.

시카고에서 가장 역사가 깊고 미국 전역에 지사를 둔 로펌에서 파트너 변호사를 지낸 내 아버지 짐 케인Jim Kane도 잠재 고객의 상황과 필요에 대한 조사가 필수라고 말한다. 그 로펌에서는 잠재 고객과 회동하기 전에 마케팅 팀에서 잠재 고객의 사업을 조사한 후 그 방면에서 최고의 전문성을 자랑하는 변호사를 배정한다. 그러면 해당 변호사는 잠재 고객 앞에서 유감없이 실력을 발휘할 수 있도록 만반의 준비를 한다.

아버지는 잠재 고객에게 필요한 전문성을 보여주는 것 외에도 "유능한 변호사는 자신의 말에 대한 고객의 반응을 경청할 줄 안다"라고 말한다. 아버지가 현업에 있으면서 본 탁월한 변호사들은 잠재 고객의 말을 잘 듣고 그때그때 그 사람의 필요에 맞는 이야기를 할 줄 알았다.

아무리 프레젠테이션을 잘해도 그 내용이 고객의 필요에 맞지 않으면 계약을 성사시킬 수 없다. 그러니까 꼼꼼히 듣고 언제든 태세를 전환할 준비가 되어 있어야 한다. 아버지의 말을 빌리자면 변호사가 적절한 질문을 하기 전에는 잠재 고객도 본인이 무엇을 원하는지 인지하지 못하는 경우가 많다고 한다.

고충 해결의 출발점은 질문하기

미팅 시 해볼 만한 질문을 정리해봤다. 아래의 질문들은 다분히 포괄적이기 때문에 업종과 잠재 고객의 필요에 맞춰 세밀한 질문을 더 해야 할 것이다. 하지만 이 정도면 좋은 출발점이 되리라 본다.

후크 포인트

- ─ 제일 중요한 목표가 무엇입니까?
- ─ 그 목표를 달성하는 데 장애물이 되는 것은 무엇입니까?
- ─ 현재 귀하의 조직에서 제일 큰 고충은 무엇입니까?
- ─ 현재 귀하의 위치에서 제일 큰 고충은 무엇입니까?

다시 말하지만, 이것은 매우 포괄적인 질문이다. 하지만 그 대답만으로도 잠재 고객과 그의 사업에 대해 꽤 많은 것을 알게 되고 제일 중요한 목표와 장애물을 파악할 수 있을 것이다.

예를 들어 어느 기업에서 팀장으로 있는 잠재 고객이 고객 유치 비용을 줄이고 싶은데 뜻대로 되지 않아 고민이라고 해보자. 안 그래도 SNS 광고에 큰돈을 썼지만 성과가 저조해서 경영진이 SNS 광고에 회의적인 상황이라고 한다. 이 팀장에게는 이렇게 말할 수 있을 것이다. "만약에 제가 테스트를 통해 고객 유치 비용을 절감할 방법을 찾아낸다면 팀장님이 윗분들에게 솔깃할 만한 이야기를 하시는 데 도움이 될까요? 그래서 더 많은 예산을 배정받아서 팀장님이 더 효과적으로 업무를 처리하시게 될까요?"

말하자면 상대방의 말을 듣고 "만약에 제가 문제를 해결할 수 있다면 ~하시는 데 도움이 될까요?"라고 묻는 것이다. 골치 아픈 문제를 해결해주겠다는 제안을 쉽게 거절할 사람은 없다. 단, 잠재 고객의 문제에 대한 해법을 제시하려면 먼저 적절한 질문을 하고 그 대답을 경청해야 한다. 그렇지 않으면 그 사람이 현재 상황을 어떻게 보고 있는지 모른 채 그저 짐작만으로 해법을 제시하게 된다(좋지 않은 고객 확보 전략이다).

정숙! 방해하지 마시오!

언젠가 친구에게 들었는데 미국 재계의 거물이자 영화 제작자인 데이비드 게펜David Geffen은 어느 자리에서나 제일 조용한 사람이라고 한다. 그는 말을 많이 하지 않는다. 하지만 일단 그가 입을 열면 다들 하던 말을 멈추고 집중한다.

나도 누구보다 카리스마 있고 능력 있는 사람들에게서 그런 면을 종종 봤다. 그들은 꼭 해야 할 말이 있지 않은 한 굳이 말을 하지 않는다. 그리고 일단 충분히 생각한 후에 말한다. 레이크쇼어 엔터테인먼트의 설립자이자 회장인 톰 로젠버그Tom Rosenberg를 처음 만났던 때가 기억난다. 아버지는 내게 로젠버그가 매우 지적인 사람이고 커뮤니케이션 스타일이 좀 특이하다고 미리 언질을 줬다. "아마 로젠버그가 한참 말을 안 하고 있을 때가 있을 거다. 할 말을 생각하고 있거나 정보를 처리하고 있다는 뜻이지." 과연 아버지의 말씀대로였다. 로젠버그는 필요하면 강하게 의견을 피력하지만 한편으로는 불편한 침묵을 유지하면서 상대방이 무슨 말이라도 꺼내야 할지 말아야 할지 고민하게 하는 성격이었다. 다행히 나는 그게 그가 정보를 듣고 처리하는 방식이라는 것을 금방 눈치챌 수 있었다.

만남은 탱고처럼

페라지 그린라이트Ferrazzi Greenlight의 설립자이자 CEO이며 《뉴욕 타임스》베스트셀러《혼자 밥 먹지 마라》와《혼자 일하지 마라》를 쓴 키스 페라지Keith Ferrazzi도 경청을 강조한다. 미팅에서 최선의 모습을 보이고 싶다면 상대방에게 최대한 관심을 기울여야 하고 그런 관심은 경청을 통해 드러나기 때문이다. 그는 상대방의 삶을 변화시키고 싶은 마음이 상대방에게 고스란히 전해지는 것이 중요하다고 말한다.

페라지는 미팅 상대와 유대감을 키우는 방법의 하나로 상상 훈련을 추천한다. 미팅 전에 그 사람의 5년 후를 상상해보라는 것이다. 5년 후에 그 사람이 당신의 인생에서 제일 중요한 사람이 되어 있다고 상상해보자. 그래서 그 사람이 성공하도록 도와줄 방법을 열심히 생각해보면 실제로 만났을 때는 만면에 미소가 지어질 것이다. 페라지는 "그렇게 함으로써 친밀감, 유대감, 기대감, 가능성이 생긴다. 그 사람이 자신과 '한패'로 느껴지면서 진심으로 성원하고 싶어진다. 그런 에너지로 사람을 만나면 잘될 수밖에 없다"라고 말한다. 그리고 모든 만남을 상대방과 함께 뭔가를 창조하는 행위로 여기라고 조언한다. 아이디어를 팔겠다는 생각으로 미팅에 임하면 절대 안 된다. 함께 탱고를 춘다고 생각하자. 페라지는 말한다. "앞으로 나갈 때가 있으면 뒤로 물러날 때도 있을 것이다. 그 모든 게 최종적으로 어떤 변화를 일으키기 위한 움직임이다. 좋은 기운을 발산하며 그 시간에 집중하면 그만큼 좋은 결과가 나올 것이다."

전문가의 반대 의견을 경청하기

브리지워터 어소시에이츠Bridgewater Associates의 회장 레이 달리오 Ray Dalio는 1,500억 달러의 자산을 운용하는 세계적 투자자이며 억만장 자다. 그는 자신이 출세한 비결 중 하나가 명민한 사람들의 반대 의견을 잘 듣는 것이라고 말한다. 달리오는 전문가들에게 일대일로 질문을 많이 한다. 이때 자신과 의견이 일치하지 않아도 괜찮다고 일러준다. 그래야 자신이 더 많이 배울 수 있고 자신의 생각이 "정답이 될 확률"이 높아진다는 것이다. 그는 남들의 소신 있는 의견을 충분히 듣기 전에는 절대 자신이 옳다고 속단하지 않는다. 그는 "당신의 생각을 강도 높게 테스트하려면 당신의 의견에 가장 강하게 반대하는 사람들, 가장 명민한 사람들의 의견"을 구하라며 "그들이 반대하는 만큼 대화를 통해 깨닫는 것도 많을 것이다. 이것이 가장 빠른 학습법이다"라고 조언한다.[62]

창조력은 수용력에서 나온다

어니스트 루피나치가 멘토이자 광고회사 TBWA 월드와이드TBWA Worldwide의 전 CEO인 톰 캐럴Tom Carroll에게서 TBWA의 회장 겸 글로벌본부장 리 클로Lee Clow가 즐겨 하는 말을 전해 들었다. "창조력은 수용력에서 나온다." 창조력은 타인의 생각을 받아들이고 고려해볼 때 더욱 강력해진다. 그래서 루피나치는 경청을 중요하게 생각하고, 반대로 남의 말을 듣지 않고 고집을 부리거나 반대를 위한 반대를 하는 사람을

후크 포인트

안타깝게 여긴다. 예를 들어 루피나치가 프레젠테이션에서 "이건 비유하자면 커피를 마실 때…"라고 말했는데 누가 "저는 커피 안 마셔요"라고 끼어들거나, 루피나치가 "〈기묘한 이야기〉에서…"라고 말했는데 누가 "저는 본 적 없는데요"라고 말했다고 해보자. 그 한 사람이 커피를 마시지 않는다거나 넷플릭스 최고 인기 드라마를 보지 않았다고 해서 루피나치가 하는 말이 무의미해지진 않는다. 세부적인 내용이 와닿지 않는다고 해도 계속 들으면서 큰 줄기를 수용하면 될 일이다. 루피나치는 똑똑한 사람들은 자신이 세상에서 유일한 소비자가 아니라는 사실을 잘 알고 있다고 말한다. 그들은 '내가 커피를 안 마시는 것(혹은 그 드라마를 안 본 것)은 중요하지 않아. 계속 들으면서 더 큰 그림을 봐야지'라고 생각한다.

FBI다, 입 다물고 들어!

　　FBI에서 국제인질협상팀장을 지낸 크리스 보스Chris Voss는 비즈니스 협상에서도 적극적 경청이 중요하다며 아래와 같은 기본 원칙을 제시한다.[63]

- ─ 상대방이 하는 말을 듣는다. 말을 자르거나 반박하거나 '평가'하지 않는다.
- ─ "예", "아" 등의 말과 고갯짓으로 말을 듣고 있다는 것을 보여준다.
- ─ 상대방이 한 말을 자연스럽게 반복함으로써 그 사람의 입장을 이

해했다는 것을 표현한다.

- ─ 질문을 통해 상대방의 말에 집중하고 있다는 것을 드러내고 대화를 진전시킨다.

앞으로 일주일간 적극적 경청을 연습해보기를 권한다. 아래의 지시 사항을 따르면서 매일 관찰하고 느낀 바를 기록해보자.

- 주변 사람들의 말을 적극적으로 경청하고 그들을 세심히 관찰하겠다고 다짐하자.
- 대화 시간의 90퍼센트를 듣는 데 쓰자.
- 주변 사람 중에서 진심으로 경청하는 사람이 몇 명이고 자기가 말할 차례만 기다리는 사람이 몇 명인지 세어보자.
- 되도록 중립을 지키자. 타인의 반응에 감정적으로 반응하지 말자. 타인의 관점을 이해하려고 노력하자(강한 반감이 드는 관점이라고 할지라도).
- 진지하게 질문하자.
- 사람들이 그 질문을 받았을 때 어떻게 반응하지는 관찰하자. 그들은 자신에게 관심을 보이는 것을 열린 마음으로 기쁘게 받아들이는가?

위의 안내에 따라 적극적 경청을 연습하면 놀라운 결과가 기다리고 있을 것이다. 우선 진심으로 경청하지 않는 사람이 얼마나 많은지 알게 되고, 또 주변 사람들에게 놀라울 만큼 강한 유대감을 느끼게 될 것

후크 포인트

이다. 자신의 관점을 설명하지 않고 그저 상대방에게 관심을 집중하는 것만으로 끈끈한 유대감이 형성된다. 꾸준한 연습으로 언제든 적극적 경청이 가능해지면 앞으로 한결 수월하게 계약을 성사시키고 고객을 유치할 수 있을 것이다.

퍼스널 트레이너처럼 마음을 읽는 법

▼

피터 파크Peter Park는 플래티넘 피트니스Platinum Fitness의 운영자이 며《다시 일어서기: 나이에 구애받지 않고 체력을 회복하고 가벼운 움 직임으로 제약 없이 살기Rebound: Regain Strength, Move Effortlessly, Live without Limit—At Any Age》의 저자다. 그의 고객 중에는 사이클 선수 랜스 암스트 롱, 메이저리그 올스타전 8회 출장에 빛나는 저스틴 벌랜더, 사업가 일 론 머스크 등 유명인들이 포진해 있다.

파크는 샌타바버라의 세인트프랜시스병원St. Francis Hospital에서 물 리치료사로 사회생활을 시작했다. 낮을 많이 가리는 성격이었던 그는 물리치료를 받아야 할 환자들을 침대 밖으로 나오게 하는 것조차 부담 스러웠다. 개중에는 몸이 아프니까 성격이 까탈스러운 환자도 많았다. 그에게 악을 쓰거나 침을 뱉는 환자들도 있었다.

하지만 오히려 그런 환경에서 일했기 때문에 파크는 안전지대 밖 으로 나올 수 있었다. 그는 다양한 인종과 사회계층의 사람들과 대화를 나눴고 그들은 저마다 세상을 보는 눈이 달랐다. 그 속에서 다양한 사람 의 마음을 읽고 보디랭귀지와 행동을 해석하는 법을 배웠다. 그것은 심신이 약해진 사람들을 상대할 때 특히 중요한 능력이다.

파크는 낯을 가리고 과묵한 사람에서 어느새 누구와도 대화할 수 있는 사람으로 바뀌었다. 이후 퍼스널 트레이너가 됐을 때는 고객을 상대하는 게 식은 죽 먹기로 느껴졌다. 그들은 극심한 통증이 없고 운동을 하겠다는 의지가 있으니 당연했다. 더군다나 그에게는 병원 생활로 단련된 경청 능력이 있었다. 그것이 잘나가는 사람들을 고객으로 확보하는 비결이기도 하다.

어떤 일에 종사하든 간에 인간에 대한 이해의 폭을 넓힐 기회로 삼자. 그 경험이 나중에 어떻게 도움이 될지는 아무도 모른다. 타인의 말을 잘 듣고 타인을 잘 관찰하는 기술은 비즈니스를 하는 사람에게 어느 모로 보나 유리한 자산이다.

시리우스XM과 배리 딜러, 그리고 명상의 중요성
▼

예전에 나는 시리우스XM과의 협상을 완전히 망친 적이 있다. 당시 시리우스XM은 새롭게 개발 중인 플랫폼에 방문자를 대거 유입시키기를 원했고, 그래서 내게 도움을 요청했다. 처음에 시리우스XM의 고위 경영진을 만났을 때는 서로 말이 잘 통했다. 이어서 플랫폼 제작 실무를 맡은 개발자와 미팅이 잡혔다.

그런데 그 개발자는 SNS 활동과 광고가 그 웹사이트의 방문자를 늘리는 데 도움이 되는 이유를 귀담아들으려 하지 않았다. 내 제안을 떨떠름하게 여기면서 수용하지 않았다. 아무리 SNS의 생리와 방문자 유

후크 포인트

입 효과를 거론하며 그 가치를 설명해도 자꾸 말을 끊었다.

나는 결국 "아니, 이래서야 내가 무슨 도움이 되겠습니까. 뭘 원하시는 건지 도무지 모르겠네요!"라며 자리를 박차고 나왔다. 내가 판을 깬 것이고, 그런 나 자신에게 실망했다. 설사 계약이 성사됐다고 해도 그 개발자와 호흡이 잘 맞았을 것 같진 않지만, 적어도 그 상황에 더 현명하게 대처할 수는 있었다. 심호흡으로 마음을 진정시키고 그 사람의 관점을 이해하기 위해 더 노력했어야 했다. 나올 때 나오더라도 성질을 부릴 게 아니라 그렇게 시간을 내준 것을 고맙게 여겼어야 했다.

지금 와서 생각해보니 그때 나는 스트레스가 극심했다. 지금처럼 건강하게 살고 있지 않았다. 사람이 지치고 스트레스를 받으면 건강할 때만큼 맑은 정신으로 처신할 수가 없다. 그래서 요즘 나는 명상을 한다. 명상으로 마음의 균형이 잡히면 타인의 말을 더 잘 들을 수 있다. 명상이 특히 좋은 것은 마음에 여유를 주고 정신을 깨우기 때문이다. 그것은 인터뷰, 미팅, 강연 등 여러 상황에서 유용하다. 하루에 단 10분이라도 꾸준히 명상하면 중요한 자리에서 고도의 집중력을 발휘할 수 있다. 그리고 어떤 상황에서든 침착함을 유지하면서 중요한 정보를 더욱 효과적으로 처리하게 된다.

페라지도 같은 생각이다. 페라지가 폭스 방송Fox Broadcasting Company과 USA 방송USA Broadcasting의 설립자인 배리 딜러Barry Diller를 만났을 때 일이다. 딜러는 현재 미디어기업 인터액티브코프InterActiveCorp와 여행 전문 플랫폼기업 익스피디아 그룹Expedia Group의 회장이기도 하다. 페라지가 딜러와 함께 엘리베이터를 탔는데 얼마나 긴장을 했던지 갑자기 눈앞에 검은 점들이 보이기 시작했다. 미디어계의 거물을 직접 마주하자 덜컥 겁이 난 것이다. 떨리는 마음을 달래기 위해 엘리베이터에서 내린 그는 공중전화 부스에 들어가서 그 점들이 사라질 때까지 명상을 했다. 그러고 나서 다시 딜러를 대면했더니 생산적인 대화를 할 수 있었다고 한다.

중요한 미팅이나 행사를 앞두고 스트레스와 불안감이 심할 때는 스티븐 거거비치Steven Gurgevich의 〈최면 리허설Hypnotic Rehearsal〉이라는 자기 최면 시리즈를 권한다. 다양한 주제로 15~20분 분량의 음성 안내가 준비되어 있다. 거거비치는 마음속으로 미팅이나 행사의 리허설을 하면서 그 속에서 편안함을 느끼는 자신을 상상하도록 명상을 안내한다. 무의식적으로 그 상황을 편안하게 느끼도록 유도하는 것이다.

어떤 자리에서든 컨디션이 최상일 때 경청도 더 잘할 수 있다. 반대로 불안해서 집중이 안 되거나 간밤에 잠을 설쳐서 피곤할 때는 자신의 진가를 발휘할 수 없다. 먼저 나의 몸과 마음부터 챙겨야 고객의 이익도 챙길 수 있는 법이다(그리고 고객의 이익을 챙기는 것이 궁극적으로 나의 이익을 챙기는 것이기도 하다!).

그들은 팔로워이기 전에 살아 있는 사람이다

'지금 내 목표는 상품/서비스를 판매/홍보하는 것이다'라는 생각을 '지금 내 목표는 가치 있는 것을 제공하는 것이다'로 바꾸자. 타깃층의 욕구와 필요를 고려하지 않고 콘텐츠를 만들어봤자 실패가 불 보듯 뻔하다. 타깃층이 누구이고 무엇을 원하는지, 또 그들에게 어떻게 가치

후크 포인트

있는 것을 제공할 수 있을지 당연히 잘 알아야 한다.

나빈 고다는 타깃층의 필요를 생각할 때 분야와 주제만 고려할 게 아니라 콘텐츠 행동이라는 측면도 고려해야 한다고 말한다. 예를 들어 에이미라는 사람이 건강을 중시해서 커피를 마실 때 설탕을 안 넣는다고 해보자. 에이미와 같은 사람들을 겨냥한 콘텐츠를 만들 때는 단순히 그들의 커피 취향만 고려할 게 아니라 그 밖의 생활 습관도 생각해야 한다. 더 나아가 에이미의 SNS 피드에서 보편적인 커뮤니케이션 유형도 파악할 필요가 있다. 아마 에이미도 건강한 생활 습관에 관심이 있는 다른 사람들처럼 굿풀Goodful이라는 페이스북 페이지를 본 적 있을 것이다. 굿풀의 영상은 늘어지는 구간 없이 요점만 말하면서 가치 있는 정보를 전달하되 장사하는 것 같은 느낌은 주지 않는다. 그리고 몸과 마음의 건강을 함께 추구한다. 아마도 에이미 같은 사람들은 이런 식으로 설계된 콘텐츠를 선호할 것이다.

그래서 조사가 필수다. 타깃층이 현재 보고 있는 콘텐츠를 분석하면 많은 시사점을 얻을 수 있다. 고다는 그런 단서를 무시하는 게 많은 콘텐츠 제작자가 실패하는 주된 이유라고 지적한다. 조사를 안 하면 콘텐츠가 속한 생태계의 특성을 깡그리 무시하고 자신의 스타일만 밀어붙이게 된다.

그래서는 안 된다. SNS는 성의 있게 조사하는 사람에게만 성공의 발판을 내준다. SNS는 동시에 수많은 사람에게 접근해서 방대한 데이터를 입수할 수 있는 수단이다. 3장에서도 말했지만, 자신의 영상(그리고 타인의 영상)을 꼼꼼히 분석하면 타깃층의 취향을 더 잘 알 수 있다. 자신과 동일한 타깃층을 잘 공략하고 있는 콘텐츠 제작자들을 분석하면 그들의 성공 비결을 발견할 수 있다. 기왕에 분석하려면 100번 공유된 영상보다는 1만 번 공유된 영상을 분석하는 게 좋다. 이렇게 조사에 공을 들이면 유익한 정보를 풍부하게 얻을 수 있다. 그러면 타깃층의 관심사, 필요, 선호하는 콘텐츠 유형, 고충을 더 잘 이해하게 된다.

페이스북, 인스타그램, 유튜브, 튜블러 랩스에서 콘텐츠를 조사할 때는 먼저 자신의 브랜드와 연관된 검색어를 입력한 후 조회 수가 가장 높은 영상을 찾아보기를 권한다. 단, 자연스럽게 조회 수가 올라간 영상과 광고비를 써서 인위적으로 조회 수를 올린 영상을 잘 구별해서 전자를 깊이 분석해야 한다. 페이스북을 예로 들자면 조회 수 대비 공유 수를 보고 좋은 영상을 선별할 수 있다. 조회 수가 수백만, 수천만 회인 영상은 통상적으로 조회 수 대비 공유 수 비율이 1퍼센트만 돼도 높다고 본다. 다음의 영상이 그런 예다.

이 영상은 조회 수가 5,300만 회에 공유 수가 150만 회니까 자연스럽게 조회 수가 올라갔음을 알 수 있다. 만약에 공유 수가 몇천 회에 불과해서 조회 수 대비 공유 수 비율이 더 낮았으면 유료 광고를 내거나 팔로워가 많은 다른 페이스북 페이지와 서로 콘텐츠를 올려주는 방식으로 조회 수를 끌어올렸다고 봐야 할 것이다. 공유 수가 많을

후크 포인트

수록 영상의 형식과 구성이 시청자의 구미를 당긴다는 뜻이다. 그러니까 엄청난 공유 수를 자랑하는 영상을 보면 '이 콘텐츠에 어떤 특징이 있고 어떻게 포지셔닝한 걸까?'라고 생각하며 성공한 이유를 따져보자.

구글 트렌드, 레딧, 구글 뉴스에서도 사람들이 어떤 주제로 검색을 많이 하고 어떤 스타일의 콘텐츠에 관심이 많은지 알 수 있다. 인기 있는 주제와 스타일을 찾았으면 그런 트렌드를 자신의 상품이나 서비스와 연결시키는 후크 포인트와 이야기를 만들어보자. 다시 말하지만 조사만 잘해도 무턱대고 콘텐츠 아이디어를 짜는 사람보다 몇 광년은 앞서갈 수 있다.

케이티 쿠릭의 인터뷰 콘텐츠를 만들 때, 예를 들어 인터뷰 상대가 DJ 칼리드라고 하면 우리는 구글 트렌드는 물론이고 페이스북과 인스타그램까지 샅샅이 조사해서 현재 그와 관련된 콘텐츠 중에서 무엇이 인기인지 파악했다. 그러면 다른 콘텐츠 제작자들이 헤드라인과 콘텐츠를 어떻게 포지셔닝하는지 알 수 있었다. 그래서 무엇이 통하고 통하지 않는지 알아내면 더 강력한 후크 포인트가 탄생한다. 우리는 SNS에서 급속도로 공유되는 게시물을 분석해서 칼리드의 팬들이 무엇에 관심이 있는지 알아냈다. 덕분에 상당한 시간을 절약할 수 있었다.

혹시 인기 있는 주제가 당신의 브랜드와 직접적인 관련이 없어도 괜찮다. 그런 주제도 머리만 잘 쓰면 상품이나 서비스와 연결시킬 수 있다.

인기는 있지만 브랜드와 무관해 보이는 주제로 히트를 친 예가 셰어러빌러티의 피자헛 홍보 영상이다. 〈셀카봉의 위험The Dangers of Selfie Sticks〉이라는 제목이 붙은 이 영상은 셀카봉의 위험성을 말하는 가짜 공익 광고다. 셰어러빌러티는 디즈니랜드에서 셀카봉 이용이 금지되면서 셀카봉이 급상승 검색어가 된 데서 아이디어를 얻었다. 그 내용은 피자헛에서 새로 출시한 무려 60센티미터짜리 피자를 셀카에 담으려면 엄청나게 긴 셀카봉이 필요하다는 것이었다. 이처럼 셀카의 인기를 코믹하게 브랜드와 연결시킨 결과 해당 영상은 유튜브에서 폭발적인 관심을 끌었다. 급기야는 그달의 최다 공유 광고에 등극했는데 급상승 검색어인 '셀카봉'과 관련성이 없었다면 아마 불가능했을 것이다.

디지털 콘텐츠 전략가 고다는 커뮤니케이션 설계에 대해 많이 연구하고 탁월한 콘텐츠를 많이 소비할수록 시의적절한 콘텐츠를 만들 수 있다고 말한다. 그러니까 여러분과 동일한 분야에서 활동 중인 콘텐츠 제작자들의 말을 경청하고, 동일한 타깃층을 겨냥한 콘텐츠를 직접 소비하는 사람이 돼야 한다.

▼

팁과 요약

1   경청으로 잠재 고객이 가장 많이 겪는 문제에 해법을 제시하는 후크 포인트, 이야기, 상품을 찾을 수 있다.

2   질문을 많이 해서 잠재 고객에게 진짜로 필요한 게 무엇인지 파악하자. 함부로 속단해서는 안 된다.

3   대본을 정해놓고 말하지 말자. 이야기, 상품, 서비스를 제시할 때는 상황에 맞게 유연성을 발휘할 수 있어야 한다.

4   믿을 만한 비즈니스 파트너를 상대로 후크 포인트와 이야기를 연습하고 그들의 반응을 살피자.

5   다른 사람의 생각을 경청하고 고려할 때 창조력이 향상된다.

6   적극적 경청은 새로운 계약이 성사될 확률을 높인다.

7   타깃층의 욕구와 필요를 염두에 두고 콘텐츠를 만들자. '지금 내 목표는 상품/서비스를 판매/홍보하는 것이다'라는 생각을 '지금 내 목표는 내 상품/서비스로 가치 있는 것을 제공하는 것이다'로 바꾸자.

8   구글 뉴스, 구글 트렌드, 레딧, 유튜브, 인스타그램, 튜뷸러 랩스, 페이스북에서 사람들이 어떤 주제로 검색을 많이 하고 어떤 스타일의 콘텐츠에 관심이 많은지 조사하자.

9   수시로 경쟁자를 분석해서 SNS에서 인기 있는 콘텐츠의 형식과 구성을 파악하면 시간을 아끼고 더 좋은 콘텐츠를 만들 수 있다.

7장

브랜드 수요를
증대시키는 법:
가장 좋은 것을 무료로 제공하기

성공하는 사업은 모두 가치 있는 것을 제공한다. 가치가 없는 상품이나 서비스는 존재할 이유가 없다. 따라서 상품이나 서비스의 가치를 잘 표현하는 것이 좋은 후크 포인트와 이야기의 조건이다. 메시지를 적절히 패키지화해서 튀게 만들 때 관심을 끌고, 면접 기회를 얻고, 프레젠테이션에서 대활약을 펼칠 수 있다. 또한 더 강력한 콘텐츠를 제작해서 수많은 사람에게 노출시키고, 더 많은 잠재 고객이 영업용 메일에 답장을 하게 할 수 있다.

틀을 깨고 수요를 창출한다

당신이 마케팅하는 것이 무엇이든 간에 그 안에는 가치 있는 것이 존재해야 한다. 그리고 일반적으로 브랜드를 차별화하는 요소는 상품이나 서비스에 내재한, 틀에 박히지 않은 아이디어나 콘셉트다. 그것이 기능상 꼭 필요한 것은 아닐 수도 있다. 하지만 그런 차별점이 있어야 상품이나 서비스가 남다른 것을 제공하면서 튈 수 있다. 그 차별점이 하나의 후크 포인트가 되어 브랜드를 급성장시키기도 한다. 틀에 박히지 않은 아이디어나 콘셉트가 후크 포인트로 활용된 사례를 보면 이해가 더 잘 될 것이다.

세계적 슈퍼스타인 레이디 가가는 데뷔한 지 10년이 지난 지금까지도 틀에 박히지 않은 생각으로 튀는 가수다. 그녀의 생각을 엿볼 수 있는 대목은 자기만의 방식으로 LGBTQ(레즈비언lesbian, 게이gay, 양성애자bisexual, 트랜스젠더transgender, 성정체성에 의문이 있는 사람questioning)를 꾸준히 응원하고 있다는 것이다. 2009년에 〈포커 페이스〉로 캐나다의 아이하트라디오 머치 뮤직비디오상iHeartRadio Much Music Video Awards을 수상했을 때 가가는 "하느님과 동성애자들"에게 감사하다고 밝혔다. 그 자체로는 대수롭지 않은 것 같아도 일반적인 수상 소감과 비교해보면 신선하고 개성 있는 발언이었다.

가가는 LGBTQ에 대한 평등한 대우를 요구하는 미국평등행진National Equality March과 인권캠페인Human Rights Campaign 갈라쇼에 참여하고 LGBTQ에 차별적인 군대 규정에 항의함으로써(이때 그 유명한 고기 드레스를 입었다) 그들에 대한 의리를 증명했다.[64] 그녀는 '엄마 괴물'을 자처하며 팬들을 '새끼 괴물'이라고 부른다. '새끼 괴물'이라는 표현은 죽음, 알코올, 마약에 대한 자신의 두려움에서 비롯됐다고 하지만, LGBTQ를 포함해 사회에서 소외되거나 부적응한 사람들의 마음을 얻는 마케팅 효과도 톡톡히 발휘한다. 그녀는 이렇게 팬들과 남다르고 어떤 면에서는 혁신적이라고까지 할 방식으로 소통하고 있다.

가가는 남들과 다른 것과 튀는 것을 강력히 지지한다. 팬들은 그녀를 보며 자신의 정체성을 있는 그대로 인정할 용기를 얻는다. 그것은 어마어마하게 가치 있는 것이다. 가가는 소외된 사람들과 소통하며 가요계에 그들을 이해하고 그들을 위해 음악을 만드는 사람이 있다는 것을 알게 함으로써 확고한 브랜드를 구축했다.

플래티넘 피트니스의 헬기장

내 고객인 피터 파크는 앞에서 말했다시피 플래티넘 피트니스의 운영자로서 랜스 암스트롱, 일론 머스크 같은 사람들의 퍼스널 트레이너다. 그는 이렇게 유명인이나 운동선수들을 고객으로 둔 것을 후크 포인트로 사용하기도 하지만, 그 밖에도 사람들의 관심을 끌 새로운 방법을 꾸준히 테스트한다.

최근에 내가 플래티넘 피트니스에서 신설한 로스앤젤레스 센터를 SNS에서 마케팅할 방법을 논의하면서 파크에게 전면에 내세우면 좋겠다고 제안한 것 중 하나가 센터가 입점한 건물 옥상의 헬기장이었다. 파크는 정식 사용 허가를 받고 이 헬기장을 트레이닝 장소로 사용하고 있다. 헬기장에서 운동할 수 있는 피트니스 센터는 전 세계적으로도 몇 군데 안 될 것이다. 그러니까 분명한 차별점이 된다. 우리는 사람들이 이 헬기장에서 아름다운 로스앤젤레스의 전경을 배경으로 운동하는 모습을 촬영해서 페이스북과 인스타그램에서 잠재 고객의 관심을 끌기 위한 광고 캠페인에 사용할 계획이다. SNS와 셀카가 유행인 만큼 이 후크 포인트를 통해 센터의 인지도가 대폭 상승할 것으로 기대된다. 로스앤젤레스가 한눈에 내려다보이는 헬기장에서 운동하는 모습을 셀카로 담을 수 있다니 많은 사람이 솔깃해할 후크 포인트다. 그들이 센터에 방문하면 피터를 포함한 트레이너들이 세계 최고의 실력을 유감없이 보여줄 것이다. 그러면 그중에서 퍼스널 트레이닝 고객이 되는 사람들이 있을 것이다. 그리고 고객들이 헬기장에서 찍은 사진을 SNS에서 자신의 후크 포인트로 이용하면(즉, 팔로워들에게 남다른 경험을 자랑하면) 자연스럽게 입소문이 나면서 센터가 어마어마하게 홍보되는 효과가 있으리라고 본다.

정리

레이디 가가와 플래티넘 피트니스는 타깃층에게 남다르고 가치 있는 것을 제공함으로써 후크 포인트를 만들었다. 틀에서 벗어나기 위한 노력이 있었기에 가능한 일이었다. 당신에게도 그렇게 경쟁자들 사이에서 튀게 만들고 흥미로운 이야깃거리가 되는 뭔가 남다른 것이 있는지 찾아보자(틀에 박히지 않은 아이디어를 도출하는 능력을 키우기 위해 내게 일대일 코칭을 받고 싶다면 bkane@brendanjkane.com으로 연락주기 바란다).

엘리베이터 피치를 당장 그만둬야 하는 이유

순식간에 사람들의 관심을 끌고 싶다면 콘텐츠를 만들거나 미팅에 임할 때 장사하는 마음을 버려야 한다. 사람들은 뭔가를 사는 것은 좋아하지만 누가 사라고 하는 것은 싫어한다. 그러니까 장사를 할 게 아니라 가치 있는 것을 제공하는 데 중점을 둬야 한다. 그렇지 않으면 사람들이 꿍꿍이를 눈치채고 관심을 돌릴 것이다.

이런 이유로 나는 소위 말하는 엘리베이터 피치elevator pitch 엘리베이터로 이동하는 시간처럼 짧은 시간에 상품이나 서비스, 아이디어 등을 소개하고 구매나 투자를 권유하는 행위 - 옮긴이를 좋아하지 않는다. 피치의 사전적 정의는 "무언가를 제시하거나 광고하는 것, 특히 강압적으로 하는 것"이다.[65] 한마디로 강매라는 뜻이다. 나는 강매가 아니라 이 책에서 소개하는 기법을 이용해 자신이 어떤 가치 있는 것을 제공하는지 명쾌히 전달하기를 권한다. 피치를 하지 말고 후크 포인트와 이야기를 전달하자.

물론 최종 목표는 상품이나 서비스를 판매하는 것이다. 사업이란 기본적으로 수익을 창출하기 위한 행위니까 당연하다. 내 말은 '판매'에 열을 올리지 말고 상품이나 서비스의 '가치'를 말하고 그로 인해 고객의 어떤 고충을 어떻게 해결할 수 있는지 말하라는 것이다. 장사를 위한 말과 가치를 전달하기 위한 말은 천지 차이다.

가치 있는 것을 제공할 때 거물급 고객이 생긴다

IT계 최대 행사인 웹 서밋에 연사로 초빙됐을 때 나는 마케팅·광고·PR전문기업 오길비의 CEO 존 세이퍼트John Seifert를 인터뷰할 기회를 잡았다. 그를 만난 자리에서 지금까지 했던 인터뷰 중에서 가장 많은 사람이 본 인터뷰가 무엇인지 묻자 그는 "200만 명이 시청한 CNBC 인터뷰"라고 대답했다. 나는 그 기록을 깨겠다고 장담했다. 예전에 케이티 쿠릭과 일하면서 개발한 콘텐츠 배포 및 테스트 프로세스를 사용하면 충분히 가능하다는 자신감이 있었다. 나는 세이퍼트가 그날만 수십 번은 했을 평범한 언론 인터뷰를 하지 않았다. 그 대신 과감한 약속을 하고 그것을 이행할 방법을 구체적으로 이야기함으로써 그에게(그리고 오길비의 최고마케팅책임자)에게 남다른 것을 줄 수 있는 존재로서 될 수 있었다. 그리고 실제로 그 약속을 지켰기 때문에(내 인터뷰의 조회 수는 210만 회를 기록했다) 또 다른 대기업의 유명한 CEO와 만남이 성사됐다.

가치 있는 것을 제공할 때 다른 사람을 진정으로 도울 수 있다. 그리고 진정한 도움을 받은 사람은 대부분 보답을 하려고 한다. 그래서 가치 있는 것을 제공하는 것이 새로운 계약을 성사시키는 좋은 방법이다.

가치 제안에 경력은 무관

▼

타인에게 가치 있는 것을 제공하기 위해 꼭 경험이 많아야 하는 것은 아니다. 경력이 짧으니까 안 될 것이라는 생각은 금물이다. 내가 영화사 레이크쇼어 엔터테인먼트에서 아직 말단 직원이었을 때 〈아드레날린 24〉의 SNS 마케팅에 투입됐다. 당시 만난 제이슨 스타뎀은 이미 〈스내치〉, 〈트랜스포터〉 같은 작품으로 유명한 배우였다. 내가 일하는 것을 보던 그가 어느 날 SNS 전략을 배우고 싶다며 나를 집으로 초대했다. 갑작스럽긴 했지만 나로서는 어마어마한 기회였다. 그런데 그때까지 내가 스타뎀과 어떻게든 일로 엮여보려고 애쓴 적은 없었다. 그저 평소에 그와 솔직하게 대화하며 가치 있는 것을 제공했더니 좋은 기회가 굴러 들어왔을 뿐이다.

나는 말단 직원이었지만 스타에게 신뢰를 줬다. 그 비결은 어떻게 하면 그에게 가치 있는 것을 제공할 수 있을지 알고 성실히 할 일을 했기 때문이다. 나와 SNS 전략을 논한 후 스타뎀은 SNS 운영보다는 다른 일들이 우선이라고 판단했다. 당시는 2008년으로 아직 SNS 초창기였

238   후크 포인트

고 그에게는 다른 중요한 관심사가 있었다. 그날의 대화로 실질적으로 성사된 것은 아무것도 없다. 하지만 내가 가치 있는 것을 제공함으로써 많은 사람이 꿈에 그리는 기회의 문턱까지 간 것은 분명한 사실이다.

〈닥터 오즈 쇼〉에 35회 출연한 비결

'진짜 수면 전문의' 마이클 브루스는 좋은 데이트 상대가 되는 것이 방송 출연 기회를 잡는 비결이 말한다. 그가 부친에게 누누이 들은 말이 있었다. "항상 좋은 데이트 상대가 되거라. 상대방에게 연애 감정이 안 생긴다고 해도 예의를 지키고 친절하게 대해야 해. 그 사람이 친구를 소개해줄지 누가 아니?" 브루스는 이 말을 직업에 대한 조언으로도 받아들였다. 그래서 누구를 만나든 그 인연이 어디로 이어질지 모르니 항상 친절하게 대하고 성의껏 할 일을 하겠다고 다짐했다. 이런 자세가 그에게 긍정적으로 작용했다. 그가 〈닥터 오즈 쇼〉에 처음으로 출연한 것은 이전에 〈더 닥터스The Doctors〉라는 프로그램에서 만난 PD 덕분이었다. 브루스를 신뢰하는 PD가 〈닥터 오즈 쇼〉로 이적한 후 그를 섭외한 것이다.

브루스는 게스트로서 방송에 성실히 임할 뿐 아니라 제작진 중 수면 문제로 고생하는 사람을 친절히 상담해준다. 이 또한 가치 있는 일이다. 브루스는 바로 그 점 때문에도 방송에서 계속 자신을 부른다고 생각한다. 사람들은 일부러 시간을 내서 자신을 도와주는 사람을 신뢰한다. 그리고 그런 호의에 보답하려고 그 사람의 상품이나 서비스를 전파하는 홍보 대사를 자처한다.

여기서 짚고 넘어갈 점은 브루스가 어떤 보답을 기대하고 상담하는 게 아니라는 사실이다. 다시 한 번 말하겠다. 그는 '절대로' 보답을 기대하지 않는다. 그가 상담을 해주는 이유는 자신이 중요한 일을 한다는 직업의식과 사람들이 숙면을 통해 삶의 질이 향상되길 바라는 마음 때문이다. 진정으로 타인을 돕고자 하는 욕구가 강한 신뢰감을 형성해 계속 방송에 출연할 길이 열리는 것이다.

최고의 직장에 들어가는 비결

나의 아버지 짐 케인은 시카고에서 가장 유서 깊은 로펌에 명문대 로스쿨 졸업장 없이 최초로 입성한 변호사였다. 남북전쟁 때 설립된 그 로펌을 거쳐간 변호사들은 대부분 아이비리그 로스쿨 출신이었다. 의뢰인들이 누구보다 유능한 변호사를 선임하기 위해 찾는 곳인 만큼 출신 학교가 굉장히 중요했다. 그런데 1990년대에 접어들자 고객들은 단순히 명문대를 졸업한 변호사가 아니라 그 외에도 가치 있는 것을 제공할 수 있는 변호사를 찾기 시작했다. 바로 잠재적 비즈니스 파트너가 될 만한 사람이나 기업을 소개해 줄 수 있는 변호사였다.

아버지는 로펌에 입사하기 전에 시카고시청 법률지원실 부동산팀장으로 장기간 근무하며 정계와 부동산업계의 유력 인사들과 상당한 교분을 쌓았다. 그래서 훗날 파트너 변호사까지 지낸 그 명망 높은 로펌에 지원했을 때 자신을 실력은 물론이고 로펌의 고객층을 확대하는 데 도움이 될 인맥까지 보유한 사람으로 마케팅했다.

이후 아버지는 그 로펌의 신규 변호사 채용에 관여하게 됐다. 많은 지원자가 명문대 출신이었지만 아버지는 학벌만 보고 사람을 뽑지는 말자고 당부했다. 아버지는 지원자의 대인 관계 능력과 법조인이란 직업에 대한 인식을 더 중요하게 봤다. 그래야 그 사람이 기존 고객과 잠재 고객을 상대할 때 어떻게 커뮤니케이션할지 최대한 정확하게 예측할 수 있기 때문이었다. 아버지는 대인 관계 능력이 출중하고 향후 회사를 더 성장시킬 잠재력이 있는 변호사를 원했다. 그래서 면접 때 지원자의 마음가짐이 어떻고 그 사람이 기존 고객과 잠재 고객에게 영민하게 대응할 수 있을지 엿볼 수 있는 질문을 던졌다. 지원자가 아무리 '머리에 든 것'이 많아도 사람들과 소통하고 관계를 맺는 능력이 부족하면 새로운 고객을 확보하고 새로운 수익을 창출하지 못해서 크게 도움이 안 된다는 게 아버지의 지론이었다.

비즈니스의 기본은 관계다. 따라서 관계를 잘 맺고 유지하는 능력이 필수다. 잠재적 고용주나 고객은 어떤 사람에게 매력을 느낄까? 실무 능력을 통해 가치 있는 것을 제공할 수 있는 것은 물론이고 어떤 관계나 기술을 통해 그밖에 또 가치 있는 것을 제공할 수 있는 사람이다.

그러니까 시간을 내서 자신의 배경, 보유 기술, 경험을 적어보자. 그러면 협상 테이블에 추가로 내놓을 수 있는 것이 이렇게 많았나 싶을 것이다. 그런 강점을 후크 포인트와 이야기에 잘 반영해야 한다.

취직에 실패하는 이유

▼

사람들이 새로운 계약을 따내거나 회사에 취직하려고 노력하지만 실패하는 이유 중 한 가지는 잠재적 고용주 앞에서 순전히 자신의 필요만 생각하기 때문이다. 기업의 관리자나 결정권자에게 뭔가를 얻어낼 심산으로 접근하는 사람이 하루에도 몇 명씩 있다는 사실을 간과하는 것이다. 반대로 그 관리자나 결정권자의 욕구나 필요를 고려하는 사람은 1퍼센트도 안 된다. 그런 자리에 있는 사람에게도 해결하고 싶은 문제가 있다는 점을 명심해야 한다.

잠재적 고객이나 고용주와 대화할 때는 기본적으로 "저에게 일을 주세요"가 아니라 "제가 어떻게 도움이 될 수 있을까요?"라는 마음가짐이어야 한다. 상대방이 내게 줄 수 있는 것이 아니라 내가 상대방에게 줄 수 있는 것을 먼저 생각할 때 훨씬 좋은 반응이 돌아오기 마련이다.

취업 성공 요령

흔히 좋은 직장에 들어가거나 승진을 하려면 업무 능력을 보여주는 게 제일 중요하다고 생각하기 쉽지만 그보다 더 중요한 것이 있다. 바로 신뢰 관계를 형성하는 것이다. 대형 회계법인 언스트 앤 영Ernst & Young과 딜로이트Deloitte의 경우, 채용자 중 45~50퍼센트가 직원 추천으로 지원한 사람이고, 면접 합격률도

후크 포인트

직원 추천을 받은 지원자가 40퍼센트 더 높다.

그 이유는 사람들이 기왕이면 믿을 수 있고 원만하게 지낼 수 있는 사람을 뽑으려고 하기 때문이다. 실제로 채용에서는 능력보다 태도가 결과를 좌우하는 경우가 많다. 사람들은 대체로 가족이나 친구보다 직장 동료와 더 많은 시간을 보낸다. 그러니까 그저 똑똑하기만 한 사람보다는 편하게 지낼 수 있는 사람을 선호하는 게 당연하다.

신뢰를 형성하는 비결은 상대방이 내게 줄 수 있는 것이 아니라 내가 상대방에게 줄 수 있는 것을 먼저 생각하는 자세다. 그러니까 어떤 직장에 들어가고 싶다면 그곳의 재직자들이 새로 오는 사람에게 무엇을 원하는지 생각해봐야 한다. 예를 들면 이런 것이다.

- 성실함
- 듬직함
- 재미
- 창조적 사고력
- 설득력 있는 언변
- 원만한 성격
- 동료에 대한 관심과 배려
- 전문 지식(IT, SNS, 회계 등)

같이 일하고 싶은 사람들의 필요를 어떻게 충족시킬 수 있을지 생각해보자. 혹시 아무것도 내세울 게 없다고 생각한다면 착각이다. 사람은 누구나 내세울 게 있다. 꼭 뭔가 대단해 보이는 것이 있어야 한다고 생각하지 말자. 예를 들면 다른 사람의 관심사를 듣고 공감하는 능력이 얼핏 생각하면 별것 아닌 것 같아도 실제로는 가치 있는 것이다. 자신이 잘하는 것을 찾아서 좋은 관계를 맺는 출발점으로 이용하자.

실습: 무엇으로 필요를 충족시킬 것인가

10분간 자신이 잘하는 것을 생각나는 대로 적어보자. 여기에는 업무용 능력과 개인적 능력이 모두 포함돼야 한다.

- 업무용 능력: 글쓰기, 강연, 전략 수립, 콘텐츠 제작, 분석, 수학, 회계 등
- 개인적 능력: 서핑, 골프, 유머 감각, 개를 잘 돌봄 등

잠재적 고용주나 고객과 대화할 때 자신의 이런 능력을 반드시 기억하고 있어야 한다. 특히 그것을 이용해 좋은 관계를 맺을 방법을 모색해야 한다. 반대로 상대방에게 의미가 없는 능력은 굳이 내세우지 말자. 예를 들어 진지한 사람 앞에서 계속 농담

을 하면 안 된다. 글 쓰는 직군에 지원하면서 계산을 잘한다는 것을 계속 강조하면 곤란하다(수학 전문 출판사에 지원하는 게 아니라면). 자신의 가치를 입증할 수 있다면 결국에는 꿈에 그리던 직장에 취직할 수 있을 것이다.

직장에서 행복하게 일하는 비결

많은 사람이 탁월한 직원이나 협력사와 일할 기회를 놓치는 이유는 그 가치를 못 알아보기 때문이다. 당신에게 가치 있는 것이 있는데 잠재적 고용주나 고객이 당신을 과소평가하거나 당신의 진가를 못 알아본다면 서로 잘 안 맞을 가능성이 크다. 물론 돈을 주는 쪽은 고용주나 고객이지만 돈이 전부는 아니다. 만일 직장에서 인정을 못 받는 것 같다면 그 직장이 '당신'에게 충분히 가치 있는 것을 제공하지 않고 있는 것이니 차라리 그만두는 편이 낫다.

나는 단순히 돈만 보고 일하지 않는다. 나는 내가 제공하는 것의 가치를 알아봐주는 고객과 일한다. 금전적인 부분에서 아무리 내 필요를 충족시킨다고 해도 내 가치를 몰라준다면 나의 심리적 필요가 충족되지 않으니까 같이 일할 수 없다. 이것은 사람을 기용하는 쪽에서도 유념해야 할 문제다. 자신이 뽑은 사람의 가치를 인정해준다면 유능한 인재가 더 많이 찾아올 것이다.

모든 업종은 기본적으로 서비스업이다

"행복하고 보람 있는 인생을 사는 비결은 타인을 돕는 것이다." 셰어러빌러티의 에릭 브라운스타인이 누군가에게 들은 말이다. 이 말은 여러 방면에서 그의 철칙이 됐다. 그는 잠재 고객과의 미팅에서 상대방을 돕는 것에 중점을 둘 때 그 마음을 살 수 있다고 믿는다. 진정으로 타인을 돕고자 하는 사람은 더 멀리 본다. 예를 들어 브라운스타인은 기업의 중간관리자들과 미팅할 때 그들이 셰어러빌러티와 손을 잡는다면 자신의 목표는 그들의 승진이라고 말한다. 실제로 그 목표가 많이 실현됐다.

브라운스타인은 아무 대가를 바라지 않고 최고의 아이디어나 혜안을 제공하는 것도 좋다고 생각한다. 그는 패트릭 렌시오니Patrick Lencioni의 저서《벌거벗기Getting Naked》를 추천한다. 이 책은 고객이 몰리는 컨설팅 회사를 배경으로 한 우화다. 이 회사는 잠재 고객과 미팅이 있을 때 따로 프레젠테이션을 준비하지 않는다. 그냥 잠재 고객과 편하게 대화한다. '우리는 이미 함께 일하고 있다'라는 마음가짐으로 많은 질문을 던지고 좋은 아이디어를 제시한다. 렌시오니의 우화는 진심으로 타인을 돕고자 하는 마음이 컨설팅 계약을 성사시킨다는 것을 보여준다.

불쌍한 척은 금물

같은 메시지라도 전달하는 방법은 여러 가지다. 정보를 패키지화

후크 포인트

할 때는 상대방이 얻게 될 편익을 알려주는 것에 역점을 둬야 한다. 그렇지 않으면 자기 잇속만 챙기려고 한다는 인상을 줄 수 있다. 예전에 내가 고용했던 프리랜서는 고객의 편익을 중심으로 정보를 패키지화하는 방법을 몰랐다. 그는 '자신'이 얻게 될 것만 이야기했다. 심지어는 자신이 금전적으로 어려운 상황이라며 동정심을 자아내는 방법까지 동원했다. 이것은 절대로 좋은 전략이 아니다. 동정심으로 비즈니스를 하려고 하면 안 된다. 탁월한 지성, 역량, 상품, 서비스로 남들이 같이 일하지 않고는 배길 수 없는 사람이 돼야 한다.

내가 결국 결별한 그 프리랜서가 언젠가 보수를 올려달라고 한 적이 있었다. 그러면서 제시하는 이유가 돈을 더 많이 받으면 더 많은 사람을 고용하고 더 많은 플랫폼에 가입해서 '자신'이 더 편하게 일할 수 있다는 것이었다. 하나 마나 한 말이었다. 그의 제안은 '자신'에게 필요한 것에만 초점이 맞춰져 있었다. 만일 그가 고객의 필요를 먼저 생각하는 사람이었다면 내가 돈을 더 많이 내면 자신이 더 많은 것을 줄 수 있다는 취지로 말했을 것이다. 예를 들면 이런 식으로 말이다. "업무의 효율성을 키워서 서비스의 품질을 개선하려고 합니다. 그렇게 되면 ~하고 ~해서 고객님께 이득이 될 거예요. 그래서 말씀인데 제가 품질 개선을 위한 비용을 감당할 수 있게 요율을 높여주시면 감사하겠습니다." 이런 식으로 메시지를 전달했다면 나도 그의 제안을 훨씬 긍정적으로 검토했을 것이다.

그러니까 불쌍한 척하지 말고 자기 잇속만 챙기려 하지 말자. 자신의 강점을 확실하게 드러내고 항상 상대방의 처지에서 생각하자. 사람은 누구나 자신에게 가치 있는 것을 제공하는 사람과 일하고 싶어 한다.

중요한 미팅을 위한 숙제: 사전 조사

《바보를 위한 ○○○》시리즈의 창시자 존 킬쿨런은 미팅 전에 꼼꼼한 조사가 필수라고 말한다. 그래야 잠재 고객에게 더 가치 있는 것을 제시할 수 있기 때문이다. 그러니까 미팅 전에 혹시 잠재 고객과 어떤 접점이 있진 않은지 알아보고 잠재 고객이 속한 시장을 조사해보자. 사람들은 자신이 미처 인지하지 못했던 필요를 때마침 충족시켜주는 상품이나 서비스에 기꺼이 돈을 지불한다. 그런 미지의 필요를 발굴하면 잠재 고객이 놓치고 있는 것을 거론하고 상품이나 서비스에 더 높은 가격을 책정할 수 있다. 킬쿨런은 잠재 고객의 고객이나 직원과 대화를 나누면서 더 내밀한 이야기를 듣는 것도 가치 있는 것을 제공하기 위한 방법 중 하나라고 말한다.

억만장자들이 찾아올 만큼 튀는 존재가 되는 법

미국노동통계국에 따르면 2018년을 기준으로 미국의 퍼스널 트레이너는 약 33만 8,000명이다.[66] 플래티넘 피트니스의 운영자 파크는 그런 시장에서 차별화를 통해 정상에 오른 인물이다. 파크는 그의 가치 제안에서 트레이닝에 대한 열정이 아주 큰 부분을 차지한다고 말한다. 그를 보면 좋아서 일한다는 것을 단번에 알 수 있고 그런 열정이 그를 튀게 만든다. 그는 프로 운동선수든, 억만장자든, 트레이닝 초보든 간에 고객이 더 발전하기 전에는 절대 포기하는 법이 없다.

자신이 사랑하는 분야에 집중하자. 그러면 그 에너지 또한 다른 사람들에게 가치 있는 것이 된다. 사람은 누구나 뜨겁게 살고 싶어 한다! 기왕이면 행복하고 긍정적인 사람과 같이 일하고 싶은 것은 모든 고객이 마찬가지다.

몰턴 소금과 TSA의 획기적인 콘텐츠
▼

브랜드가 성공하려면 고객에게 친밀감을 줘야 한다. 그 방법으로는 감정을 유발하고, 유머를 구사하고, 놀라게 하고, 짜릿함을 주고, 교육하는 것 등이 있다. 브랜드에 친밀감을 느끼는 사람들은 그 콘텐츠에 더 적극적인 반응을 보이고 그것을 더 활발히 공유한다.

브리지코의 감독 겸 프로듀서로서 에미상 수상자인 마이크 저코백은 2001년부터 블랙 아이드 피스와 같이 작업해왔다. 그는 이 힙합 그룹을 처음 만났을 때 그 음악 속에 깃든 긍정적인 메시지에 좋은 인상을 받았다. 그리고 그만큼 인상적으로 다가온 것이 언제 어디서나 관객에게 친밀감을 주는 리더 윌.아이.엠의 친화력이었다. 윌.아이.엠은 브라질 공연 때 브라질 축구 국가 대표 팀 유니폼을 입었다. 멕시코 공연 때는 멕시코 국기를 들었다. 그는 어떻게 하면 관객에게 더 가까이 다가갈 수 있고 각 문화권의 사람들을 흥분시킬 수 있는지 척척 알아낸다.

어떤 사람들은 자신의 상품이나 브랜드가 흥분과는 거리가 멀다고 생각한다. 하지만 저코백은 어떤 브랜드든 간에 소비자에게 친밀감을 형성할 여지가 있다고 본다. 그는 소금이라는, 도무지 '멋'이란 것을 찾을 수 없을 것만 같은 상품으로 흥미진진한 콘텐츠를 만들어내는 몰튼 솔트Morton Salt를 좋은 예로 꼽는다.

몰튼 솔트가 오케이 고OK Go라는 밴드와 만든 뮤직비디오가 있다. 이 영상의 후크 포인트는 처음 4.2초 동안 어떤 한순간을 보여주고 이어서 그 4.2초가 사실은 4분 분량의 영상을 고속으로 재생한 것임을 보여주는 것이다. 처음 4초와 뒤의 4분이 모두 성공적이었다(《오케이 고―한순간OK Go—The One Moment》의 공식 영상은 www.brendanjkane.com/okgo에서 볼 수 있다). 몰튼 솔트는 이 뮤직비디오의 제작비를 지원함으로써 재미있는 콘셉트로 사람들을 흥분시키는 인기 밴드와 자사의 브랜드를 연결시켰다. 그래서 '멋진' 소금 브랜드가 됐다.

의외로 재미있는 콘텐츠를 만드는 브랜드가 또 있다. 미국교통안전청TSA이다. TSA는 인스타그램(https://www.instagram.com/tsa/)에서 히트를 쳤다. 여기에는 사람들이 기내에 반입하려다가 보안 검색대에서 걸린 온갖 황당한 물건의 사진이 올라와 있다(메이플 시럽, 새총, 닌자 표창). TSA는 각각에 얽힌 사연을 재미있게 풀어내면서 그런 물건을 공항에 가지고 오지 말라고 주의를 준다. 이 계정은 현재 팔로워가 100만 명에 육박한다. 저코백의 말마따나 TSA가 그렇게 획기적인 콘텐츠를 만들 수 있으리라고 누가 상상이나 했을까.

몰튼 솔트와 TSA의 사례는 어떤 브랜드든 간에 유의미하면서도 독특한 콘텐츠를 만들면 성공할 수 있다는 증거다. 소비자가 당신의 브랜드에 친밀감을 느낀다면 다른 브랜드를 놔두고 당신의 상품과 서비스를 구매할 것이다.

브랜드 효용성의 중요성:
요거트를 사별한 배우자와 엮지 말 것

▼

어니스트산업의 어니스트 루피나치는 구글의 슈퍼볼 광고 〈로레타Loretta〉(www.brendanjkane.com/loretta에서 볼 수 있다)를 높이 평가한다. 〈로레타〉는 구글 어시스턴트가 찾아준 사진으로 사별한 부인을 다시 만나는 남자의 이야기다. 이 광고는 루피나치의 표현을 빌리자면 "추억이 그 속의 사람, 장소, 물건보다 더 오래 산다"라는 사실을 말한다. 루피나치는 이 광고가 '관심 차용borrowed interest'을 쓰지 않은 점을 높이 평가한다. 관심 차용이란 사람들이 관심을 보일 만한 소재를 그와 전혀 무관한 상품이나 서비스와 연결하는 것을 말한다. 예를 들면 사별한 가족에 대한 추억을 요거트와 연관 짓는 것이다(그런 광고는 시청자들을 납득시키기 어려울 것이다). 이와 달리 구글의 〈로레타〉는 사랑, 이별, 추억을 이야기하는 이유가 충분히 이해가 간다.

후크 포인트와 이야기를 만들 때는 이처럼 상품이나 서비스가 고객에게 유익하고 유의미한 이유, 즉 '브랜드 효용성'을 생각해야 한다. 그러면 고객에게 더 가치 있는 것을 제공할 수 있고 브랜드에 대한 수요가 늘어난다. 루피나치가 즐겨 하는 말이 있다. "공고한 브랜드는 지금까지 지킨 약속에 대한 보상이다." 그러니까 마케팅을 통해 브랜드의 약속을 분명히 전달하고 지금까지 약속을 어떻게 지켜왔는지 보여주자.

초대박 티셔츠 브랜드를 만든 비결

내 친구 젝 프랜시스Zech Francis는 소사이어티Society라는 티셔츠 브랜드를 만들어서 초대형 의류매장 프랜차이즈 버클Buckle에 입점시키고 초대박을 쳤다. 그에게 어떻게 소사이어티를 뜨는 브랜드로 만들었는지 물어봤다. 프랜시스는 사무실 근처에 북미 최대의 티셔츠 인쇄 공장이 있어서 단 하루 만에 새로운 티셔츠를 디자인하고 인쇄해서 버클 본사에 보낼 수 있었다고 대답했다. 당연히 버클 측은 그의 대응 속도에 깜짝 놀랐다. 전화로 수정 사항을 전달하면 바로 다음 날 샘플이 도착하다니 패션 업계에서 유례가 없는 일이었다. 그렇게 서비스 품질이 좋으니까 비즈니스 파트너로서 프랜시스의 매력도가 높아졌다. 그래서 2018년에 버클은 프랜시스와 함께 딥스Dibs라는 브랜드를 출범시켰다. 딥스는 45일 만에 매출액 100만 달러를 돌파하며 버클의 50년 의류 판매 역사에서 신기록을 세웠다.

당신의 상품이나 서비스로 가치 있는 것을 제공할 방법을 찾아보자. 그리고 어떻게 하면 그밖에 또 가치 있는 것으로 브랜드를 뜨게 만들지 생각해보자.

막무가내식 영업용 메일은 금물

좋은 수는 나쁜 수를 안 쓰는 데서 나오기도 한다. 다음은 나쁜 영업용 메일의 예다. 이 메일들은 상대방의 필요를 파악하거나 가치 있는

후크 포인트

것을 제공하는 데 초점이 맞춰져 있지 않다. 모두 발신자의 필요를 중심으로 작성됐다.

　이 사람은 가치 있는 것을 제공하는 척하며 실제로는 자기 잇속만 챙기려 하고 있다.

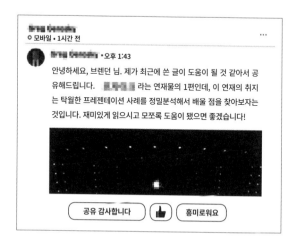

　다음 예에서는 첫 문장부터 '자신'이 원하는 것만 이야기하고 있다. 이 사람은 나에 대해 조사하지 않았기 때문에 내게 이미 개발자가 있다는 사실을 모른다. 미리 준비된 메시지를 이름만 바꿔서 보낸 게 분명하다.

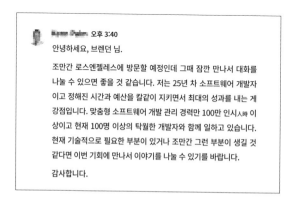

다음 메시지는 내게 무슨 가치가 있을까? 나는 의료계와 무관하다. 역시 나에 대해 조사하지 않은 것이다.

"잠재적 투자자께"는 최악의 도입부다. 나는 이 사람이 누구인지도 모르는데 다짜고짜 투자를 권유하고 있다. 더 읽을 필요도 없었다.

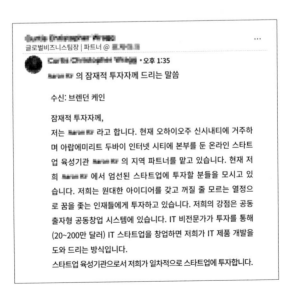

후크 포인트

내가 왜 이 모임에 참석해야 할까? 내가 얻을 수 있는 게 무엇일까?

나는 골프를 안 친다.

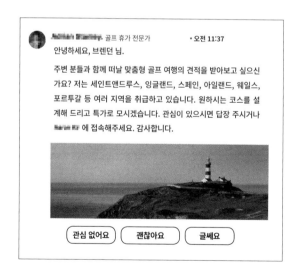

보다시피 이들은 잠재 고객에 대해 조사하지 않았다. 메시지를 받는 사람이 누구이고 어떤 일을 하는지 몰랐다. 그저 '자신'이 어떻게 이익을 챙길지만 생각했을 뿐이다. 이러면 안 된다. 반드시 수신자에 대해 조사하고 그에게 어떻게 가치 있는 것을 제공할지 생각해봐야 한다.

새로운 계약을 성사시키려면 상대방이 무슨 일을 하고 무엇에 관심이 있는지 파악해서 거기에 부합하는 제안을 해야 한다. 만약에 저 사람들이 "안녕하세요. 멋진 회사를 운영하고 계시네요. 혹시 제가 도움을 드릴 방법이 있을지 알고 싶습니다. 요즘 어떤 프로젝트를 진행 중이신가요?"라고 물었으면 훨씬 좋았을 것이다. 우리 회사에 관심을 보이고 구체적으로 성장을 도울 방법을 제시했다면 향후 협력으로 이어질 수 있는 관계가 형성됐을 가능성이 더 크다.

앞에서도 말했지만 링크드인이나 메일을 막무가내로 쓰면 좋은 결과를 못 얻는다. 전략적으로 써야 한다. 어떻게 하면 좋은 관계를 맺고 가치 있는 것을 제공할 수 있을지 생각해야 한다.

내가 링크드인에서 받은 영업용 메일의 좋은 예를 소개한다.

• 오후 4:43

안녕하세요, 브렌던 님.

저희는 비록 창업한 지 3년밖에 안 됐지만, 지금까지 브렌던 님이 운영하는 회사와 유사한 회사들을 고객사로 맞아 7,500명 이상의 잠재 고객을 발굴하고 1,100만 달러 이상의 매출을 창출했습니다. 고객사 중 한 곳은 저희와 함께 마케팅 캠페인을 진행한 지 3개월 만에 35건의 적격한 사업 기회를 발굴해 향후 200만 달러의 매출이 예상되는 수익원을 구축했습니다. 브렌던 님의 회사에도 그렇게 도움을 드릴 방법을 같이 찾아보고 싶습니다. 어떠신가요?

이 업체는 다른 고객들의 사례를 들어 구체적인 성공의 증거를 제시했고 나도 그런 결과를 얻을 수 있도록 돕는 것에 초점을 맞추고 있는 것으로 느껴졌다. 그래서 답장을 했다.

나도 영업용 메일을 통해 디즈니, 엑스박스Xbox, 폭스와 거래를 트고 총 1,500만 달러 이상의 매출을 창출했다. 그 비결은 이 책에서 소개하는 기법을 이용해 메일을 보내야 할 사람을 잘 선정하고 효과적인 메시지를 쓴 것이다.

이때 중요한 것은 메일을 받는 사람에게 어떻게 해야 가장 가치 있는 것을 제공할 수 있을지 생각해보는 것이다. 나는 상대방의 고충이 무엇이고 그것을 어떻게 해결할 수 있을지 궁리한다. 내 서비스를 '판매'하는 게 아니라 내 서비스로 '가치' 있는 것을 제공하는 데 집중한다. 그게 뭐가 다른가 싶어도 실제로는 엄청난 차이를 만든다.

나는 디즈니의 중역에게 영업용 메일을 보내서 대규모 계약을 따냈다. 그때 나는 먼저 상대방이 거둔 놀라운 성과를 언급했다. 그리고 나와 함께 일하면 디즈니의 유튜브 광고비를 대폭 절감하고 모든 마케팅 캠페인의 성과를 크게 향상할 수 있다고 말했다. 그 메일은 어디까지나 디즈니가 더 큰 성공을 거두도록 돕고 싶다는 점에 초점이 맞춰져 있었다.

예시를 들자면 그 메일은 이런 식으로 구성되어 있었다.

안녕하세요, [수신자 이름] 님.

먼저 [회사 이름]에서 지금껏 이루신 것에 축하드립니다. 특히 [구체적인 프로젝트/상품/캠페인]의 성과는 정말로 인상적이었습니다.

디지털 분야의 전문가이신 만큼 저희가 최근에 출시한 플랫폼을 소개해드리고 싶습니다. 저희의 플랫폼은 경쟁사가 SNS에서 무엇에 비용을 지출하고 있고 그간의 성적은 어땠는지를 정확히 보여드립니다. 그리고 방문자들이 경쟁사의 영상을 보기 전과 본 후에 어떤 영상을 봤는지, 어떤 SNS 플랫폼에서 영상을 봤는지도 심도 있게 분석해서 알려드립니다.

저희가 특히 자신 있게 말씀드릴 수 있는 부분은 이 모든 데이터를 마이닝 할 수 있다는 점입니다. 이를 토대로 귀사의 영상이 더 좋은 성적을 거둔다면 결과적으로 마케팅 캠페인의 조회당 광고비를 절감하고 영상의 자연스러운 바이럴화를 유도할 수 있을 것입니다. 저희 플랫폼의 최대 장점은 이 모든 과정이 100퍼센트 투명하게 처리되고 마케팅 캠페인에 지출되는 비용을 [인상적인 수치] 절감하는 동시에 그 성과를 [인상적인 수치] 향상할 수 있다는 점입니다.

이미 [고객사들 이름]이 이 신종 플랫폼을 이용 중입니다. [수신자 이름]님이 디지털 세상에서 트렌드를 선도하는 분인 만큼 저희 플랫폼이 도움이 되지 않을까 싶어 이렇게 메일을 드립니다. 더 자세한 내용이 궁금하시다면 저희 회사의 CEO와 연결해드리겠습니다.

감사합니다.

브렌던 케인 드림

말했다시피 이 메일은 그 중역에게 가치 있는 것을 제공하는 데 초점이 맞춰져 있었다. 나는 그녀가 이룩한 성과를 강조하고 우리 서비스가 어떤 점에서 더 좋은 성과를 내는 데 도움이 될지 설명했다. 그녀가

하는 일이 한층 수월해질 것이라고 말하고 우리 서비스의 가치를 알려줬다. 거기에 더해 CEO와 직접 대화할 수 있게 해주겠다고(당시 나는 그 회사의 자문역이었다) 가치 있는 제안을 했다.

참고로 그 중역 외에도 약 20명에게 위와 같이 구성된 메일을 보냈는데 모두 새로운 계약으로 이어지진 않았다. 이 구성은 앞서 여러 버전을 테스트해서 나온 결과물이었다. 만약 그 20명에게서 답장이 1통도 안 왔다면 나는 또다시 수정한 버전을 다른 20명에게 보냈을 것이다. 하지만 다행스럽게도 위의 중역에게서 답장이 왔고 그 결과로 수백만 달러의 매출을 창출할 수 있었다. 영업용 메일을 여러 버전으로 작성하고 발송하느라 쏟은 시간에 대한 보상이었다. 사실 내가 한 것은 상대방의 고충과 필요에 대해서 생각한 것뿐이었다.

사람들의 메일함에는 언제나 스팸이 잔뜩 들어 있다. 그래서 강력한 후크 포인트와 가치 제안이 요구된다. 상대방이 일단 메일을 열어보기라도 하게 만들려면 그렇게 자신을 차별화하는 것 외에는 다른 방법이 없다.

암벽 등반, 스노보딩, 모험과 콘텐츠 마케팅

파라마운트 픽처스에서 디지털마케팅본부장을 지낸 레이섬 아니슨은 콘텐츠 마케팅에서 무엇보다 중요한 요소가 바로 정보라고 말한다. 인간은 본능적으로 새로운 것을 배우고자 하는 욕구가 있다. 그래서 당신이 가치 있는 지식을 제공한다면 사람들은 당신의 상품을 구입하려는 마음이 들 것이다.

아니슨은 아웃도어 브랜드 파타고니아Patagonia가 발행하는 잡지에서 '경험자의 편지' 코너를 즐겨 본다. 새로운 모험을 접하는 순간 야생으로 여행을 떠나고 싶은 욕구가 든다. 그리고 모험을 즐기는 사람들이 파타고니아 제품을 어떻게 사용하는지 배우면서 자신도 그런 모험을 떠날 때를 대비해 파타고니아 의류를 사고 싶어진다.

어떤 상품이나 서비스든 간에 지식을 제공할 수 있다. 예를 들어 세무사라면 잠재 고객에게 재테크 방법을 알려줄 수 있을 것이다. '클리어밸류 택스ClearValue Tax'라는 유튜브 채널이 좋은 예다. 요가 강사라면 다양한 요가 자세나 명상 기법을 설명하는 뉴스레터를 발행할 수 있을 것이다. 어떤 유형의 사업이든 콘텐츠 마케팅을 통해 기존 고객 및 잠재 고객과 좋은 관계를 형성할 수 있다.

가장 좋은 것을 무료로 제공하기

▼

수많은 기업이 희소성을 최고로 친다. 그래서 콘텐츠를 무료로 제공하면 사람들이 상품이나 서비스를 구매하지 않을 것이라고 여긴다. 하지만 현실은 정반대다. 당신이 가치 있는 것을 거저 줄 때 사람들은 당신을 고용하거나 당신의 상품이나 서비스를 구매하려고 한다. 당신의 가치를 증명하는 방법은 사람들이 그것을 '경험'하게 하는 것이다. 일례로 사업가 게리 바이너척은 가치 있는 정보를 무료로 많이 제공한다. 그것이 그의 브랜드 구축법이기도 하다. 공짜라고 해서 얄팍하지도 않다. 언젠가 그는 1,500달러에 팔아도 팔렸을 88쪽 분량의 콘텐츠 전략 안내서를 무료로 배포하기도 했다.

물론 모든 것을 공짜로 퍼주라는 말은 아니다. 하지만 시장에서 자신의 커뮤니케이션이 지금 어느 단계에 있는지 생각해봐야 한다. 아직 초기 단계라면 신뢰를 쌓는 게 급선무다. 지금 당장 사람들에게 돈을 요구할 수는 없다. 먼저 가치 있는 것을 제공해야 한다.

소매업에서는 무료로 제품을 나눠주는 경우가 많다. 샘플을 제공하는 목적은 사람들이 직접 상품을 써보고 마음에 들면 사게 하려는 것이다. 화장품 구독 서비스 입시IPSY가 대박을 터트린 이유도 여기에 있다. 입시는 소비자와 화장품 브랜드 양측에 통하는 후크 포인트가 있다. 소비자용 후크 포인트는 매달 최신 헤어, 메이크업, 스킨케어, 향수 제품을 우편으로 받아볼 수 있다는 것이고, 화장품 브랜드용 후크 포인트는 수많은 잠재 고객에게 제품을 제공해 그중 상당수를 고객으로 전환할 수 있다는 것이다. 이렇듯 입시의 비즈니스 모델은 양측에 매우 가치 있는 것을 제공한다.

'진짜 수면 전문의' 마이클 브루스는 널리 공유되기를 기대하면서 가치 있는 정보를 무료로 제공한다. 강연 중 프레젠테이션을 마칠 때 그는 "여러분 중에 이 슬라이드 자료가 필요하신 분은 저한테 문자로 메일 주소를 알려주세요"라고 말한다. 그리고 메일 주소를 보낸 사람들에게 슬라이드가 PDF 파일로 저장된 드롭박스 링크를 보내준다. 이 PDF 파일에는 그의 약력, 사진, 그의 다른 강연, VIP 서비스, 양질의 수면을 위한 안내문이 포함되어 있다. 특히 이 안내문은 유익한 내용이 기억하기 쉽게 정리되어 있고 공유하기도 쉽다. 이렇게 가치 있는 것을 제공함으로써 브루스는 새로운 고객과 기회를 많이 발굴한다.

영리한 기업은 가장 좋을 것을 공짜로 나눠준다. 당신이 사람들에게 도움을 주면 그들은 당신에게 돈을 쓸 방법을 찾는다. 이로써 당신은 신뢰를 얻고 오래 지속되는 관계의 문을 열 수 있다.

조회 수 40억 회의 비결

셰어러빌러티의 브라운스타인은 우리가 사는 3초 세상에서 매 순간 상상을 초월할 정도로 많은 콘텐츠가 배포되고 있다고 말한다. 그래서 지금이야말로 조회 수보다 적극적 반응의 수치가 훨씬 중요한 때라고 강조한다. 그의 말을 빌리자면 "조회 수 수백만 회 정도야 돈으로 사면 그만!"이다. 당신은 사람들이 적극적 반응을 보이고, 공유하고, 다른 사람에게 이야기할 만한 콘텐츠를 만들어야 한다. 그러려면 당연히 사람들이 무엇을 원하는지 생각해봐야 한다.

디지털 콘텐츠 전략가 나빈 고다가 함께 일하는 콘텐츠 제작자들에게 누누이 하는 말이 있다. 오전 9시에 막 출근해서 SNS 피드를 스크롤하고 있는 사람을 상상하면서 '그 사람한테는 무엇이 필요할까? 나의 타깃층이 가치 있게 여기는 게 무엇일까? 그들의 가장 큰 고충은 무엇일까?'를 생각해보라는 것이다. 자신이 공략하고자 하는 사람들에 대해 모르면서 가치 있는 콘텐츠를 만들기란 사실상 불가능하다. 만일 그들이 업무 중에 잠깐 머리를 식힐 거리를 찾고 있다면 그냥 브랜드의 메시지만 전달하면 안 되고 좀 더 창의적인 콘텐츠(3장에서 거론한 콘텐츠 아이디어와 형식 참고)를 만들어야 할 것이다.

〈롤런드 프레이저의 점심에 듣는 비즈니스 성공학〉에 제이 셰티가 출연했다. 셰티는 지혜로운 메시지가 담긴 영상을 만들어 지금까지 전 세계적으로 총 40억 회가 넘는 조회 수를 올리고 2,400만 명 이상의 팔로워를 모은 콘텐츠 제작자다.[67] 온라인에서 세계 최고의 조회 수를 기록했다고 해도 과언이 아닌 셰티에게 프레이저는 바이럴화가 잘되는 주제를 5가지만 꼽아달라고 부탁했다. 셰티는 모험, 유머, 감정, 의욕 고취, 놀라움이라고 답했다. 그리고 바이럴화가 되려면 공유가 많이 돼야 한다면서 사람들이 공유하는 영상은 뭔가를 생각하게 하는 영상이 아니라 뭔가를 느끼게 하는 영상이라고 말했다. 사람들은 놀라움, 행복, 기쁨, 도전 욕구를 느끼게 하는 영상을 더 많이 공유하고, 당연히 그런 영상일수록 바이럴화될 가능성이 더 크다.

셰티는 자신이 만든 영상들이 페이스북에서 최고의 조회 수를 올린 이유를 세 가지로 정리한다(전체 대화는 https://podcasts.apple.com/us/podcast/business-lunch/id1442654104?i=1000438001431에서 들을 수 있다).

• — 현실의 경험을 토대로 한다. 셰티는 실제 경험이나 대화에서 영상의 소재를 얻는다. 그의 영상 중에서 가장 많은 공유 수를 올린 영상은 이제 나이가 너무 많아서 새로운 것을 과감히 시도하기는 늦었다고 생각하는 35세 남성과의 대화에서 아이디어를 얻었다. 많은 사람이 그와 같은 생각을 하고 있다고 판단해서 그것을 깨트리기 위한 영상을 만들기로 한 것이다.

- — 과학적 연구 결과로 근거를 댄다. 셰티는 주장의 신빙성을 중시해서 항상 증거 자료를 제시한다.
- — 시적이고 간결하게 말한다. 셰티의 말을 빌리자면 우리는 산문보다 노래 가사 같은 말을 더 잘 기억한다. 운율을 살려 시적으로 말하면 사람들이 영상을 더 잘 기억하고 인상적인 말을 주변 사람들에게 더 잘 전달할 수 있다.

콘텐츠가 얼마나 잘 통하는지는 사람들의 반응을 보면 알 수 있다. 어떤 댓글이 달리고 얼마나 공유가 되는지 보면 자신의 콘텐츠가 얼마나 가치 있는 것을 제공하는지 가늠할 수 있다. 다양한 아이디어와 콘셉트를 테스트하면서 어떨 때 콘텐츠의 가치가 높아지는지 확인하고 온·오프라인 양면에서 콘텐츠 전략에 반영하자.

람보르기니와 초호화 주택

▼

카피라이터 크레이그 클레먼스는 디지털 콘텐츠를 만들 때 즉각 가치 있는 것을 제공하라고 당부한다. 당신은 인생에 도움이 되면서 다른 데서는 쉽게 얻을 수 없는 특별한 정보를 제공하는 사람이 돼야 한다. 이렇게 차별화가 됐을 때 사람들의 관심을 끌고 사람들이 계속 당신을 찾아올 것이다.

사람들이 스크롤을 멈추는 것에서 만족하면 안 되고 그들이 계속 찾아오게 해야 한다. 그러자면 물론 가치 있는 것을 제공해야 한다. 클레먼스는 타이 로페스Tai Lopez를 좋은 예로 거론한다. 로페스는 SNS 광고계의 거물이다. 그는 자신이 소유한 람보르기니와 초호화 주택의 사진과 영상으로 사람들의 관심을 사로잡는다. 그게 그의 후크 포인트다. 하지만 사람들이 계속 그를 찾는 이유는 그가 가치 있는 것을 제공하기 때문이다. 그는 후크 포인트가 담긴 영상들에서 "이 책들을 꼭 읽어보세요!"라고 말한다. 그러고는 그 책들에서 배운 내용 중에서 사업을 성장시키거나 소득을 증가시키기 위해 당장 사용할 수 있는 것을 알려준다. 로페스의 명언이 있다. "지식은 가방끈과 비례하지 않는다." 이 말은 기억하기 쉽고 사람들이 당장 행동에 나서게 자극한다.

당장 삶에 적용해서 효과를 볼 수 있는 간단하고 실용적인 정보를 제공하면 사람들이 계속 찾아올 것이다. 여기에 더해 사람들이 당신의 브랜드나 팔로워 집단에 소속감을 느끼게 하자. 그러면 계속 당신의 콘텐츠를 소비하면서 주변 사람들에게 소문을 낼 것이다. 가치 있는 것을 많이 제공할수록 가치 있는 것을 많이 받을 수 있다는 사실을 명심하자.

▼ 팁과 요약

1   가치 있는 것을 제공하지 않는 상품이나 서비스는 존재할 이유가 없다.

2   남들이 쉽게 주지 못하는 가치 있는 것을 제공하면 경쟁자들 사이에서 튀고 관심을 끌 수 있다.

3   진심으로 타인을 돕고자 할 때 새로운 계약이 성사된다.

4   사람들은 자신도 미처 모르고 있는 필요를 때마침 충족시켜주는 상품이나 서비스에 기꺼이 돈을 지불한다. 그런 필요를 포착하면 사람들이 놓치고 있는 것을 거론하고 더 높은 가격을 책정할 수 있다.

5   비즈니스의 기본은 관계인 만큼 관계를 잘 형성하고 유지하는 능력이 중요하다.

6   감정, 유머, 놀라움, 짜릿함, 교육으로 친밀감을 형성하면 사람들이 당신의 콘텐츠를 더 활발히 공유할 것이다.

7   후크 포인트나 이야기를 만들 때는 상품과 서비스가 고객에게 유용하고 유의미한 이유, 즉 브랜드 효용성을 생각해야 한다.

8   영업용 메일이나 SNS 메시지로 작성할 때는 전략적으로 사고해야 한다. 장사하려 하지 말고 공감대를 형성하고 가치 있는 것을 제공하자.

9   콘텐츠 마케팅을 통해 기존 고객 및 잠재 고객과 좋은 관계를 맺자.

10   온라인 콘텐츠를 만들 때는 즉각 가치 있는 것을 제공하자. 인생에 도움이 되면서 다른 데서는 쉽게 얻을 수 없는 특별한 정보를 제공하는 사람이 되자.

11   콘텐츠를 바이럴화하는 데 유리한 주제 다섯 가지는 모험, 유머, 감정,

의욕 고취, 놀라움이다.

12 제이 셰티는 자신의 영상들이 페이스북에서 최다 조회 수를 기록한 이유로 첫째, 실제 경험에서 아이디어를 얻었고 둘째, 과학적 연구 결과를 근거로 제시하며 셋째, 시적이고 간결한 언어를 사용하기 때문이라고 말한다.

13 가치 있는 것을 많이 제공할수록 가치 있는 것을 많이 받을 수 있다.

8장

20개월 만에
16억 달러를 번 비결:
후크 포인트로 사업 확장하기

명쾌한 후크 포인트와 이야기를 토대로 효과적인 사업·마케팅 전략을 수립했다면 아마도 사업을 확장하고 싶은 욕구가 생길 것이다. 고객에게 가치 있는 것을 제공하면 분명히 사업의 성장에 도움이 되지만, 그 과정에서 제일 힘든 부분은 잠재 고객에게 자신을 효과적으로 노출시키는 것이다. 나는 그 해법으로 이미 트래픽이 몰리는 곳으로 가고, 초연결자(잠시 후 설명할 것이다)를 찾고, 소개의 힘을 이용하고, 온·오프라인의 마케팅 활동을 결합하는 것을 추천한다. 그러면 사업의 성장세가 더욱더 강해질 것이다.

맨땅에 헤딩하지 말고
트래픽이 몰려 있는 곳으로 가자

대성공을 거둔 영리한 기업을 보면 이미 존재하는 집단을 공략해 고속으로 성장한 경우가 많다. 예를 들어 유튜브는 마이스페이스의 트래픽을 이용해 설립한 지 2년도 안 된 시점에 16억 5,000만 달러를 받고 구글에 인수됐다.[68] 당시 마이스페이스에는 자체 동영상 플레이어가 없었다. 유튜브는 그 빈틈을 파고들어 마이스페이스에서 이용 가능한 동영상 임베드 코드를 최초로 제공한 업체 중 하나다. 마이스페이스 프로필에 유튜브의 임베드 코드를 입력하면 뮤직비디오, 영화 예고편, 직접 제작한 영상 등을 넣을 수 있었다. 그것을 본 친구들이 자신도 똑같이 하고 싶어서 영상을 클릭하면 유튜브 웹사이트로 이동됐고, 거기서 직접 영상을 올리거나 임베드 코드를 받아서 마이스페이스 프로필에 입력할 수 있었다. 이렇게 마이스페이스의 기존 사용자 집단과 트래픽을 이용함으로써 유튜브는 빠른 속도로 사업을 확장했고, 구글은 그 성장세에 매력을 느꼈다. 인스타그램도 페이스북의 트래픽을 이용해 빠르게 사용자를 증가시켰다.

내 경우에는 블로거들과 관계를 맺는 방식으로 기존의 트래픽을 이용했다. 영화사 레이크쇼어 엔터테인먼트에서 일할 때였는데, 영화 블로거들의 막강한 힘(그리고 트래픽)을 보니 우리가 마케팅 캠페인에 이용하면 좋을 것 같았다. 아직 많은 영화사가 〈엔터테인먼트 투나잇 Entertainment Tonight〉 같은 방송, 신문, 잡지를 우대하고 블로거들은 뒷전이던 시절이었다. 하지만 나는 블로거들에게서 새로운 기회를 봤다. 그들은 대량의 트래픽이 몰리는 웹사이트를 보유하고 있으므로 레이크쇼어의 영화를 수천, 수만 명의 영화광에게 마케팅할 능력이 있었다. 그래서 그들과 좋은 관계를 맺기 위해 접근했다.

블로거들에게 가치 있는 것을 제공하기 위해 레이크쇼어는 그들이 영화배우, 영화계 인사들과 어울릴 수 있는 파티를 개최했다. 그중에서 가장 큰 성공을 거둔 행사는 샌디에이고 코믹콘에서 레이크쇼어의 후원으로 열린 '콘의 분노The Wrath of Con'였다. 콘의 분노는 영화 블로거들이 2년 전부터 개최하고 있었지만 고작 50명 정도 모이는 조촐한 파티였다. 당시 레이크쇼어에서 제작한 〈패솔로지〉라는 독립영화가 상영 중이었는데 홍보비가 많이 책정되지 않았다. 그래서 우리는 블로거들

후크 포인트

을 통해 영화를 홍보하기로 했다. 우리는 그들이 더 크게 파티를 열 수 있게 지원금을 주고 영화의 주 조연인 마일로 벤티밀리아Milo Ventimiglia 와 얼리사 밀라노Alyssa Milano를 초대했다. 그해에 콘의 분노는 전년도와 비교할 수 없을 만큼 성대하게 열렸고 이후로 매년 더 큰 후원사가 붙으면서 급기야 코믹콘 최대의 파티에 등극했다.

파티 후원은 블로거들과 좋은 관계를 맺는 데 큰 도움이 됐다. 그들이 영화배우와 관계자를 만나 독점 기사와 같은 콘텐츠를 만들 수 있었기 때문이다(지금은 영화계에서 흔한 일이 됐다). 그때부터 블로거들이 레이크쇼어의 영화들을 블로그에서 더 적극적으로 홍보하기 시작했고, 그 덕분에 큰돈을 쓰지 않고도 잠재적 관람객에게 우리 영화를 빠르게 노출할 수 있었다. 양측이 모두 이득을 본 것이다.

이런 방법은 다른 업종에서도 충분히 응용 가능하다. 상품과 서비스를 홍보하기 위해 이미 트래픽이 몰리고 있는 곳을 몇 군데 찾아서 트래픽을 유발하는 사람들에게 가치 있는 것을 제공할 방법을 모색하자.

꼭 특정한 분야에 한정해서 트래픽이 몰리는 곳을 찾아야 한다는 법은 없다. 이 사람 저 사람 다 모이는 보편적인 공간의 트래픽도 충분히 이용할 수 있다. 사업가 게리 바이너척의 말을 빌리자면 "이제는 페이스북, 인스타그램, 스냅챗이 과거 NBC, ABC, 폭스 방송의 자리를 차지하고" 있다. 이들 플랫폼은 무수히 많은 사람의 이목이 몰리는 만큼 광고를 내고 잠재 고객에게 다가가기 위해 가장 유용하게 쓸 수 있는 곳이다.

카피라이터 크레이그 클레먼스는 트래픽이 몰리는 곳을 한두 군데만 이용하지 말고 다양한 곳을 테스트해보기를 권한다. 그의 회사는

SNS 외에 《허핑턴포스트》,《TMZ》 같은 사이트의 트래픽도 테스트한다. 하지만 클레먼스는 사람이 많은 곳을 찾았다고 끝이 아니라는 경고도 잊지 않는다. 그런 곳은 십중팔구 경쟁자들도 공략하고 있을 테니까 사람들의 관심을 사로잡는 게 중요하다. 따라서 강력한 후크 포인트가 필수다.

대용량 트래픽 테스트

SNS 광고 플랫폼들은 대용량 트래픽을 이용한 테스트와 신속한 분석 기능을 제공한다. 이를 통해 어떤 후크 포인트가 인지도 향상, 잠재 고객 발굴, 메일링 리스트 확장, 온라인 쇼핑몰 매출 증가, 팔로워 확대에 효과적인지 알 수 있다. 그리고 어떤 메시지가 사람들의 관심을 얼마나 많이 받고 얼마나 많은 클릭을 유발하는지 보면 각 메시지의 품질을 신속하게 평가할 수 있다.

기존 트래픽을 이용해 한 달 만에
인스타그램 팔로워 20만 명을 늘린 방법

▼

나도 이미 트래픽이 몰리는 곳을 이용해 인스타그램 팔로워를 단기간에 100만 명으로 늘렸다. 한 달에 20만 명이 늘기도 하고 하루에 7만 5,000명이 늘기도 했다. 나의 인스타그램 성장 전략은 이미 상당한

후크 포인트

팔로워를 보유하고 있는 계정에 콘텐츠를 올려서 그것을 본 사람들이 내 계정으로 들어오게 만드는 것이었다. 나는 그들이 팔로우를 버튼을 누르게 하는 강력한 후크 포인트를 찾기 위해 다각도로 콘텐츠를 테스트했다.

특정한 콘텐츠를 다수의 계정을 통해 대대적으로 홍보하려면 먼저 그 콘텐츠의 효력을 확인해볼 필요가 있었다. 이때 나는 400만 명 이상의 팔로워를 보유한 제휴 계정을 이용했다. 나는 다양한 후크 포인트와 콘텐츠 형태를 조합해서 사람들이 내 계정에 들어와 팔로우 버튼을 누르게 하는 힘이 가장 강력한 조합을 찾았다. 그리고 해당 콘텐츠를 수백만 명의 팔로워를 거느린 또 다른 제휴 계정 7~10개를 통해 배포했다(《SNS 고속 성장법 강의》에서 더 자세한 설명을 들을 수 있다. https://www. rapidaudiencegrowth.com/).

무대 위로! 강연으로 영업하는 법
▼

'진짜 수면 전문의' 마이클 브루스는 강연을 많이 한다. 단지 강연 수입 때문만은 아니다. 강연 때마다(그의 강연은 청중이 기본 수백 명, 많으면 수천 명에 이른다) 협찬 계약, 강연 요청, 신규 고객 유입 등의 형태로 새로운 기회가 생기는 것도 활발히 강연 활동을 하는 이유다. 브루스는 청중이 그의 서비스에 공감할 수 있게 강연을 구성한다. '고단한 임원을 위한 수면법' 강연의 경우, 기업의 임원들이 자기 이야기라고 생각할 만한 사례 2~3가지를 통해 양질의 수면을 취하기 위한 조언과 아무나 알 수 없는 고급 정보를 제공한다.

예를 들어 매일 아침 피로감을 호소하는 45세 존의 사례가 있다고 해보자. 존은 술을 좀 마시고, 최근에 몸무게가 늘었고, 운동은 해야겠다고 생각만 하고 많이 하진 못한다. 요즘 그는 매일 밤 3~4번씩 잠이 깬다. 브루스는 이런 인물을 창조해서 효과적으로 정보를 전달한다. 그가 제시하는 사례에 공감하는 사람은 이후 질의응답 시간에 질문할 확률이 높다. 이것은 그에게 좋은 영업 기회가 된다.

질의응답 시간에 사람들이 하는 질문은 크게 두 가지로 나뉜다. 개인적인 질문과 호기심에서 나오는 질문이다. 브루스는 개인적인 질문을 하는 사람에게 보통 이렇게 말한다. "끝나고 바로 가지 마시고 저와 잠깐 얘기 좀 하시죠." 그런 질문이 4~5개 들어오면 잠재 고객이 4~5명 생기는 것이다.

커뮤니케이션의 물꼬를 터줄 수 있는 사람을 잡자

브루스는 2018년에만 인터뷰를 무려 241회나 했다. 월평균 20번 정도 한 셈이다. 이렇게 인터뷰 요청이 쇄도하는 이유는 그가 인터뷰로 만난 언론인들에게 매달 언론인 전용 소식지를 발송하기 때문이다. 이 소식지에는 수면 연구 결과와 함께 기사나 방송에 사용할 만한 후크 포인트가 기재되어 있다. 언론인 명단을 작성한 지 10년쯤 된 지금 그는 세계 주요 언론사에서 활동 중인 언론인 650명 이상의 연락처를 보유하고 있다. 이렇게 직접 언론과 접촉할 수 있으니 그에게는 홍보 담당자가 필요 없다. 자신에게 가장 큰 도움을 줄 수 있는 사람들과 좋은 관계를 맺은 것이다.

초연결자

　오프라인에서 사업을 확장시키려면 당신이 같이 일하고 싶은 사람과 이미 잘 연결된 사람을 찾아야 한다. 나는 이런 사람을 '초연결자'라고 부른다. 초연결자가 필요한 이유는 그들이 웬만해서는 접근하기 어려운 사람들과 친분을 맺고 있기 때문이다.

　당신은 업계에서 잠재적 파트너, 트래픽 유발자, 고객과 연결해줄 수 있는 사람을 찾아야 한다. 초연결자는 특히 이제 막 업계에 발을 들인 사람이나 인맥을 넓히는 데 소질이 없는 사람에게 귀중한 자산이다. 업계에서 신망받는 사람 한 명이 수십 명을 소개해줄 수도 있다. 나는 내성적이라서 끊임없이 사람을 만나야 한다는 생각만 해도 기가 죽는 성격인데, 나 같은 사람에게 초연결자를 찾는 것은 매우 좋은 전략이다. 내 인생에서 중요한 초연결자 중 한 명은 내가 개발한 플랫폼의 라이선스 계약을 체결한 MTV 임원이었다. 그의 소개로 테일러 스위프트, 잡지《바이스》, 래퍼 스눕 독, 방송인 마이클 스트레이핸 등을 만날 기회가 생겼다(자세한 이야기는 1장 참고).

초연결자가 상품을 개선한다

▼

《바보를 위한 ○○○》시리즈의 창시자 존 킬쿨런은 워터사이드 프로덕션스Waterside Productions 소속의 출판 에이전트 빌 글래드스톤Bill Gladstone(나의 에이전트이기도 하다)이 없었다면 시리즈가 성공할 수 없었을 것이라고 말한다. 킬쿨런에게는 좋은 작가가 많이 필요했는데 글래드스톤이 그런 작가를 많이 알고 있었다. 글래드스톤이 연결해준 작가들은 모두 전문적인 지식을 쉽게 풀어내는 것은 물론이고 적절한 유머도 구사할 줄 알았다.

《바보를 위한 ○○○》시리즈의 성공에 기여한 초연결자가 글래드스톤만은 아니었다. 그중에는 킬쿨런이 샌프란시스코에서 농구를 하면서 만난 에릭 타이슨Eric Tyson도 있었다. 타이슨과 가벼운 대화를 나누며 친해진 킬쿨런은 그를 회사로 불러 직원들에게 소개했다. 마침 타이슨이 UC 버클리 평생교육원에서 재테크 수업을 하고 있다고 해서 그들은 관련 서적의 집필을 부탁했다. 그 책이《바보를 위한 재테크Personal Finance for Dummies》다. 알고 보니 타이슨은 투자자 찰스 슈와브Charles Schwab와도 친분이 있었고, 그래서 슈와브가 추천사를 써줬다.

킬쿨런은 탁월한 협력자들이 있었기 때문에 시리즈가 눈부시게 성장할 수 있었다고 본다. 어느 한 사람의 업적이 아니라 훌륭한 팀워크의 산물이라는 것이다. 누가 어떤 식으로 사업의 성장에 기여할지 아무도 모른다. 그러니까 어떤 사람을 만나든 예의를 갖추고 열린 마음으로 그 말을 경청해야 한다. 그 사람이 또 다른 사람을 소개해주거나 새롭게 트래픽을 유발할 길을 열어줄지 누가 알겠는가.

278

유명인 마케팅의 진가

앨릭스 리비언Alex Livian은 온라인 브랜딩 및 유통기업 LMS의 공동 설립자다. LMS는 인플루언서와 손잡고 유료 광고를 주축으로 하는 성장 전략을 통해 강력한 브랜드들을 구축한다. LMS의 최대 고객은 축구 선수 크리스티아누 호날두다. LMS는 호날두의 속옷 브랜드인 CR7의 북미 유통권을 독점하고 있다. 현재 호날두는 인스타그램에서 가장 많은 팔로워(약 2억 5,000만 명을 보유하고 있다. 킴 카다시안, 테일러 스위프트, 더 록, 아리아나 그란데도 그에 비하면 한 수 아래다! 리비언은 이렇게 대중 시장에서 인기가 많은 호날두의 기존 브랜드를 택해서 고속으로 성장시켰다. 만일 맨땅에 헤딩하듯 새로운 브랜드를 만들었다면 그처럼 빨리 성장하진 못했을 것이다.

리비언이 CR7을 유통하기로 한 이유는 호날두가 이미 팬들에게 두터운 신뢰를 받고 있기 때문이었다. 만일 새로운 브랜드를 만들었다면 브랜드 인지도를 높이기 위해 더 큰 노력이 필요했을 것이다. 기존 브랜드를 이용할 때는 이미 인플루언서가 형성해놓은 관계가 있어서 마케팅에 가속도가 붙는다.

리비언은 유명인과 일할 때 장점이 단점보다 많긴 하지만 무턱대고 아무하고나 일하면 안 되고 신뢰할 수 있는 사람을 선택해야 한다고 경고한다. 그 유명인의 대중적 이미지가 나빠지면 브랜드와 매출에 타격을 입을 수 있기 때문이다. 유명인이 추문에 연루되거나 대중의 질타를 받게 됐을 때 보통 그와 관련된 브랜드는 덩달아 이미지가 추락하지 않기 위해 서둘러 발을 빼야 한다.

브랜드가 어떤 한 사람과 연결되면 그 사람의 행실에 이미지가 좌우될 위험이 있으니 현명한 선택이 필요하다. 다행히 리비언이 호날두를 선택한 것은 잘한 결정이었다. 호날두는 축구의 신으로 추앙받을 뿐만 아니라 엄청난 수의 팔로워로 대중 시장에서의 매력을 증명했다. 그의 열성 팬들을 공략함으로써 리비언은 고객 유치에 필요한 비용을 크게 줄일 수 있었다.

대형 인플루언서나 유명인과 협력할 때는 그 사람과 상품의 결합이 진정성 있게 느껴져야 한다. 그렇지 않으면 마케팅에 별로 도움이 안 된다. 리비언은 전직 농구 선수인 샤킬 오닐이 출연한 뷰익Buick 광고를 보고 '덩치가 너무 커서 차에 겨우 들어가는 사람을 광고 모델로 쓰다니… 이해가 안 가네'라고 생각했다. 반대로 카사미고스Casamigos 테킬라 광고에서 배우 조지 클루니를 봤을 때는 그의 점잖은 이미지가 카사미고스와 잘 어울려서 좋은 조합이라고 평가했다. 이렇듯 상품과 이미지가 잘 어울리고 신뢰감 있는 인물을 기용하면 상품에 대한 대중의 신뢰도가 즉각 상승한다.

유명인과 협력하는 것은 잘만 하면 사업을 빠르게 키우는 길이다. 고객 유치 비용이 절감되고 마케팅에 가속도가 붙는다. 단, 브랜드나 상품을 누군가와 연관시킬 때는 그 누군가를 현명하게 선택해야 한다.

소개의 힘으로 사업을 키우는 법

▼

플래티넘 피트니스의 운영자 피터 파크는 전통적인 마케팅 기법을 거의 안 쓴다. 지금까지 여러 유명인과 억만장자를 포함해 그의 고객은 대부분 입소문 마케팅으로 확보됐다. 파크는 많은 고객(특히 유명한 스포츠 선수나 CEO)이 사생활 노출을 꺼린다고 말한다. 그래서 그는 고객과 신뢰를 유지하기 위해 SNS나 신종 광고 기법을 신중하게 사용한다. 파크와 친구가 된 나는 그와 대화를 나눌 때마다 그에게 트레이닝을 받는 줄 몰랐던 새로운 유명인 고객에 대해 듣게 된다. 그가 일부러 자랑하는 게 아니라 어디까지나 가볍게 이야기를 주고받는 중에 자연스럽게 나오는 말이다. 그에게 거물급 고객이 몰리는 이유다.

파크에게는 좋은 고객을 많이 소개해주는 사람이 몇 명 있는데 그중 한 명이 세계적인 의사인 크리스 레나Chris Renna다(그 또한 초연결자다). 이런 의사가 레나 외에도 3~4명 더 있다. 이들은 환자에게 "건강하게 살고 싶으면 파크에게 트레이닝을 받는 게 제일 좋습니다. 그 사람은 프로 중의 프로예요. 파크가 쓴 책을 보면 그의 철학에 대해 자세히 알 수 있습니다"라고 파크를 소개한다. 그러면 환자들은 세계적인 의료인이 추천하는 만큼 당연히 믿을 만한 사람일 것이라고 생각한다.

기존 고객의 소개로 파크를 찾아오는 사람도 많다. 고객에게 약속한 것을 잘 이행하면 새로운 고객이 생긴다. 파크의 도움으로 15킬로그램을 감량하거나 허리 근육을 강화해 난생처음으로 자녀를 들어 올릴 수 있게 된 사람들은 그야말로 인생 역전을 경험한다. 그러면 기쁘고 감사한 마음이 자연스럽게 그를 추천하는 말로 이어지고, 그래서 다른 사람들도 그를 찾아오게 된다.

나의 아버지 짐 케인도 이전에 몸담았던 로펌(시카고에서 가장 역사와 신망이 깊은 로펌)에서 새로운 고객 중 대다수가 소개를 통해 찾아왔다고 한다. 그곳의 변호사들은 새로운 고객을 찾기 위해 자신의 전문 분야와 관련된 모임에 가입해서 인맥을 쌓았다. 그 인맥이 바로 고객을 유치하는 비결이었다.

아버지는 로펌 입사 전에 시카고시청과 일리노이주정부에서 일했기 때문에 유리한 위치에 있었다. 시청과 주정부는 굵직굵직한 사업과 계약이 끊임없이 발생한다. 그곳에서 능력을 인정받은 만큼 아버지는 많은 잠재 고객을 확보할 수 있었다. 인맥은 새로운 사업 기회를 발굴하기 위해 절대로 과소평가할 수 없는 요소다.

어떤 업계에 종사하든 중요한 인물들과 친분이 생기면 사업 확장에 도움이 된다. 그러니까 자신의 사업을 다른 사람들에게 소개해줄 초연결자 한두 명의 신뢰를 얻기 위해 노력하자. 도움을 줄 수 있는 사람을 현명히 선택해서 공을 들이면 사업이 한층 빨리 확장될 것이다.

주의: 장기적 성장성을 고려하라

▼

의사들이 환자에게 소개하는 것은 플래티넘 피트니스라는 사업체가 아니라 피터 파크라는 전문가다. 이게 어느 순간부터 파크에게 고민거리가 됐다. 이미 고객이 너무 많아서 소개를 받고 오는 사람을 전부 자기 고객으로 받을 수가 없기 때문이다. 그가 세계적인 수준의 트레이닝 팀을 만든 이유도 거기에 있다. 그런데 파크의 이름을 듣고 온 사람 중에는 꼭 파크에게 트레이닝을 받아야겠다는 사람이 많다. 그래서는 회사가 성장하기 어렵다.

그래서 나와 파크는 그의 메시지를 재포지셔닝하고 있다. 이제 파크는 소개를 받고 온 사람에게 자신이 운영하는 팀의 위력을 말한다. '전문성 있는 팀원'들과 함께 일한다는 데 초점을 맞춰 이야기하라는 내 코칭에 따른 것이다. 허리가 아파서 온 사람은 허리가 전문인 팀원에게, 무릎이 아파서 온 사람은 무릎이 전문인 팀원에게 트레이닝을 받으면 된다. 이런 식으로 이야기를 바꾸자 "파크가 세계 최고다"라는 후크 포인트가 "파크의 '팀'이 세계 최고다"로 바뀌어 사업이 한층 빨리 성장할 수 있게 됐다.

후크 포인트와 이야기를 만들 때 자신을 어떻게 포지셔닝하고 있는지 생각해보자. 후크 포인트와 이야기는 사업의 장기적 성장에 기여할 수 있어야 한다. 미래를 보는 안목이 있을 때 더 빠른 성장을 기대할 수 있다.

주 타깃층보다 넓게 보라
▼

유료 광고를 낼 때는 해당 상품이나 서비스를 구매할 확률이 가장 높은 집단에만 초점을 맞춰서 광고 콘텐츠를 만드는 게 보통이다. 하지만 일반적으로 SNS용 비非광고 콘텐츠를 제작할 때는 일단 수많은 사람에게 통할 만한 콘텐츠를 만들어서 그중에 있는 주 타깃층에게도 자연스럽게 콘텐츠가 전달되게 하는 전략이 좋다.

디지털 콘텐츠 전략가 나빈 고다가 퍼스트 미디어에서 SNS 콘텐츠 기획자로 있을 때 그의 팀은 항상 대히트작을 만드는 것을 목표로 삼았다. 그래서 DIY 마니아들만 공략하지 않고 훨씬 많은 사람에게 통할 만한 콘텐츠를 기획했다. 알고리즘의 작동 원리를 고려해서 나온 판단이었다(3장 참고). 퍼스트 미디어의 영상은 이처럼 폭넓은 시청자층을 겨냥했기 때문에 보통 3,000만~1억 정도의 조회 수를 올렸다. 그래서 주 타깃층인 DIY 마니아들 사이에서만 히트를 치는 게 아니라 DIY에 별로 관심이 없었던 사람들도 새로운 시청자로 확보했다.

영상에 대한 관심이 고조되자 퍼스트 미디어는 시청자를 밀레니얼세대의 아기 엄마에서 밀레니얼세대 여성 전체는 물론이고 그 외의 집단으로까지 확장할 수 있었다. 시청자층이 넓어지면서 새로운 사업 기회가 속속 생겨났다. 그래서 조촐하게 3인으로 시작했던 팀이 2년 반 만에 55인을 넘어섰고 월평균 조회 수는 30억 회에 이르렀다.

SNS에서 유료 광고 캠페인을 할 때도 일단 타깃층을 '넓게' 잡은 후 분석 데이터를 보고 '진짜' 타깃을 선정하기를 권한다. SNS 타깃 마케팅에 관해서는 전작인 《100만 팔로워 마케팅》(www.onemillionfollowers.com)에 자세히 설명되어 있다. 여기서는 SNS 플랫폼에서는 미처 생각지도 못했던 집단이 상품에 관심을 보일 수도 있으니까 테스트를 통해 이상적인 고객층을 찾는 게 좋다는 점을 꼭 알아두자.

진성 팬 1,000명론 뒤집기

케빈 켈리Kevin Kelly는 100달러를 지불할 용의가 있는 진정한 팬 1,000명만 있어도 연간 10만 달러를 벌 수 있다는 이른바 '진성 팬

1,000명론'의 주창자다. 그는 이처럼 진심으로 상품이나 서비스를 구매해줄 팬층을 확보하려면 서두르면 안 된다고 말한다. 그의 주장도 틀렸다고 할 수는 없지만 내 방식은 또 다르다.

나는 엔터테인먼트 업계 출신이다. 그쪽에서 1,000명은 투자수익률을 논할 수 없을 정도로 미미한 규모. 어디 가서 시청자나 관객 1,000명은 말할 것도 없고 1만 명을 목표로 하는 기획안을 냈다가는 바로 퇴짜를 맞을 것이다. 나는 최단기간에 수백만 명을 확보할 수 있는 기획안을 제시해야 했다.

그러다 보니 자연스럽게 시청자나 관객 같은 잠재적 수용자의 규모를 크게 생각하는 습관이 들었다. 영화를 홍보할 때는 속편이 아닌 이상 단 몇 달 만에 브랜드를 구축해야 한다. 이 브랜드는 겨우 5,000명이나 1만 명에게 기대서는 살아남을 수 없다. 초단기간에 기본적으로 2,000만, 3,000만, 5,000만, 1억 명의 관객을 확보해야 한다.

나는 엔터테인먼트업계에 있으면서 초단기간에 대규모의 잠재 고객을 확보하는 능력을 길렀다. 아마 어떤 업종에서든 그런 능력이 있는 사람은 특별한 기회를 얻을 수 있을 것이다. 작가, 셰프, 운동선수 등 직업을 막론하고 누구든 수많은 사람에게 관심을 받을 수 있다면 유리한 게 당연하다.

최근에 세계 최고 셰프들의 SNS 계정을 들여다봤다. 볼프강 퍽 Wolfgang Puck 등 거물급 셰프 중에도 인스타그램 팔로워가 21만 5,000명 이하인 사람이 많았다(이 글을 쓰는 시점을 기준으로). 이 정도는 인스타그램 전체로 보면 엄청나게 많다고 할 정도는 아니지만, 요식업계로 한정하면 많은 축에 속한다. 이런 상황에서 만약 팔로워가 30만~35만 명 있는 셰프가 있다면 업계에서 독보적인 위치를 차지할 수 있을 것이다. 이렇게 팔로워가 특출하게 많은 사람은 그것만으로 관심을 받는다. 그래서 평균 이상의 팔로워, 구독자, 시청자 수를 이용해 새로운 고객을 유치하고, 새로운 계약을 성사시키고, 팟캐스트나 방송 출연 기회를 얻을 수 있다.

다시 말하지만 1,000명의 진성 팬을 확보하는 것도 분명히 의미 있고 사업에 도움이 되는 일이다. 하지만 노출의 범위를 극대화할 때 1,000명의 진성 팬도 더 빨리 찾을 수 있고 온라인만 아니라 오프라인에서도 더 많은 기회를 발굴할 수 있다. 나는 내 존재감을 최대한 많은 사람에게 최대한 강렬하게 드러낼 수 있도록 30일 만에 100만 팔로워를 모았다. 그 100만 명이 모두 내 상품을 살 만큼 열렬한 팬이 아닌 것은 나도 잘 알았지만, 그것은 중요한 문제가 아니었다. 진짜 중요한 것은 그 후크 포인트(30일 만에 100만 팔로워 확보)를 이용해 팟캐스트, 강연, 방송에 나갈 기회를 잡고 중요한 사람이나 기업과 전략적 제휴를 맺어 결과적으로 내가 더 많은 사람에게 노출되는 것, 그래서 진성 팬 1,000명, 아니, 그 이상을 더 빠르게 확보하는 것이었다.

당신도 되도록 원대하게 생각했으면 좋겠다. 현재 당신의 커리어에서 인생을 역전시킬 기회는 무엇인가? 그런 기회를 가져다줄 사람들에게 당신을 노출하기 위해 현재의 팔로워, 구독자, 시청자 수를 어떻게 이용할 수 있을까? 커리어에 돌파구를 만들어줄 사람들이 당신에게 관심을 가지도록 최대한 광범위하고 강렬하게 존재감을 드러내자.

온라인과 오프라인 활동 결합하기

여러 가지 방법으로 온라인과 오프라인 활동을 결합해서 브랜드 인지도를 높이고, 성장 동력을 증폭시키고, 의미 있는 기회를 창출할 수 있다. 지금부터 하는 설명을 따라서 온·오프라인의 시너지를 일으키면 사업을 확장하고 장수하는 브랜드를 만들 수 있을 것이다.

SNS 팔로워 확보로 오프라인 신뢰도를 높인다

오프라인에서 콘텐츠를 발행하려는 사람이라면 온라인에서 확보한 팔로워 수가 오프라인에서 신뢰도를 평가하는 잣대가 된다는 사실을 알아야 한다(물론 팔로워 수가 허위가 아니어야 한다). 사람들은 팔로워가 많은 사람에게 더 큰 관심을 보인다. 이미 수많은 사람이 그 사람의 콘텐츠를 보고 있다면 따라서 보고 싶어진다. 그게 인간의 본성이다.

그러니까 오프라인에서 신뢰도를 높이기 위해서라도 온라인에서 최대한 신속하게 최대한 많은 팔로워를 확보하자. 그러면 당신은 자연스럽게 튀는 사람이 된다. 상당한 규모의 팔로워를 모으는 것은 아무나 할 수 있는 일이 아니기 때문이다. 그리고 대규모 팔로워는 그 자체로 좋은 후크 포인트가 된다. 그것이 당신의 첫째가는 후크 포인트는 아닐 수 있다. 아마 제일 강력한 후크 포인트는 당신이 사업이나 업무에서 실제로 하는 일과 관련이 있을 것이다. 하지만 SNS에서 방대한 팔로워를 보유한 것은 의사, 작가, 배우 등등 어떤 직종이든 간에 사람들이 관심을 갖고 메시지에 귀를 기울이게 만드는 요인이 된다.

SNS 영향력으로 오프라인에서 기회를 얻은 예

알다시피 나는 페이스북에서 30일 만에 100만 팔로워를 확보했고 인스타그램에서 초단기간에 100만 팔로워를 확보하는 요령도 터득했다. 많은 사람이 그것을 대단하게 여기고, 그래서 나는 튀는 사람이 됐다. 나는 이렇게 온라인에서 이룬 업적을 오프라인에서 하는 이야기에도 후크 포인트로 이용한다. 그러면 한층 수월하게 사람들의 관심을 끌고, 내 인지도를 높이고, 사람들을 교육하고, 사람들에게 의욕을 불러일으킬 수 있다.

짐작하다시피 팔로워가 많으면 브랜드 제휴나 인플루언서 협찬 같은 방식으로 수익을 창출할 기회가 생기고 이런저런 비즈니스 관계가 형성된다. 그리고 SNS 플랫폼의 광고 기능을 이용해서 잠재 고객을 발굴하고 온라인 직접 판매의 형태로 상품과 서비스를 대량으로 판매할 수 있다. 그런데 이렇게 온라인에서 생기는 기회만으로 끝이 아니다. 온라인에서 콘텐츠가 소비되고 상품과 서비스가 판매되면 그 기세를 몰아 오프라인에서도 좋은 기회를 만들 수 있다.

온라인 팔로워를 토대로 오프라인에서 전략적 제휴나 계약을 체결할 수 있고 좀 더 영향력 있는 존재가 될 수 있다. 일례로 HBO 드라마 〈왕좌의 게임〉에서 산사 스타크 역을 맡아 유명해진 배우 소피 터너는 SNS 팔로워가 많다는 이유로 자기가 보기에 "훨씬 실력 있는" 배우를 제치고 어떤 배역에 캐스팅된 적이 있다고 한다.[69]

나도 온라인에서 성공한 이야기로 출판 에이전트와 계약을 맺고 책을 출간했다. 온라인 활동 덕분에 오프라인에서 실물 상품이 생긴 것이다. 그리고 다시 온라인으로 돌아와서 SNS에서 그 책을 팔았다. 그때

후크 포인트

부터 대규모 팔로워라는 후크 포인트와 이에 대한 책을 썼다는 사실을 이용해 세계 곳곳에서 강연할 기회를 얻었다. 나는 이케아, 마인드밸리, 웹 서밋(참가자가 7만 명 이상이다)이 주최하는 유명한 행사에 강연자로 나섰다.

좋은 후크 포인트에 출간과 강연 경력까지 더해지자 많은 사람이 청취하는 유명한 팟캐스트들에 출연할 기회가 생겼다. 더 많은 사람에게 나를 드러내고 메시지를 전할 수 있었다. 그랬더니 이번에는 폭스 비즈니스, 시리우스XM, KTLA, 야후 파이낸스 같은 미디어에서 출연 요청이 들어왔다. 덕분에 내 영향력이 더 커지고 훨씬 많은 사람에게 내 브랜드가 노출됐다.

온·오프라인에서 각 단계를 거칠 때마다 내 브랜드의 성장세가 눈덩이처럼 불어난 것이 보이는가? 나는 SNS에서 대규모 팔로워를 확보한 이야기로 오프라인에서 입지를 강화했다. 당신도 할 수 있다. 팔로워가 100만 명이든 1만 명이든 간에 그 가치를 단순히 온라인 직접 판매나 브랜드 제휴에 한정해서 생각하지 말자. SNS 팔로워가 많으면 오프라인에서도 그만큼 신뢰도가 높아진다는 점을 십분 활용하자. 팔로워수를 내세워 오프라인에서 전략적 제휴나 계약을 체결할 기회를 찾는다면 온라인에만 집중할 때보다 더 큰 계약을 성사시키고 매출 잠재력도 커질 것이다.

오프라인 브랜드를 온라인에서 성장시키기

반대의 경우도 가능하다. 요즘 내가 '진짜 수면 전문의' 브루스와 진행 중인 작업이 좋은 예다. 앞에서도 말했지만 브루스는 오프라인에서 엄청난 브랜드를 만들었다. 수많은 행사에서 강연을 했고 〈오프라 윈프리 쇼〉, 〈투데이〉, 〈닥터 오즈 쇼〉 등 다수의 방송에 출연했다. 그런데 오프라인에서는 그렇게 수많은 사람에게 노출되고 굉장한 성공을 거둔 브루스지만 온라인에서 성장세는 그에 한참 못 미쳤다.

앞서 말한 대로 브루스는 강연 막바지에 메일 주소를 수집하는 방식으로 잠재 고객을 발굴한다. 하지만 다년간 전국을 돌며 강연을 했음에도 지금껏 확보한 메일 주소는 몇천 개에 불과했다. 나는 그를 처음 만났을 때 그 정도는 온라인에서 하루 이틀이면 수집할 수 있다고 말했다. 지금 우리는 그의 후크 포인트와 그가 오프라인에서 수집한 데이터를 총동원해 온라인에서 그의 영향력을 키우는 데 집중하고 있다. 이를 통해 그의 온·오프라인 활동이 결합되어 브랜드와 사업이 더욱 성장할 것으로 기대된다.

오프라인에서 제일 강력한 후크 포인트를 온라인으로 가져오는 것도 좋은 전략이다. 그러면 며칠 만에 잠재 고객 수십만 명에게 콘텐츠가 노출될 수 있고, 그들이 콘텐츠에 공감하면 기꺼이 이름과 메일 주소를 넘겨줄 것이다. 앞에서 브루스에게는 '취침 전 섹스를 위한 최적의 시간은?'이라는 후크 포인트가 있다고 했다. 이 질문에 답하는 영상을 만들고 내가 전작인《100만 팔로워 마케팅》에서 제시한 SNS 테스트 전략에 따라 100만 명 이상에게 노출시킨다면 어떨까? 그렇게 흥미로운 콘텐츠를 무료로 제공한다면 수천, 수만 명이 이름과 메일 주소를 제공할 것이다. 이렇게 수집된 메일 주소는 또 다른 수익 창출 기회(온라인 강의, 협찬, 도서 홍보, 워크숍)를 찾는 데 이용할 수 있다.

이것은 온·오프라인 활동을 병합했을 때 누릴 수 있는 이점 중 하나에 지나지 않는다. 사업을 온라인이나 오프라인 한 방면으로만 키우려고 하지 말고 두 공간에서 시너지를 일으킬 방법을 모색하자. 온·오프라인 활동을 유기적으로 연계하면 폭발적인 성장을 도모할 수 있다.

오프라인에서 이야기 테스트하기

내가 팔로워 100만 명을 모으려고 한 이유는 오프라인에서 목소리를 키우기 위해서였다. 팔로워 수를 이용해 즉시 브랜드 제휴를 맺거나 여타 수익 창출 기회를 찾을 수도 있었겠지만, 내가 보기에 디지털 세상은 이미 수많은 인플루언서로 발 디딜 틈이 없었다. 나는 더 강력한 후크 포인트를 원했다. 나를 차별화하고 싶었다. 그래서 온라인이 아닌 오프라인에서 팔로워 수를 전략적으로 이용하면 내 브랜드의 성장세를 키울 수 있으리라 판단했다.

요즘 나는 반대로 온라인에서 팔로워 수를 어떻게 이용할 수 있을지 알아보기 위해 브랜드 제휴를 전문적으로 추진해줄 사람을 찾고 있다. 말했다시피 팔로워 수를 이용해 직접적인 수익을 올리는 것도 가능하다. 그래서 일부 인플루언서는 온라인 활동으로 수백만 달러를 번다. 당신도 그런 목표가 있다면 부디 그렇게 되기를 바란다. 하지만 기왕이면 더 큰 그림을 봤으면 좋겠다. 온라인에서 이룬 것을 토대로 오프라인에서도 메시지를 강화하고, 브랜드를 키우고, 새로운 성장의 기회를 찾아내는 것은 정말로 짜릿한 경험이 될 것이다.

팟캐스트를 통해 더 큰 기회를 찾는다

내가 팟캐스트 〈고수를 찾아서: 마이클 저베이스의 고高성과 심리학)에 출연한 것도 온·오프라인 활동을 결합한 예다. 〈고수를 찾아서〉는 수많은 청취자를 보유한 초인기 팟캐스트이고 여러 기업의 중역이 내 출연분을 듣고 같이 일해보자고 제안해와서 상당한 매출이 보장되는 계약들이 성사됐다.

그렇게 새로운 고객을 유치하기 위해 나는 온·오프라인 활동을 병합했다. 나는 친구의 소개로 잡힌 미팅(오프라인 활동)에서 100만 팔로워 확보(온라인 전략)라는 후크 포인트와 저서(오프라인 상품)를 이용해 팟캐스트 출연 기회(온라인)를 얻었고, 팟캐스트를 녹음함으로써(오프라인) 많은 청취자에게 노출된(온라인) 결과로 여러 곳에서 같이 일하자는(온라인과 오프라인) 제안을 받았다. 장황하게 말해서 헷갈릴 수 있겠지만 요점은 온·오프라인 활동을 병합하면 좋다는 것이다! 온라인 활동과 오프라인 활동이 서로 끌어주고 당겨주는 관계가 보이는가? 온라인 활동과 오프라인 활동이 지속해서 연쇄 작용을 일으키며 기회를 창출했다. 그 출발점은 흥미로운 후크 포인트와 이야기다. 이것을 다양한 매체에서 활용할 때 다양한 집단에 브랜드를 노출시켜 인지도를 높일 수 있다.

첫 팟캐스트 출연 기회를 얻는 법
▼

생애 처음으로 팟캐스트에 출연하기 위해 사용할 수 있는 방법이 몇 가지 있다. 하나는 홍보 담당자를 두는 것이다. 홍보 담당자는 문자 그대로 홍보 활동 전반을 책임지는 사람으로, 팟캐스트 외에도 라디오,

텔레비전, 인쇄 매체에 출연하거나 소개될 기회를 찾는다. 하지만 무턱대고 아무나 기용하면 안 된다. 장기 계약을 고집하지 않는 사람(자기 역할을 똑바로 하는 사람인지 일단 확인해야 하므로), 같이 일할 때 즐거운 사람, 당신의 브랜드를 잘 이해하는 사람을 선택하자.

아니면 팟캐스트 출연을 전문적으로 주선해주는 업체를 이용하는 방법도 있다. 인터뷰 발레Interview Valet는 팟캐스트 인터뷰 마케팅을 전문으로 하는 기업이다. 팟캐스트 출연을 원하는 사람과 적당한 팟캐스트를 연결해준다. 더 나아가 출연 준비를 도와주고 SNS에 홍보해주기도 한다.[70] 다만 내 경험에 비춰볼 때 이런 업체가 찾아주는 팟캐스트는 보통 회당 다운로드가 1,000~4만 회에 불과하다. 회당 다운로드가 10만 회를 넘어서는 초인기 팟캐스트에 비하면 저조한 수치다. 그래도 이제 막 시작하는 사람에게는 좋은 출발점이 될 것이다(인터뷰 발레와 연결이 필요하다면 bkane@brendanjkane.com으로 연락주기 바란다).

나는 친구와 동료의 소개로 최상위권 팟캐스트에 출연할 기회가 생겼다. 주변 사람의 소개는 언제나 가장 쉽고 효과적인 방법이고 보통은 따로 비용이 발생하지도 않는다. 하지만 아직 주변에 그런 쪽으로 도와줄 만한 사람이 없다면 먼저 초연결자를 찾거나 대규모 팔로워를 만들어서 새로운 인맥이나 기회를 발굴해야 한다.

이것은 팟캐스트 출연을 위해 쓸 수 있는 또 다른 방법과 자연스럽게 연결된다. 그 방법이란 SNS의 대규모 팔로워를 이용해 팟캐스트에 출연하거나 직접 팟캐스트를 만드는 것이다. 팟캐스트에는 청취자가 필요하다. 당신이 SNS 팔로워를 많이 확보하고 있다면 팟캐스트 운영자들이 팟캐스트를 키우기 위해 출연을 요청할 것이다.

혹은 당신의 팔로워들에게 노출되기를 원하는 사람들을 초대해서 팟캐스트를 만들 수도 있다. 제이 셰티는 바이럴 콘텐츠 제작자로 성공한 후 그것을 발판으로 〈제이 셰티의 목적이 있는 대화On Purpose with Jay Shetty〉라는 초인기 팟캐스트를 만들었다. 역대 출연자 중에는 사업가 바이너척, 통합의학 전문가 디팩 초프라Deepak Chopra, 그래미상 수상자 얼리샤 키스,《월가의 늑대》의 저자 조던 벨포트Jordan Belfort, 리얼리티 쇼 스타 클로이 카다시안, 배우 케이트 보스워스, 에바 롱고리아, 패션 디자이너 케네스 콜 등이 있다. 셰티는 이런 유명인들을 출연시킴으로써 영향력을 키우고 더 많은 사람에게 노출된다. 그리고 당장은 아니어도 장래에 도움이 될 만한 출연자와도 전략적으로 관계를 맺는다. 상대방도 셰티의 팟캐스트에 출연함으로써 새로운 팬을 확보할 수 있으니 서로 이득이다.

나는 100만이라는 팔로워 수와 그 많은 팔로워를 단 30일 만에 모았다는 후크 포인트를 이용해 수많은 팟캐스트에 출연했다. 팔로워가 100만 명이라는 사실은 팟캐스트 운영자들에게 흥행 보증 수표나 마찬가지다. 나를 출연시키면 청취자들이 흥미를 느끼는 동시에 자신의 팟캐스트도 성장할 수 있으리라고 기대할 수 있다.

일단 팟캐스트에 몇 번 출연하고 나면 다른 팟캐스트에서도 연락이 온다. 내 경우에는 다른 팟캐스트에서 들었다며 팟캐스트 출연을 요청하는 링크드인 메시지가 일주일에 2~3개씩 온다. 팟캐스트에 몇 번 출연해서 좋은 결과물을 만들면 그때부터는 출연 요청이 눈덩이처럼 불어날 수도 있다. 잘하니까 여기저기서 찾는 게 당연하다.

처음에는 기회가 닿는 대로 모두 출연하기를 권한다. 나는 청취자

　　　　　　　　　　　　　　　　　　　　　후크 포인트

규모를 따지지 않고 웬만하면 다 출연한다. 나를 노출할 기회는 언제든 환영이다. 청취자가 고작 100명이라고 해도 좋다. 그런 팟캐스트의 출연 시간은 보통 20~30분인데 나는 그 시간을 더 큰 기회에 대비하는 연습 시간이라고 생각한다.

첫 강연 기회를 얻는 법

나는 강연 기회를 찾기 전에 강연 코칭부터 받았다. 훈련된 강연자와 미숙한 강연자의 차이를 잘 알고 있었기 때문에 섣불리 강연자로 나서고 싶지 않았다. 혹자는 카리스마가 전부라고 하지만 강연을 잘하려면 체계적인 구성이 중요하다. 탁월한 강연자는 청중의 시간을 헛되이 쓰지 않는다. 나는 일류 강연자가 되겠다는 포부로 전문성을 기르기로 했다(강연 코치를 소개받고 싶다면 bkane@brendanjkane.com으로 연락주기 바란다).

그러다 이만하면 됐다는 자신감이 생겼을 때부터 주변 사람들에게 강연 기회를 찾고 있다고 말했다. 비즈니스 파트너 한 명이 행사 기획 쪽에서 일하는 사람을 몇 명 소개해줬다. 그들이 나를 이케아와 연결해 줘서 스웨덴 본사에서 강연을 하고 워크숍을 진행할 기회를 얻었다.

팟캐스트처럼 강연도 눈덩이 효과가 있다. 강연을 많이 하고 잘할수록 더 많은 곳에서 제의가 들어온다. 사람들은 강연을 잘하는 사람을 보면 자신이 주최하는 행사에도 초빙하려고 한다. 청중 중에 잠재 고객이 많이 존재할 수도 있다.

처음 강연을 하러 가면 대기실에서 다른 강연자들과 친분을 맺자. 그들이 또 다른 강연 기회를 소개해줄 확률이 매우 높다. 나는 그렇게 '진짜 수면 전문의' 브루스를 만났고 그가 나를 여러 행사에 소개해주고 있다.

말했다시피 소개를 통해 기회를 얻는 게 제일 쉽고 좋은 방법이지만 에이전시를 이용하는 방법도 있다. 나도 에이전시와 계약한 후 보수를 받는 강연의 횟수가 증가했다. 만일 에이전시를 이용할 여건이 안 된다면 직접 부딪쳐보는 것도 한 방법이다. 먼저 자신의 분야에서 보수를 받고 강연하는 사람들이 누구인지 조사해보자. 이제 그들의 웹사이트에 들어가서 그들이 언제 어떤 행사에서 강연을 하는지 보자. 그 행사의 주최 측에 직접 자신을 소개하자.

아마 처음부터 강연료를 받지는 못할 것이다. 물론 당신이 누구나 다 아는 유명인이거나, 인지도 높은 브랜드를 보유하고 있거나, 매우 구체적인 주제에 대한 전문가라면 또 모르겠지만 말이다. 그렇지 않다면 초반에는 무보수로 강연을 해야 할 테지만, 그런 경험이 쌓이면서 결국에는 강연료도 받게 될 것이다. 나는 이케아 강연 때 강연료를 받았지만 말했다시피 그것은 이케아를 전략적으로 소개받은 덕분이었다. 이후로 한동안은 많은 행사에서 무보수로 강연을 하면서 강연자로서 신뢰를 쌓고 강연 동영상을 남겼다.

나는 강연 기회를 더 많이 얻기 위해서 내가 어마어마한 수의 팔로워를 보유해서 튀는 존재라는 강점도 활용한다. 주최 측에 내가 팔로워들에게 행사를 홍보해줄 수 있다고 말한다. 그것은 그들이 듣고 싶어 하는 것, 그들에게 가치 있는 것이다.

웹 서밋에서는 디지털 광고 전문가로서 가치 있는 것을 제공했다. 웹 서밋은 7만여 명이 참여하는 세계 최대 IT 행사다. 주최 측을 만났을 때 나는 이미 조사를 통해 웹 서밋 동영상의 최대 조회 수가 100만 회 정도라는 것을 알고 있었다. 그래서 그 기록을 깨주겠다고 장담했다. 그리고《100만 팔로워 마케팅》에서 소개한 광고 전략에 따라 행사 동영상을 제작해 120만 회가 넘는 조회 수를 기록했다.

이렇게 약속을 이행함으로써 나는 신뢰도라는 측면에서 튀는 존재가 됐다. 주최 측은 그동안 어떤 강연자도 약속하지 못했던 가치 있는 결과를 내가 실현해내자 뛸 듯이 기뻐했다. 그 일이 나에게도 도움이 됐다. 이후로 이 웹 서밋 사례를 이용해 강연료를 받는 강연 기회를 더 많이 얻을 수 있었기 때문이다. 이 사례는 내가 주최 측에 무엇을 해줄 수 있는지 보여주는 증거가 됐다. 그렇게 가치 있는 것을 제공함으로써 나는 세계 곳곳에서 강연할 기회를 잡았다. 이 글을 쓰는 지금도 포르투갈에서 강연 중이다.

첫 TV 출연 기회를 얻는 법

내가 처음으로 TV에 출연한 것은 그때까지 10년 정도 알고 지낸 친구를 통해서였다. 그녀는 폭스 비즈니스의 방송 진행자다. 내가 일부러 방송에 출연하기 위해 그녀와 친분을 맺은 것은 아니다. 솔직히 내가 그 방송에 출연하게 되리라고는 생각도 못 했다. 하지만 실제로 그런 일이 일어났다.

그 외의 TV 출연은 모두 홍보 담당자를 통해 이뤄졌다. 사실 내게 TV 출연은 부수적인 활동이다. 여기서 말하고 싶은 것은 TV에 출연하고 싶다면 기존의 인맥을 잘 활용하고, 남들이 제공하지 못하는 가치 있는 것을 제공하며, SNS 팔로워를 이용하라는 것이다. 방송 프로듀서들은 기왕이면 팔로워가 많은 사람을 원한다. 그만큼 시청자가 늘어나기 때문이다. 방송에서 시청률은 중요한 문제다. 이렇게 SNS에서 쌓은 인지도와 신뢰도를 잘 활용하면 뜨는 존재가 되어 TV에 출연할 확률이 높아지고, TV에 출연하면 자연스럽게 사업이 성장할 것이다.

▼

팁과 요약

1 상품, 서비스, 콘텐츠로 유입되는 트래픽을 맨땅에 헤딩하듯이 만들려고 하지 말고 이미 트래픽이 몰려 있는 곳으로 가자.

2 SNS 광고 플랫폼은 대용량 트래픽을 테스트하기 좋은 수단이다.

3 이미 트래픽이 많은 곳을 이용해 SNS 팔로워를 급속도로 증가시킬 수 있다. 나는 한 달에 팔로워가 20만 명 늘기도 하고 하루 만에 7만 5,000명이 늘기도 했다.

4 오프라인에서 사업을 확장하려면 자신이 같이 일하고 싶은 사람들과 이미 잘 연결되어 있는 사람, 즉 '초연결자'를 찾아야 한다.

5 브랜드와 이미지가 잘 맞는 유명인을 동원하면 홍보에 가속도가 붙는다.

6 누가 어떤 식으로 사업의 성장에 기여할지 모르니 어떤 사람을 만나든 예의를 갖추고 열린 마음으로 그 말을 경청하자.

7 소개와 입소문은 최강의 마케팅 수단이다.

8 후크 포인트를 제작할 때는 장기적인 성장을 고려하자.

9 커리어에 돌파구를 만들어줄 사람들이 관심을 가지도록 최대한 광범위하고 강렬하게 존재감을 드러내자.

10 온·오프라인 활동을 잘 결합하면 사업의 성장 속도를 키우고 장수하는 브랜드를 만들 수 있다.

9장

스칼렛 요한슨과
핫윙을 먹는 법

지금까지 후크 포인트를 만들고, 흡인력 있는 이야기를 하고, 신뢰를 쌓고, 경청하고, 가치 있는 것을 제공하고, 사업을 확장하는 방법을 알아봤으니 이제 거물급 고객을 유치하고, 더 큰 계약을 따내고, 최정상에서 살아남을 준비가 됐다. 탄성이 나올 만큼 화려한 고객군을 확보하고 싶다면 자신을 순식간에 독보적인 존재로 각인시킬 방법이 무엇인지 판단하는 능력이 요구된다.

셀레나 고메즈와 지미 팰런의
눈물 쏙 빼는 인터뷰 (〈맵터뷰〉)

거물급 고객을 유치하기 위해 꼭 새로운 상품이나 서비스를 개발해야 하는 것은 아니다. 기존의 상품이나 서비스를 획기적으로 패키지화해서 더 매력적으로 보이게 만들어도 충분하다. 크리스토퍼 숀버거 Christopher Schonberger가 제작하는 〈맵터뷰Hot Ones〉는 진행자 숀 에번스 Sean Evans와 유명인이 엄청나게 매운 핫윙을 먹으면서 인터뷰하는 온라인 방송이다. 이 콘텐츠의 후크 포인트는 세계적으로 유명한 사람들이 세상에서 제일 매운 핫윙을 먹고 보여주는 온갖 반응이다. 개중에는 우는 사람도 있고 토하는 사람도 있고 코미디언 보비 리는 바지에 실례를 하기까지 했다.[71] 이 방송의 태그라인은 "매운 질문과 더더더 매운 핫윙이 있는 방송"이다. 출연자는 핫윙을 한 조각 먹을 때마다 질문을 하나씩 받고, 준비된 핫윙 10개를 모두 먹으면 홍보 기회가 주어진다. 10개를 다 못 먹어도 홍보는 할 수 있지만… 대신 '굴욕의 전당'에 헌액된다.

지금까지 〈맵터뷰〉에는 배우 스칼렛 요한슨, 나탈리 포트만, 코미디언 세스 마이어스, 케빈 하트, 가수 존 메이어, 전직 농구 선수 샤킬 오닐 등 톱스타들이 출연했고, 생방송 〈지미 팰런의 투나잇 쇼The Tonight Show Starring Jimmy Fallon〉의 셀레나 고메즈 편에 에번스가 등장해 〈맵터뷰〉를 진행하기도 했다. 숀버거가 이런 거물들을 섭외할 수 있었던 이유는 기존의 인터뷰에 없던 요소를 더해 더 재미있고 참신한 콘텐츠를 만들었기 때문이다. 이 후크 포인트를 통해 그는 이미 포화 상태인 인터뷰 시장에서 튀는 존재가 되어 세계적 인물들을 출연자로 초대했다.

평범해 보이는 상품이나 서비스에 변화를 가해서 튀게 만들 방법을 생각해보자. 혁신의 길을 찾으면 꿈에 그리던 고객들을 더 빨리 유치하게 될 것이다.

세계적 스타를 고객으로 두는 법

거물급 고객들이 아득히 멀리 있는 것 같아도 당신이 가치 있는 것을 갖고 있고 그것을 효과적으로 제시할 수 있다면 얼마든지 그들에게 가 닿을 수 있다. 내가 테일러 스위프트를 고객으로 뒀다고 하면 많은 사람이 대단하다고 감탄한다. 그런데 스위프트와 같은 고객을 유치하는 것이 생각만큼 어렵지는 않다. 그 정도 지위에 있는 사람과 인연이

닿는 데 필요한 것은 단 하나, 효과적인 전략이다. 내 경우에는 초연결자를 찾는 전략(8장 참고)을 이용했다. 스위프트 같은 사람을 직접 접촉하려고 하면 안 된다. 먼저 그 사람의 측근들에게 접근해 그들 각 사람에게 가치 있는 것을 제공해야 한다. 앞에서 말했다시피 나는 스위프트의 음반사 대표, 아버지, 어머니를 만나서 가치 있는 것을 제공함으로써 스위프트를 고객으로 유치한다는 최종 목표를 달성했다. 만약에 처음부터 스위프트를 만나려고 했으면 실패했을 것이다. 믿을 만한 사람의 소개가 없이 그녀가 만남을 수락했을 리 없기 때문이다.

유명인 여러분, 저를 믿으십니까?

잘나가는 사람을 고객으로 만들기 위해 가까이 접근했다면 이제는 신뢰를 쌓아야 할 때다. 연예인, CEO, 억만장자 같은 사람들은 기본적으로 경계심이 강하다. 워낙 많은 사람이 흑심을 품고 접근하기 때문이다. 그래서 당신이 장사할 생각을 하지 않고 먼저 진심 어린 대화를 나눈다면 분명히 뛸 수 있을 것이다. 그저 그들의 말을 경청하고 문제에 대한 해법을 제시하는 것만으로도 그들을 고객으로 유치할 확률이 높아진다. 그들에게 가치 있는 정보나 혜안을 제공할 때 무턱대고 접근하는 사람들보다 몇 광년은 앞서갈 수 있다.

여기에 더해 마이클 브루스는 많은 부자와 유명인이 사회적 신뢰도를 중시한다고 말한다. 그렇다고 페이스북이나 인스타그램 팔로워가 몇 명인지를 본다는 말이 아니다. 그들이 중요하게 보는 것은 어떤 매체에 글을 싣거나 출연했는가이다. 그래서 브루스는 어딘가에 기고하거나 출연할 때마다 꼬박꼬박 약력에 추가해서 사회적 신뢰도의 증거로 삼으라고 조언한다. 브루스는 그 신뢰도를 근거로 유명인들에게 접촉을 시도한다. 예를 들면 수면 문제를 겪고 있는 유명인에 대한 기사나 보도를 보고 그 사람에게 도움을 주겠다고 연락하는 것이다.

이때 브루스는 이런 식으로 메시지를 작성한다. "안녕하세요. 저는 항상 가까운 곳에 있는 수면 전문가입니다. 당신의 문제가 무엇인지 알 것 같습니다. 그래서 도와드리고 싶습니다. 따로 비용은 받지 않겠습니다." 그러면 10명 중 9명은 그가 어떤 사람인지 조사해본 후 검증된 이력을 믿고 그를 만난다. 그리고 브루스의 도움으로 숙면을 취하게 되면 브루스의 실력을 주변에 말해서 그의 사업이 더욱 번창하게 된다.

브루스는 부자들의 경우에는 조금 더 차근차근하게 다가간다. 돈을 노리고 접근하는 것처럼 보이지 않기 위해서다. 브루스는 잠을 못 자는 부자들에게 다짜고짜 "제가 도움을 드리겠습니다"라고 말하지 않고 일단 친밀감을 형성하기 위해 자신이 소개된 기사 중에서 그 사람이 겪고 있는 문제와 관련된 기사를 두 편 정도 보낸다. 부자들이 즐겨 읽는 《롭 리포트Robb Report》, 《비즈니스 인사이더Business Insider》, 《월 스트리트 저널Wall Street Journal》 같은 매체와 인터뷰하면 신뢰도를 확실히 높일 수 있어서 잠재 고객에게 접근할 때 큰 도움이 된다.

만약에 당신의 상품이나 서비스로 해결 가능한 문제를 겪고 있다고 말하는 사람이 잘 안 보인다면 유명인과 부자들이 모이는 곳이 어디고 어떻게 하면 그들 앞에 나설 수 있을지 생각해보자. 브루스에게는 젊은경영인협회Young Presidents' Organization가 그런 곳이다. 이 모임은 연

후크 포인트

간 1,000만 달러 이상의 매출을 올리는 사업가만 입회할 수 있다. 브루스는 이런 모임에서 강연함으로써 고객으로 유치하고 싶은 사람들에게 직접 자신을 노출한다. 컨트리클럽에 가입하거나 상류층 모임에서 강연하면 인맥을 형성하고 고객을 유치하는 데 도움이 된다. 그런 사람들이 지인을 소개해주기도 할 텐데, 이것은 장기적으로 볼 때 잘나가는 사람들을 고객으로 유치하기 위한 최상의 전략이다.

요컨대 출세한 사람들에게 효과적으로 접근할 전략을 수립하자. 측근에게 신뢰를 얻고, 그들의 눈에 띄는 곳으로 가자. 좋은 실력을 갖추고 있고 진심으로 그들에게 해법을 제공하고자 노력한다면 분명히 큰 성과가 있을 것이다.

CEO가 밤잠을 설치는 이유는 무엇일까?

▼

셰어러빌러티의 에릭 브라운스타인은 고위직에 있는 고객을 만나기 전에 '이 CEO가 무엇 때문에 밤잠을 설칠까?'를 생각한다. 그가 보니까 초거대 기업을 고객으로 둔 일류 컨설턴트들은 모두 이런 식으로 CEO가 해결하고자 하는 문제를 찾아낸다고 한다. 한 조직의 리더를 만났을 때 브라운스타인은 "이 회사의 리더로서 가장 중요하게 생각하시는 것은 무엇입니까?"와 "현재 가장 큰 고민은 무엇입니까?"라고 묻는다.

요직에 있는 사람을 많이 만나면서 브라운스타인은 많은 CEO가 '다음번에 공개할 영상은 조회 수가 얼마나 나올까?'라는 생각을 하기

보다는 '세상은 이미 디지털화됐는데 우리 회사는 아니다. 새로운 세상에서 어떻게 주도적인 위치를 차지할 수 있을까?'를 고민한다는 사실을 알게 됐다. CEO의 고민은 정해진 예산을 운용하고 정해진 기준으로 평가를 받는 브랜드마케팅팀장의 고민과 전혀 다르다. 당연히 CEO를 상대할 때와 브랜드마케팅팀장을 상대할 때는 접근법이 달라야 한다.

최근에 브라운스타인이 약 500억 달러의 연 매출을 올리는 세계적 재벌 기업의 회장과 통화를 했다. 그런 기회를 잡기 위해 브라운스타인이 사용한 후크 포인트는 다음과 같았다. "기후변화와 그에 대응하는 기업의 역할에 대한 관심이 고조되는 상황에서 어떻게 회사를 운영해야 할지 고민이 많으신 것으로 알고 있습니다. 저희는 현재 디캐프리오 재단DiCaprio Foundation을 비롯해 그 방면에서 이름난 여러 조직을 고객으로 두고 있습니다. 저희와 귀사가 어떻게 협력하면 더 큰 영향력을 발휘할 수 있을지 한번 말씀을 나눠보고 싶습니다." 아마 브라운스타인이 이 회사 산하에 있는 100개의 브랜드 중 하나의 관리자와 대화를 했다면 전혀 다른 후크 포인트를 사용했을 것이다. 또는 대중을 상대로 했다면 후크 포인트가 훨씬 짧아졌을 것이다(이렇게 긴 후크 포인트는 특정인한 명에게 직접 전달될 때 효과를 발휘한다).

커뮤니케이션은 상황에 맞게 조절돼야 한다. 만일 브라운스타인이 적은 예산을 운용하는 스타트업 관계자와 대화 중이었다면 최저가로 가치 있는 것을 제공하는 서비스를 소개했을 것이다. 그런 회사를 상대할 때와 수백, 수천만 달러의 예산을 운용하며 디지털화를 꾀하는 대기업을 상대할 때는 당연히 정보를 전달하는 방식이 달라져야 한다.

말했다시피 타깃층이 누구이고 무엇을 필요로 하는지 파악하는 게

후크 포인트

중요하다. 그들의 입장에서 생각하고 적절한 질문을 하자. 그러면 각 유형의 고객에게 가장 잘 맞는 서비스를 제공할 수 있을 것이다.

오프라 윈프리가 미팅을 시작할 때 던지는 질문 3가지

오프라 윈프리의 3대 질문은 다음과 같다. "이 미팅의 목적이 뭐죠?", "중요한 게 뭐죠?", "집중해야 할 게 뭐죠?"《식스 해빗: 내 인생에 남겨야 할 6가지 인생 습관》을 쓴 브렌던 버처드Brendon Burchard는 윈프리가 이 세 질문으로 모든 참석자가 동일한 안건을 논하게 이끈다고 말한다.

　여기서 잘나가는 사람들의 사고방식을 엿볼 수 있다. 그들은 집중력 있는 대화로 시간을 아끼길 원한다. 다음번에 중요한 미팅이 있을 때 미리 위의 질문을 생각해보면 준비하는 데 도움이 될 것이다.

최정상에서 살아남는 비결

　약속을 이행하는 것이 중요한 이유는 신뢰와 직결되기 때문이다. 하지만 어떤 사정으로든 약속을 지킬 수 없을 때는 그 이유를 분명하게 전달해야 한다. 고객과의 원활한 소통은 비즈니스의 기본이다. 고객의 커뮤니케이션 스타일이 어떻고, 고객이 어떤 유형의 정보를 원하며, 그것을 어떻게 전달받기를 원하는지 파악해야 한다. 어떤 사람은 매일 혹은 매주, 매달 한 번씩 전화로 상황을 보고받기를 원한다. 또 어떤 사람은 메일로 상세한 내용을 전달받는 쪽을 선호한다. 이때 4장에서 설명한 프로세스 커뮤니케이션 모델을 이용한다면 기존 고객이나 잠재 고객의 커뮤니케이션 스타일을 이해해서 더 효과적으로 대응할 수 있을 것이다.

효과적인 커뮤니케이션 방법을 찾는 것은 꽉 막힌 고객을 상대할 때도 도움이 된다. 배우 케빈 코스트너는 원래 트레이너를 두고 운동할 생각이 없었지만 부인의 권유로 플래티넘 피트니스의 운영자 피터 파크를 만나기로 했다. 그때 파크는 처음으로 실패할 수도 있다는 예감이 들었다. 코스트너는 피트니스 센터를 이용한다는 것 자체를 탐탁지 않게 여겼고, 파크는 그런 코스트너에게 통할 후크 포인트를 찾기 위해 고심했다. 그러다 코스트너가 야구 광팬이라는 사실을 알게 됐다. 그래서 미리 대비를 했다. 코스트너는 피트니스 센터에 와서 파크에게 트레이닝을 받고 있는 프로야구 선수들을 보고 만면에 화색이 돌았다. 그리고 야구에 관한 이야기를 하면서 파크도 야구에 조예가 깊은 것을 알고 반가워했다. 이 후크 포인트로 파크는 코스트너가 마음을 열고 그의 경험과 트레이닝에 관심을 갖게 만들었다. 이렇게 서로의 연결 고리를 찾자 말이 한결 잘 통했다. 그들은 야구 이야기에서 자연스럽게 자녀 이야기로 넘어갔고 지금까지 좋은 관계를 유지하고 있다.

나는 유명인을 고객으로 맞을 때마다, 아니, 어떤 사람을 고객으로 맞을 때든 최대한 빨리 그 사람이 어떤 사람인지, 어떤 식으로 커뮤니케이션을 하는지, 무엇을 좋아하고 싫어하는지, 사업과 관련된 문제가 무엇인지 파악한다. 그래서 그 정보를 토대로 그 사람과 효과적으로 커뮤니케이션하고 좋은 관계를 형성할 방법을 찾는다.

직장에서건 가정에서건 우리의 삶은 커뮤니케이션을 중심으로 돌아간다. 어떻게 보면 모든 갈등과 분쟁은 잘못된 커뮤니케이션의 결과다. 그러니까 성공과 화합을 이루기 위해 커뮤니케이션 기량을 최대로 끌어올리자.

옷은 역시 맞춤옷이지

파크는 신규 고객에게 필요한 운동법을 얼마나 빨리 찾을 수 있는지 보자는 식으로 자신과의 싸움을 벌였다. 이제 파크는 고객이 힘들고 엄격한 운동이 맞는 성격인지, 아니면 다소 느슨한 운동이 맞는 성격인지 금방 알아볼 수 있다. 그래서 첫 번째 트레이닝 세션이 끝나기도 전에 최적의 운동법을 파악해서 알려준다.

그는 퍼스널 트레이너 중에 모든 고객에게 판에 박은 운동법을 적용하는 사람들도 있다고 지적한다. 그런 식으로 하면 자꾸 고객이 이탈하는 문제가 발생한다. 퍼스널 트레이너라면 이것저것 시도해보며 각 고객에게 가장 잘 맞는 운동법을 찾아낼 의무가 있다.

모든 사람에게 꼭 맞는 옷은 존재하지 않는다. 비즈니스도 마찬가지라서 항상 테스트하고 학습하는 자세가 필요하다. 정상에 있는 사람들을 고객으로 유치하고 싶다면 각 사람이 어떤 사람인지 파악하고 유연한 대응으로 그 필요를 충족시켜줌으로써 누구에게나 최상의 서비스를 제공할 수 있어야 한다.

자신감이 생명

많은 사람이 유명한 고객 앞에서 기가 죽고 안절부절못한다. 하지만 파크는 일론 머스크의 집에 가서도 당당하다. 아무리 지위가 높아도 다 같은 사람이라고 생각하며 평소처럼 자연스럽게 운동을 지도한다.

파크가 원래부터 이렇게 침착했던 것은 아니다. 처음에는 그도 랜스 암스트롱 같은 거물급 고객을 상대할 때 잔뜩 긴장했다. 자신감이 충만해지기까지 많은 시간과 경험이 필요했다. 이제 그는 자신의 실력을 믿고 '이 사람에게 내가 없으면 안 된다는 것을 보여주겠어'라는 마음가짐으로 트레이닝에 임한다. 고객은 건강한 몸을 원하고 그는 그 목표를 달성할 수 있게 도와줄 수 있다는 확신이 있다.

정상에 있는 사람들을 처음 상대할 때 떨리는 것은 누구나 마찬가지다. 이런 비생산적인 불안감을 다스리려면 잡생각을 떨치고 지금 해야 하는 일에만 집중해야 한다.

과유불급

유명인 중에는 상대하기가 까다로운 사람도 있다. 아무리 유명하다고 해도 남들보다 손이 많이 가는 고객을 많이 두면 오히려 손해다.

312

특정한 유형의 고객을 너무 많이 받지 않도록 스스로 제한을 둬야 한다. 특히 사업이나 다른 고객에게 해가 될 것 같은 고객을 경계해야 한다.

최근에 꼭 나와 일해야겠다는 유명인을 만났다. 그의 측근들과 이야기를 나눴을 때부터 같이 일하기 힘든 사람일 것 같았다. 그래서 괜히 엮이지 않으려고 일부러 가격을 초고가로 불렀다. 만에 하나 그 사람을 고객으로 받아들인다면 고생할 게 불 보듯 뻔한 만큼 금전적 보상이라도 충분히 받고 싶었다. 내가 제시한 가격이 너무 세서 계약은 성사되지 않았다(말했다시피 내가 의도한 결과였다).

최고의 서비스를 제공하려면 까탈스러운 성격으로 기운을 쫙 빼버리는 사람들을 피해야 한다. 나는 그런 부정적인 에너지에 굳이 대응하고 싶지 않다. 내게 큰돈을 지불하는 고객에게 나도 그만큼 많은 관심을 기울여야 한다. 그래서 고객을 가려서 받는다. 상대방을 꼼꼼히 관찰하고 나와 잘 맞는다는 확신이 들 때 비로소 고객으로 받아들인다.

어떤 사람이 재산이 많거나 유명하다고 해서 무조건 고객으로 유치하면 안 된다. 스스로 제한을 둘 때 중요한 고객들과 신뢰 관계를 유지할 수 있다. 그러니 건전한 관계를 맺을 수 있을 만한 사람만 고객으로 선별하자. 그럴 때 최상의 서비스를 제공할 환경이 조성된다.

꼭 약점을 개선해야 할까

자신의 강점을 파악한 후 약점을 보완해줄 사람을 찾자. 자기가 무엇을 잘하고 못하는지 확실히 알아야 한다. 그래야 잘하는 것에 주력해서 에너지를 효율적으로 쓸 수 있다.

그런데 많은 사람이 정반대로 생각한다. 약점을 개선해서 빈틈을 메워야 한다고 생각하는 것이다. 그 약점이 성공을 위해 꼭 해결해야 하는 것이라면 어쩔 수 없겠지만, 그렇지 않다면 잘하는 것에 집중하기를 권한다. 예를 들어 커뮤니케이션과 언어 능력을 타고났다면 굳이 수학과 코딩 능력을 기르려고 애쓰지 말라는 말이다.

성공한 사람들을 본보기로 삼는다

▼

대성한 사람들의 특징은 겸손하다는 것이다. 그들은 모르는 게 여전히 많다고 생각해서 항상 지식에 굶주려 있다. 반대로 무지한 사람일수록 모르는 게 없다고 생각해서 배움을 거부하고⋯ 실패한다. 나는 경쟁자가 됐든 관련 업계 종사자가 됐든 항상 타인에게서 뭔가를 배운다. 나는 이런저런 사람과 가격 정책, 비즈니스 모델, 마케팅 전략에 대해 이야기하기를 좋아한다. 다른 사람들이 사업의 다양한 부문을 어떻게 관리하는지 들을 수 있어서 좋다. 나는 그렇게 배운 것을 분석하고 응용해서 내 비즈니스 모델을 개선할 방법을 찾는다.

나는 최근에 성공한 사업가이자 《월스트리트 저널》 베스트셀러 《돈 앞에선 이기주의자가 되라》를 쓴 네이선 랏카Nathan Latka를 만났다. 함께 아침을 먹으면서 그의 사업 전략을 듣는 즐거운 시간이었다. 그때 와닿았던 이야기 중 하나는 그가 사업 초기에 잠재적 고객과 파트너들에게 무조건 100만 달러 규모의 거래만 제안했다는 것이었다. 그는 그 제안이 십중팔구 거절당하리란 것을 알았지만, 그렇게 함으로써 거액의 거래를 제안하면서도 여유를 잃지 않는 법을 배웠다고 했다. 나는 그것이 사업가로서 당당한 자세를 기를 좋은 방법이였다고 생각한다. 그러면 자신의 가치에 대한 인식이 달라지고 자신의 가치를 타인에게 확실히 말할 수 있게 된다.

똑똑하고 수완 좋은 사업가들과 이야기해보면 그들이 어떻게 사업을 운영하는지 배울 수 있다. 꼭 그들을 따라 하지 않더라도 그런 정보는 다 피가 되고 살이 된다. 그중에서 쓸 만한 것만 취하면 될 일이다. 이미 좋은 길이 나 있는데 굳이 새로운 길을 팔 필요는 없다. 타인의 성공을 본보기로 삼으면 성공의 지름길이 열린다.

팁과 요약

1. 탄성이 나올 만큼 화려한 고객군을 확보하고 싶다면 어떻게 해야 자신을 독보적인 존재로 각인시킬 수 있을지 판단하는 능력이 필요하다.

2. 유명인, CEO, 부자와 직접 접촉하지 말고 먼저 측근들에게 접근해 그들 각 사람에게 가치 있는 것을 제공하자.

3. 미팅이나 인터뷰 등으로 한 회사의 CEO를 만나기 전에 '이 사람이 무엇 때문에 밤잠을 설칠까?'를 생각하자.

4. 한 조직의 리더를 만났다면 이렇게 물어보자. "이 회사의 리더로서 가장 중요하게 생각하시는 것은 무엇입니까?", "현재 가장 큰 고민은 무엇입니까?"

5. 정상에 있는 사람들을 고객으로 유치하고 싶다면 각 사람이 어떤 사람인지 파악하고 유연한 대응으로 그 필요를 충족시켜줌으로써 누구에게나 최상의 서비스를 제공할 수 있어야 한다.

6. 정상에 있는 사람 앞에서 떨릴 때는 잡생각을 떨치고 지금 해야 하는 일에만 집중하자.

7. 자신의 강점을 파악한 후 약점을 보완해줄 사람을 기용하자.

8. 이미 좋은 길이 나 있는데 굳이 새로운 길을 팔 필요는 없다. 타인의 성공을 본보기로 삼으면 성공의 지름길이 열린다.

10장

새로운 후크 포인트의 시대

지금까지 줄곧 말했듯이 후크 포인트를 만드는 목적은 3초 세상에서 튀고 번창하기 위해서다. 후크 포인트 프로세스를 익혔으면 이제 후크 포인트로 사로잡은 관심을 브랜드의 성장 동력으로 사용할 수 있도록 탄탄한 기반을 닦아야 한다. 기반이 약한 브랜드는 기껏 관심을 끌고도 그 기세를 온전히 살리지 못한다.

또한 지속적으로 후크 포인트를 수정하고, 테스트하고, 혁신하는 자세를 길러야 한다(후크 포인트가 성공했을 때도 예외가 아니다). 오늘 통한 후크 포인트가 내년, 다음 달, 아니, 당장 다음 주에도 통하리란 보장은 없다. 그 이유는 뒤에서 다시 이야기하겠지만 다양한 요인으로 인해 '후크 포인트 소진' 현상이 발생하기 때문이다. 장기적인 성공을 원한다면 후크 포인트를 꾸준히 혁신해야 한다.

우리는 누구인가?

미국 최고의 브랜드 전략가이자 브랜드 마케팅 기업 웍스 컬렉티브Works Collective의 설립자인 네이트 몰리Nate Morley는 고객의 브랜드를 한 단계 더 발전시키기 위해 고객이 다음과 같이 근본적인 질문으로 브랜드의 정체성을 확인하게 한다.

- — 우리의 목적은 무엇인가?
- — 우리는 왜 존재하는가?
- — 우리가 말하고 싶은 것은 무엇인가?
- — 우리는 그것을 누구에게 말하고 싶은가?
- — 우리는 어떻게 다른가?
- — 우리가 가치 있게 여기는 것은 무엇인가?
- — 우리는 어떻게 행동하는가?
- — 우리는 이 분야의 경쟁자들과 어떻게 다른가?

몰리는 이런 질문으로 고객이 브랜드의 정체성을 파악하고 남다른 관점을 가지게 된다고 말한다. 그는 브랜드가 꾸준히 강점을 발휘하면서 지속해서 성장하고 성공하려면 자신들이 '무엇'을 하는지가 아니라 자신들이 '누구'인지 알아야 한다고 주장한다. 자신들이 무엇을 하는지만 말하면 경쟁자의 위협에 더 쉽게 노출되고 소비자와 장기적으로 의미 있는 관계를 맺을 수 없다. 몰리는 "세계적 브랜드들은 마케팅으로 자신이 누구인지를 말한다. 그 외에 그들이 하는 것, 만드는 것, 제공하는 것은 그들이 누구인지를 표현하거나 증명하는 수단일 뿐이다"라고 주장한다.

하지만 몰리도 아직 초기 단계에 있는 기업이라면 자신이 누구인지 말하기 전에 무엇을 하는지부터 말해야 할 수도 있다고 인정한다. 예를 들어 포토 북 제작 업체 챗북스Chatbooks(몰리의 고객사이기도 하다)의 경우, 처음에는 "단돈 6달러로 인스타그램 계정을 포토 북으로 만드세요"라는 메시지로 마케팅을 시작했다. 사람들이 일단 챗북스가 무엇을

후크 포인트

하는 회사인지 알아야 사업이 정상 궤도에 오를 수 있었기 때문이다. 하지만 이후로 회사가 성장하고 경쟁자가 등장하면서 메시지를 바꿔야 했다.

몰리의 설명을 들어보자. "만일 챗북스가 설립된 지 2년이 지나서도 똑같은 메시지를 사용하고 있었는데 다른 회사가 나타나서 '단돈 5달러로 인스타그램 계정을 포토 북으로 만드세요'라고 말했다면 어떻게 됐을까? 그러면 챗북스는 큰 위험에 노출됐을 것이다. 어떤 분야든 마찬가지다. 어느 시점이 되면 브랜드는 자기가 무엇을 하는지 말하던 것을 멈추고 자기가 누구인지 말함으로써 고객의 충성도를 유지해야 한다."

브랜드는 자신이 누구인지 말할 때 장수할 수 있다. 챗북스가 "단돈 6달러로 인스타그램 계정을 포토 북으로 만드세요"라는 메시지를 탈피할 수 있도록 몰리는 설립자들에게 왜 회사를 세웠고 왜 포토 북을 팔고 싶은지 물었다. 이렇게 근본적인 질문에 답함으로써 그들은 '우리는 누구인가'와 '우리는 왜 이 일을 하는가'가 가족 간에 정을 느끼게 하고 싶다는 욕구와 맞닿아 있음을 알게 됐다. 그래서 몰리는 이런 메시지를 만들었다. "소중한 것을 간직하세요." 챗북스는 사람들이 정말로 소중한 것, 곧 추억, 사람, 경험 등을 실물 포토 북으로 소중히 간직할 수 있게 해준다.

몰리는 "챗북스는 6달러짜리 포토 북 제작업체에서 '소중한 것을 간직하세요' 기업으로 발전했고, 지금은 한 걸음 더 나아가 더 끈끈한 가족 관계를 만드는 것에 대해 말하고 있다"라고 말한다. 가족사진을 언제든 볼 수 있게 인화해서 갖고 있으면 자녀, 부모, 조부모, 사촌에게 더 따뜻한 정을 느껴서 가족의 유대감이 강해진다는 게 과학적으로 증명됐다고 한다. 이제 챗북스는 가족 관계를 더욱 끈끈하게 만들어주는 회사가 됐고, 그것은 여러 가지로 표현 가능하다. '우리는 무엇을 하는가'와 '우리는 누구인가'의 차이를 알려준 몰리를 통해 브랜드가 진화한 것이다.

당신도 시간을 내서 당신이 누구인지 생각해보기 바란다. 그러면 사업이 한층 성장하고 장수하게 될 것이다. 고객의 충성도를 좌우하는 것은 당신이 무엇을 하는가가 아니라 당신이 누구인가다. 자신이 누구인지 명확히 알기까지 시간이 걸릴 수도 있겠지만, 위와 같은 근본적인 질문을 고민한 시간이 절대 아깝지 않을 것이다.

쉽진 않지만 간단하다

많은 사람이 탁월한 후크 포인트와 이야기를 만드는 것이 어렵다고 생각한다. 카피라이터 어니스트 루피나치는 그게 어려울 수는 있어도 간단한 일이라고 말한다. 그의 말을 빌리자면 영화 시나리오를 쓰고, 에베레스트산을 등반하고, 철인 삼종 경기를 완주하는 것은 절대로 쉬운 일이 아니면서도 매우 간단한 일이다. 몇 단계로 정의된 절차를 따르기만 하면 된다. 다만 각 단계를 완수하기가 어려울 뿐이다. 예를 들어 철인 삼종 경기를 완주하려면 수영 3.9킬로미터, 사이클 180킬로미터, 마라톤 42.195킬로미터를 완주하면 된다. 간단하다. 루피나치가 이렇게 말하면 사람들은 "어려운 거 맞잖아요"라고 대답한다. 그러면 루피나치는 말한다. "저도 쉽다고 안 했습니다. '간단하다'고 했지."

루피나치의 설명을 더 들어보자. "사람들이 하던 일을 멈추게 하는 후크 포인트를 찾는 것은 간단한 일이다. 우리는 모두 그런 후크 포인트가 어떤 것인지 잘 알고 있다. 그것은 1969년 신문에 실린 이 헤드라인과 비슷하다. '오전 3시 56분, 마침내 인류가 달에 서다'."[72] 어떤 후크 포인트가 만들어지고 나서 그것을 탁월하다고 말하기는 쉽다. 그런 후크 포인트를 만드는 과정은 간단하다. 하지만 실제로 자신의 사업이나 브랜드에 쓸 후크 포인트를 찾는 일은 어렵다. 그래서 후크 포인트 프로세스를 숙지하고 매일같이 훈련해야 한다. 모든 일이 그렇듯 반복만이 고수의 경지에 이르는 길이다. 나는 운이 좋게도 지난 15년간 그 프로세스를 매일 연습했다(후크 포인트를 만드는 과정에서 우리 팀의 도움이 필요하다면 www.hookpoint.com/agency에 준비된 간단한 양식에 사업의 내용과 목표를 써주기 바란다).

마블처럼 브랜드를 운영하라
▼

오길비 엔터테인먼트의 대표를 지내고 현재 빅 블록의 대표로 있는 덕 스콧은 디지털 미디어와 SNS상에서 모든 것이 예전보다 빠른 속도로 돌아가는 현재를 '순간'의 시대라고 부르며, 현실이 그렇다 보니 많은 브랜드가 소비자와 장기적인 관계를 맺어야 한다는 원칙을 망각하고 단기적인 마케팅에만 급급하다고 지적한다. 더욱이 많은 브랜드가 직접적으로 소비자를 겨냥한 영업 활동을 하면서도 문화적 동향에는 어둡다고 한다. 현재의 소비자 문화에서 눈여겨볼 점은 사람들이 주로 이동할 때나 정규적인 활동을 잠깐 쉴 때 무심코 SNS를 스크롤하다가 뭔가 관심을 확 끌어당기는 것이 보이면 비로소 손가락을 멈춘다는 것이다. 지금은 소비자에게 빠르게 마케팅하고 판매할 수 있는 초미세 접점이 많이 존재하는 시대다. 하지만 그 짧은 순간에 확보한 관심을 실제 매출로 연결시키려면 고객과 끈끈한 관계를 맺고 다양한 플랫폼에서 일관성 있는 이야기를 해야 한다.

브랜드는 마블 스튜디오와 같은 이야기꾼이 되어야 한다. 스콧은 마블 스튜디오의 케빈 파이기Kevin Feige 사장을 트랜스미디어 스토리텔링transmedia storytelling _{다양한 플랫폼과 형식을 동원해 소비자가 이야기를 경험하게 하는} _{것 - 옮긴이}의 귀재라고 평가한다. "마블과 디즈니는 다양한 매체를 아우르는 메타버스metaverse _{인터넷, 가상현실, 증강현실 등을 이용해 현실 세계와 가상 세계가} _{결합된 세상 - 옮긴이}를 구축했다. 이것은 사람들이 마블의 캐릭터와 이야기를 친밀하게 느끼게 하는 중요한 요소다. 마블이 이것을 전략적으로 활용하고 있다면 다른 글로벌 브랜드들도 자신들의 메시지가 다양한 플랫폼에서 일관성 있고 명확한 이야기로 전달되게 만들어야 하지 않겠는가?"

SNS에서 누군가의 관심을 사로잡은 후 그렇게 형성된 관계를 방치해서는 안 된다. 그렇다고 순전히 관심을 연장할 목적으로 콘텐츠와 무관한 것을 보여줘도 곤란하다. 브랜드는 영화사와 같은 구조로 관리돼야 한다. 스콧은 브랜드 산하의 상품들이 마치 시리즈물에 속한 영화들처럼 기능해야 한다고 주장한다. 각 '영화'는 '영화사'의 수익을 창출해야 하고, '캐릭터 인형'과 '놀이공원'은 다른 누구도 아닌 영화사의 지식 재산이어야 한다. 여기서 영화와 캐릭터 인형은 브랜드의 상품에 해당하고, 놀이공원은 오프라인 매장이나 SNS 콘텐츠, 다시 말해 사람들이 브랜드의 상품을 접하고 경험하는 수단에 해당한다.

쉽게 말해 모든 접점이 연결되어 있어야 한다. 그러려면 전체 이야기에서 각각의 매체가 어떤 역할을 하는지 알아야 한다. 스콧은 소비자가 힘든 하루를 보내고 소파에 앉아 30초짜리 TV 광고를 볼 때도, SNS 콘텐츠를 볼 때도, 메일을 읽을 때도 브랜드의 이야기가 항상 일관성 있고 유의미하게 전달돼야 한다고 말한다. 그래야 신뢰감을 주고 마음을 열어서 소비자의 제한된 시간과 관심을 확보할 수 있기 때문이다.

이 책에서 소개하는 기법들이 브랜드의 전체 이야기를 강력하게 만드는 데 도움이 될 것이다. 진정성 있는 후크 포인트와 이야기를 만들어 가치 있는 것을 제공해야 한다는 사실을 명심하자.

머니볼 해법 찾기

어니스트 루피나치는 영화 〈머니볼〉에서 스카우터들이 오래전부터 수많은 통계 수치를 보고 드래프트할 선수를 선정했지만, 정말 중요한 데이터 요소는 단 하나라는 것을 주인공이 알게 되는 대목이 인상적이라고 말한다. 그 데이터 요소는 바로 그 선수가 1루에 진출할 수 있느냐는 것이다. 1루로 나가지 못하면 득점이 불가능하기 때문이다. 그래서 믿기 어렵겠지만 어떤 선수가 꾸준히 1루에 진출한다면 그 밖의 부정적 통계 수치는 모두 힘을 잃는다. 반대로 아무리 특정한 포지션에서 발군의 기량을 뽐내고 온갖 대단한 기록을 보유한 선수라고 해도 꾸준히 1루에 진출하지 못한다면 팀에 도움이 안 된다.

루피나치는 이를 사업에 접목해 모든 의뢰인에게 '머니볼' 해법을 제공하려고 노력한다. 사업 전략을 수립하고 광고를 기획하는 과정에서 머니볼 해법이란 그 기업이 왜 이러저러한 결정을 내리는지 알 수 있게 해주는 원칙을 뜻한다. 루피나치는 그 예로 애플의 성공이 "성공하고 싶으면 더 열심히 생각하거나 더 똑똑하게 생각하지 말고 그저 '다르게' 생각하면 된다"라는 신념에서 비롯됐다고 본다. 이 "다르게 생각하라"는 원칙이 매 순간 애플의 결정을 돕는 머니볼 해법이다.

"왜 애플은 자체 매장을 열어야겠다고 판단했을까? 그냥 전자 제품 전문점에 위탁하면 안 됐을까?" 이에 대한 대답은 "아니, 애플은 다르게 생각해야 했으니까"이다. 만약에 "애플은 디자인과 포장에 왜 그렇게 공을 들이고 많은 돈을 쏠까? 상자야 일단 뜯고 나면 버리는 거 아닌가?"라고 묻는다면 그 대답 역시 머니볼 해법에 의거해 "그렇긴 하지만 애플은 다르게 생각했지"이다.

페덱스FedEx도 오랫동안 머니볼 해법의 덕을 톡톡히 보고 있는 기업이다. 루피나치는 "사업을 하다 보면 바로 다음 날 절대적으로 확실하게 물건이 도착해야 할 때도 있다는 것을 아십니까?"라고 묻는다. 그러면 대부분의 사람은 "네, 알아요"라고 대답할 것이다. "그러면 요즘 주 40시간이 아니라 주 80시간 일하는 사람도 많기 때문에 매일 퇴근 시간이 되면 반드시 다음 날 도착해야 하는 물건이 수두룩하게 쌓인다는 것도 아십니까?" 여기에도 대부분의 사람이 "네"라고 대답할 것이다. "그 해법이 바로 페덱스입니다."

페덱스가 성장하는 과정에서 내린 모든 결정은 고객이 믿고 맡긴 화물을 약속된 때와 장소에 절대적으로 확실하게 배송하기 위한 것이라고 해도 과언이 아니다. 페덱스가 트럭을 확충하기로 한다면 그 이유는 그렇게 해야 고객과의 약속을 더 잘 지킬 수 있기 때문이다. 페덱스가 인쇄 전문 기업 킨코스Kinko's의 인수를 결정한 이유는 그러면 더 다양한 종류의 물건을 필요할 때 필요한 곳에 더 수월하게 전달할 수 있기 때문이었다. 페덱스가 내리는 모든 결정은 이렇게 단 하나의 머니볼 원칙을 따른다.

머니볼 해법은 후크 포인트와도 연관이 있다. 탁월한 후크 포인트를 찾는 것은 머니볼 해법을 찾는 첫 단계다. 후크 포인트를 통해 소비자의 마음속 1루로 진출할 수 있기 때문이다. 후크 포인트가 없으면 소비자의 관심을 못 끌고 당연히 소비자에게 점수를 못 딴다. 후크 포인트를 통해 소비자의 시간과 관심을 확보한 후에야 비로소 브랜드의 이야기와 신념을 전달할 수 있다.

혁신을 위한 최고의 도구, 공감

루피나치는 후크 포인트와 이야기에 대한 아이디어를 얻으려면 "혁신을 위한 최고의 도구는 공감"이라는 점을 명심하라고 말한다. 브랜드는 고객의 문제를 해결해줘야 하는데, 이때 브랜드가 해결할 수 있는 가장 중요한 문제가 브랜드의 상품과 필연적 연관성이 없는 경우도 많다. 루피나치는 나이키를 예로 든다. 나이키가 항상 해결하려고 하는 문제는 많은 사람이 운동을 즐기고 싶어 하면서도 자기는 아직 건강하지 않아서, 혹은 이런저런 부분이 부족해서 피트니트 센터에 가거나 수업을 받거나 스포츠를 하기엔 무리라고 생각하는 것이다. 이에 대한 나이키의 해법은 모든 사람에게 "저스트 두 잇", 즉 앞뒤 재지 말고 일단 한번 해보라고 꾸준히 권유하는 것이다. 이 메시지의 매력은 나이키의 제품을 사지 않아도 상관없다는 것이다. 그냥 나가서 무엇이 됐든 하고 싶은 운동을 하면 그만이다.

여기에 더해 루피나치는 많은 사람에게 앉으나 서나 머릿속을 맴도는 문제가 있다며 그렇기 때문에 후크 포인트, 이야기, 상품을 제시할 때 "이번에 저희가 새로 출시한 ○○○을 한번 써보시겠습니까?"라고 말하지 말고 "제가 어떻게 도와드릴 수 있을까요?"라고 물어야 소비자와 더 좋은 관계를 맺을 수 있다고 말한다. 공감의 힘으로 고객의 필요를 예측하고 이해하면 유의미하고 혁신적인 해법을 마케팅 캠페인과 상품에 담을 수 있다. 공감은 더 멀리, 더 빨리 나아가는 원동력이 되고 더 좋은 후크 포인트를 찾는 지름길이 된다.

성공을 부르는 다양성

《바보를 위한 ○○○》 시리즈를 발행하는 존 킬쿨런은 사람들이 주로 자신과 비슷하거나 친숙한 사람을 뽑아서 쓴다며 이런 타성을 깨트리라고 조언한다. 다양한 생각, 지평, 관점을 수용할 때 더 큰 그림을 보고 더 빨리 획기적인 아이디어를 도출할 수 있다.

킬쿨런은 또 조직에 '유스트레스eustress'를 유발하는 환경을 만들라고 조언한다. 유스트레스란 긍정적으로 작용하는 경미한 스트레스를 말한다. 유스트레스가 있는 환경에서 사람들은 성취감과 성공감을 느낀다. '와, 이거 진짜 시간도 많이 잡아먹고 고생스럽지만 그만큼 자극이 되고 도전욕을 불러일으키니까 힘이 난다'라고 생각한다. 물론 도전욕과 열의를 불러일으키는 환경과 도망치고 싶을 만큼 과도한 스트레스를 유발하는 환경은 구별해야 한다.

후크 포인트 마라톤
▼

성공하는 사람들은 하나같이 끈기가 있고 배움을 좋아한다. 실패는 포기하는 자의 것이다. 성실하고 꾸준하게 전진하자. 힘이 되고 자극이 되는 사람들을 가까이 두자. 반대로 당신의 기를 죽이거나 당신의 꿈을 무시하는 사람들과는 거리를 두자.

목표를 향해 뚜벅뚜벅 걸어가는 동안 자신이 누구이고 지금 하는 일을 왜 하는지 명확히 알고 있어야 한다. 자신의 정체성과 이상에 부합하는 후크 포인트와 이야기로 가치 있는 것을 제공하면서 방금 말했다시피 절대 포기하지 말자. 이 책에 나온 원리를 연습하고 실천할수록 더 많은 것을 배워서 3초 세상에서 더 쉽게 될 수 있을 것이다.

후크 포인트를 소진했다면,
성공한 후에도 다시 도전하고 또 도전할 것

▼

당신도 언젠가는 당신을 튀게 만들고 브랜드를 성장시키는 후크 포인트를 찾게 될 것이다. 그러면 아마도 이제 할 일을 다 했고 고지에 이르렀다는 생각이 들겠지만 실제로는 후크 포인트 프로세스를 사업에 접목하는 길에서 겨우 첫걸음을 뗐을 뿐이다. 후크 포인트는 지속적으로 수정하고, 테스트하고, 혁신해야 한다. 오늘 통한 후크 포인트가 내년, 다음 달, 아니, 당장 다음 주에도 통하리란 보장은 없다. 다양한 요인으로 인해 '후크 포인트 소진' 현상이 발생하기 때문이다.

후크 포인트가 소진되는 첫 번째 이유는 "모방은 가장 진실한 아첨이다"라는 속담에서 찾을 수 있다. 혁신적인 후크 포인트를 찾으면 반드시 모방하는 사람이 생긴다. 그러면 그것을 칭찬으로 여기고 다시 책상에 앉아 또 다른 후크 포인트를 모색해야 한다. 기존의 후크 포인트는 곧 힘을 잃을 것이기 때문이다. 설령 다른 회사가 후크 포인트를 조악하게 모방했다고 할지라도 후크 포인트가 특색을 잃기는 마찬가지다.

앞에서 탐스 슈즈의 '원 포 원' 후크 포인트를 다른 브랜드들이 모방했다고 말했다. 원 포 원은 굉장히 효과적인 후크 포인트였지만 너도 나도 비슷한 방침을 내세우자 특색을 잃고 힘이 빠졌다. 넷플릭스가 최초로 이용한 후크 포인트도 그렇다. 넷플릭스는 스트리밍 서비스로 블록버스터를 위시한 경쟁자들을 물리쳤다. 하지만 지금은 아마존, 디즈니, 훌루Hulu, 쇼타임Showtime도 스트리밍 시장에 진입했다. 치열한 경쟁은 혁신을 요구했고, 그래서 넷플릭스는 2020년 한 해에만 콘텐츠 제작을 위한 지출 규모가 무려 170억 달러(약 19조 원)로 추정됐다.[73] 현재 넷플릭스의 후크 포인트는 〈기묘한 이야기〉와 〈엄브렐러 아카데미〉처럼 인기 있는 자체 제작 콘텐츠다.

부단히 후크 포인트를 진화시켜야 하는 두 번째 이유는 설사 다른 브랜드가 모방하지 않더라도 차차 후크 포인트의 매력이 퇴색하기 때문이다. 사람들이 어떤 후크 포인트에 익숙해지면 다시 혁신이 필요하다. 디즈니랜드와 디즈니월드의 수뇌부는 그래서 10억 달러를 들여 '스타워즈: 은하의 변방(1장에서 언급한 디즈니랜드와 디즈니월드 내 스타워즈 구역)'을 구축했다.[74] 디즈니는 높은 매출을 유지하려면 놀이공원에 방문객이 꾸준히 유입돼야 한다는 사실을 잘 안다. 그렇다고 해서 디즈니가 새로운 놀이 시설을 도입하지 않는다고 사람들의 발길이 뚝 끊길 것이라는 말은 아니다. 내 말은 디즈니가 지금 같은 3초 세상에서 시장점유율을 유지하고 관심을 끌려면 시대의 흐름을 잘 읽고 새로운 후크 포인트를 만들어서 사람들이 계속 놀이공원으로 돌아오게 해야 한다는 뜻이다.

매주 새로운 후크 포인트 발굴?

새로운 후크 포인트가 요구되는 빈도는 브랜드와 사업마다 다르다. 어떤 브랜드는 2년에 1번이면 충분하고, 또 어떤 브랜드는 매일 새로운 후크 포인트를 만들어야 한다. 내가 케이티 쿠릭과 일할 때 우리는 며칠에 한 번씩 인터뷰를 진행하면서 거의 매일 콘텐츠를 올렸다. 당연히 그 콘텐츠에 사람들을 유입시키기 위해 거의 매일 새로운 후크 포인트를 만들어야 했다. 넷플릭스와 비교하면 나이키를 비롯한 상당수의 거대 브랜드는 더 느긋하게 후크 포인트를 만들어도 된다. 그리고 경쟁사의 동향에 따라 새로운 후크 포인트를 만들어야 하는 빈도가 달라질 수 있으니 경쟁사의 행보도 눈여겨봐야 한다. 하지만 업종과 브랜드 규모를 떠나서 나는 항상 다음번 후크 포인트를 염두에 두기를 권한다. 초미세 관심의 시대에 튀는 존재로서 시장점유율을 확보하고 지키는 데 자유자재로 쓸 수 있는 매력적인 후크 포인트만큼 좋은 무기가 없다.

단, 후크 포인트를 개발하고 진화시킨다면서 소비자에게 혼란을 유발하지 않도록 주의해야 한다. 나이키와 넷플릭스는 수백, 아니, 수천 개의 후크 포인트를 보유해도 괜찮은 위치에 있다. 그렇게 많은 후크 포인트를 이용해도 소비자들이 혼란스럽지 않을 것이다. 나이키와 넷플릭스는 이미 너무나 친숙한 브랜드이기 때문이다. 두 브랜드는 탄탄한 기반과 확실한 목소리를 구축했기 때문에 새로운 후크 포인트를 만들어도 소비자에게 편하게 받아들여진다. 하지만 인지도가 낮은 브랜드는 그런 호사를 누릴 수 없다. 그런 브랜드는 일단 6개월에서 1년 정도는 한두 개의 후크 포인트만 집중적으로 밀면서 탄탄한 기반을 다져야 할 수도 있다. 그리고 그 6개월~1년이 지나 후크 포인트 소진 현상이 발생하면 또 새로운 후크 포인트를 찾아야 할 것이다.

후크 포인트 제작 프로세스 5단계는 생명줄이다

▼

어떤 기업이든 후크 포인트가 무엇인지 알고 '수시로' 후크 포인트 제작 프로세스 5단계를 실행한다면 분명히 도움이 될 것이다. 이 프로세스를 사업 전반에 도입한다면 경쟁자보다 한 수 위에 서게 된다. 후크 포인트는 계속해서 검토하고 수정할 때 더 큰 위력을 발휘한다. 카피라이팅으로 총 10억 달러 이상의 상품을 팔리게 한 크레이그 클레먼스도 여전히 골든 히포 웹사이트의 카피를 작성하고 테스트한다. 그는 "나는 지금도 후크 포인트, 헤드라인, 카피를 쓴다. 신선한 감각을 유지하기 위해서다. 나는 새로운 아이디어를 테스트함으로써 혁신성을 유지하고 회사를 더 큰 성공으로 이끈다"라고 말한다.

이 책을 덮고 나서도 후크 포인트 프로세스를 포함해 여기서 배운 모든 기법이 꾸준히 사용해야 함을 잊지 말기 바란다. 아마 처음부터 최고의 후크 포인트를 만들 수는 없을 것이다. 설령 첫판에 대박을 터트리더라도 그런 후크 포인트조차도 언젠가는 쇠퇴한다. 장기적으로 성공을 누리려면 꾸준히 후크 포인트를 만들고, 테스트하고, 수정해야 한다. 내가 아는 영민한 사람들은 끊임없이 자신과 브랜드를 테스트하고 진화시킴으로써 눈부신 성과를 이어 가고 있다.

다시 말하지만, 오늘 통한 것이 내일, 6개월 후, 1년 후에도 통한다는 보장이 없다. 잠재 고객에게 유의미하고 독보적인 존재로 인식되려면 후크 포인트 프로세스와 '테스트, 학습, 발전'의 사고방식이 몸에 배고 사업 전반에 스며들어야 한다. 그럴 때 최고의 후크 포인트를 만들어서 브랜드, 상품, 서비스가 장기적으로 성공할 가능성이 커진다. 그럴 때 경쟁이 심화되고, 경제가 흔들리고, 업계가 위축되는 등 악재가 닥쳐도 살아남을 수 있다. 혁신하는 자만이 3초 세상에서 강력한 선두 주자로 남을 것이다.

팁과 요약

1 ̲ 브랜드의 기반이 탄탄해야 후크 포인트로 사로잡은 관심을 브랜드의 성
  장 동력으로 사용할 수 있다.

2 ̲ 브랜드의 정체성을 확인하기 위해 이 장에서 제시한 근본적인 질문에
  답해보자. 그러면 브랜드가 꾸준히 강점을 발휘하면서 지속적으로 성장
  하고 성공할 수 있을 것이다.

3 ̲ 사업이나 브랜드에 쓸 후크 포인트를 찾는 일은 어렵다. 그래서 후크 포
  인트 프로세스를 숙지하고 매일같이 훈련해야 한다.

4 ̲ 브랜드는 마블 스튜디오 같은 이야기꾼이 되어야 한다. 그러니까 브랜
  드를 영화사라고 생각하고 다양한 플랫폼에서 메시지가 일관되고 명확
  하게 전달되게 하자.

5 ̲ 후크 포인트로 소비자의 시간과 관심을 확보한 후에야 비로소 브랜드의
  이야기와 신념을 전달할 수 있다.

6 ̲ 공감의 힘으로 고객의 필요를 예측하고 이해하면 유의미하고 혁신적인
  해법을 마케팅 캠페인에 담을 수 있다.

7 ̲ 후크 포인트는 꾸준히 수정하고, 테스트하고, 혁신해야 한다.

8 ̲ 초미세 관심의 시대에 튀는 존재로서 시장점유율을 확보하고 지키는 데
  있어 매력적인 후크 포인트만큼 좋은 무기가 없다.

9 ̲ 후크 포인트 프로세스를 사업 전반에 도입한다면 경쟁자보다 한 수 위
  에 서게 될 것이다. 후크 포인트를 끊임없이 검토하고 수정할 때 경쟁이
  심화되고, 경제가 흔들리고, 업계가 위축되는 등 악재가 닥쳐도 살아남

을 힘이 생긴다.

10 '테스트, 학습, 발전'의 사고방식이 몸에 배도록 반복해 사업 전반에 스며들게 하자.

11 혁신하는 자만이 3초 세상에서 강력한 선두 주자로 남을 것이다.

감사의 말

먼저 세계 최고의 출판 에이전트로서 그가 없이는 이 책이 탄생할 수 없었을 빌 글래드스톤에게 감사드린다. 지금까지 중개한 책의 매출이 자그마치 50억 달러를 웃돌 만큼 대단한 사람이 초보 작가인 나와 함께 책을 내기 위해 시간과 정성을 들였다는 사실이 아직도 잘 믿기지 않는다. 그의 아낌없는 지원에 감사하며 앞으로도 함께 많은 책을 쓸 수 있기를 희망한다.

소중한 친구 레이섬 아니슨에게 감사드린다. 파라마운트 픽처스 시절에 우리는 영화의 흥행 실적을 향상하기 위해 뜻깊은 대화를 많이 나눴고 지금도 즐겁고 유익한 대화를 나눌 수 있어 기쁘다. 이 책 곳곳에도 그의 목소리가 배어 있다.

친구이자 좋은 안내자인 마이클 브루스에게 감사드린다. 앞으로도 함께 일하며 세상에 긍정적인 영향을 미칠 수 있기를 기대한다.

지금껏 에릭 브라운스타인의 조언과 혜안에 얼마나 큰 빚을 졌는지 모른다. 그의 안목은 언제나 출중하고 그가 이끄는 셰어러빌러티는 과연 독보적이다.

좋은 친구 크레이그 클레먼스에게 감사드린다. 그와 어울리며 배우는 것이 큰 기쁨이고, 그의 아내인 세라 앤 스튜어트와 함께 보내는 시간도 역시 소중하다. 나는 두 사람에게서 많은 것을 배우고 얻었다. 이 우정이 영원하길 소망한다.

좋은 친구이며 멘토이자 협력자인 키스 페라지에게 감사드린다. 앞으로 더 긴밀히 협력할 수 있기를 바란다.

비범한 콘텐츠 제작자이자 협력자인 나빈 고다에게 감사드린다. 그에게 수천만 명, 혹은 수억 명에게 노출되는 콘텐츠를 제작하는 데 필요한 요령과 마음가짐을 배웠다. 앞으로도 이 협력 관계를 유지하며 그가 발군의 실력으로 다른 사람들이 SNS에서 사업상의 목표를 달성하도록 큰 도움을 주는 것을 계속 보고 싶다.

다년간 함께 콘텐츠를 제작하며 조언과 지원을 베푼 마이크 저코백에게 감사드린다. 앞으로도 함께 작업할 날들을 생각하면 가슴이 설렌다.

아버지로서 또 사업가로서 나의 정신적 지주인 짐 케인에게 감사드린다. 아버지는 내가 초보 사업가일 때부터 시간을 아끼지 않고 계약서를 검토해주셨다. 이 책에도 아버지의 지혜로운 조언이 실려 있다. 그 말씀은 내 인생에 그랬던 것처럼 다른 사람들의 인생에도 큰 영향을 미칠 것이다.

이 책의 독자들을 위해 친절히 자신의 경험담을 말해준 존 킬쿨런에게 감사드린다. 그의 이야기가 독자들에게 큰 가치가 있을 것이라 믿는다. 그리고 내게 많은 깨달음을 준 그의 혜안에도 감사하다.

제프 킹에게 감사드린다. 그를 통해 프로세스 커뮤니케이션 모델 PCM을 습득한 후 내 인생이 바뀌었다. 그의 성원과 조언 또한 내게 큰 힘이 됐다. 나는 그와 함께 커뮤니케이션을 논하는 시간이 즐겁다. 커뮤니케이션이 사업, 콘텐츠, SNS는 물론이고 우리의 일상에 미치는 영향을 이야기할 때 많은 것을 느낀다. 그와 PCM은 내 인생에 막대한 영향을 미쳤다.

귀한 시간을 내서 이 책의 추천사를 써준 비센 라키아니에게 감사드린다. 앞으로도 우리가 힘을 합쳐서 모든 '이브'에게 더 좋은 세상을 물려줄 수 있기를 희망한다.

이 책의 집필에 동참해준 앨릭스 리비언에게 감사드린다. 친구이자 비즈니스 파트너로서 그를 알아 가는 시간이 정말로 즐거웠다. 그의 넓은 지혜와 지식이 세상을 더 좋은 곳으로 바꿀 것이라고 믿어 의심치 않는다.

바쁜 와중에도 나를 위해서, 또 세상을 위해서 지식과 지혜를 전수해준 어니스트 루피나치에게 감사드린다. 우리가 알고 지낸 시간은 아직 그리 길지 않지만 앞으로 꾸준히 대화하며 여러모로 협력을 모색할 수 있기를 기대한다.

이 책에서는 물론이고 우리가 나눈 모든 대화에서 소중한 지식을 전수해준 네이트 몰리에게 감사드린다. 브랜딩 전문가로서 그의 경험과 지식은 어느 누구도 따라올 수 없을 것이다. 그는 항상 세상에 영향을 미칠 혁신적인 방법을 찾는다.

수년간 내 몸과 마음의 건강을 지켜준 피터 파크에게 감사드린다. 그는 개인적으로 또 사업적으로 내게 크나큰 영향을 미쳤다. 그리고 자신의 이야기를 이 책에 실을 수 있도록 흔쾌히 허락해줬다. 그 이야기가 많은 사람의 인생을 바꿀 것이다.

이 책에 도움을 준 덕 스콧에게 감사드린다. 그의 혜안이 온 세상 사람에게 힘이 될 것이다.

이 책이 출간되기까지 고생한 워터사이드 프로덕션스 임직원에게 감사드린다. 특히 빌 글래드스톤과 게일 글래드스톤, 질 크레이머, 케니스 케일스, 조시 프릴에게 사의를 표한다.

다재다능한 우리 팀원들에게 감사드린다. 우리의 성장은 모든 사람의 노고가 빚어낸 결과다. 특히 페이 추아수콘팁, 스트라힐 하드지브, 퍼트리샤 핸드시걸, 하비에르 바이털, 게리 화이트에게 감사한 마음을 전한다.

끝으로 이 책의 집필 과정에서 열과 성을 다해 나를 도와준 타라 로즈 글래드스톤에게 감사드린다. 그녀의 지식과 수고가 없었더라면 이 책은 나오지 못했을 것이다. 앞으로 또 함께 책을 쓸 수 있기를 기대한다.

도움이 필요하십니까?

앞에서 말했다시피 저희는 15년이 넘게 후크 포인트 프로세스를 개발해왔습니다. 완벽한 후크 포인트를 만드는 데 얼마나 많은 시간이 소요되는지 저희도 경험해봐서 잘 알고 있습니다. 그래서 후크 포인트 제작에 도움을 드리고 싶습니다.

저희는 고객을 위해 다음과 같은 목적으로 후크 포인트를 만듭니다.

- 매출 대폭 증대
- 중요한 계약 체결(출판 계약, 고액 라이선스 계약)
- 성공적인 마케팅 캠페인
- 성공적인 리브랜딩
- 그 밖의 사업적 목표 달성

저희는 고객을 대신해 많은 시간과 정성을 들여 고객이 즉시 사용 가능한 후크 포인트를 만듭니다. 저희의 후크 포인트는 고객이 투자한 금액을 훌쩍 뛰어넘는 성적을 냅니다. 한마디로 투자수익률이 탁월합니다.

저희에게 후크 포인트 제작을 맡기고 싶다면 www.hookpoint.com/agency에 준비된 간단한 양식을 통해 사업의 내용과 목표를 알려주십시오.

주석

1   Ryan Holmes, "We Now See 5,000 Ads a Day ⋯ and It's Getting Worse",
     LinkedIn, 2019년 2월 19일, https://www.linkedin.com/pulse/have-we-
     reached-peak-ad-social-media-ryan-holmes/.

2   Ron Marshall, "How Many Ads Do You See in One Day?", Red Crow Marketing
     Inc., 2015년 9월 10일, https://www.redcrowmarketing.com/2015/09/10/many-
     ads-see-one-day/.

3   Salman Aslam, "Facebook by the Numbers: Stats, Demographics & Fun
     Facts", Omnicore, 2020년 2월 10일, https://www.omnicoreagency.com/
     facebook-statistics/.

4   Dustin W. Stout, "Social Media Statistics 2020: Top Networks by the Numbers",
     Dustin Stout, 2020, https://dustinstout.com/social-media-statistics/#instagram-
     stats.

5   Salman Aslam, "YouTube by the Numbers: Stats, Demographics & Fun
     Facts", Omnicore, 2020년 2월 10일, https://www.omnicoreagency.com/
     youtube-statistics/.

6   Joe Concha, "Adults spend more than 11 hours per day interacting with
     media: report", The Hill, 2018년 8월 1일, https://thehill.com/homenews/
     media/399819-adults-spend-more-than-11-hours-per-day-interacting-with-
     media-report.

7   NetNewLedger, "Average Person Scrolls 300 Feet of Social Media Content
     Daily", NetNewsLedger, 2018년 1월 1일, http://www.netnewsledger.

com/2018/01/01/average-person-scrolls-300-feet-social-media-content-daily/.

8   Web Desk, "The Human Attention Span [INFOGRAPHIC]", Digital Information World, 2018년 9월 10일, https://www.digitalinformationworld. com/2018/09/the-human-attention-span-infographic.html.

9   Salman Aslam, "Facebook by the Numbers: Stats, Demographics & Fun Facts", Omnicore, 2020년 2월 10일, https://www.omnicoreagency.com/ facebook-statistics/.

10 Mary Lister, "33 Mind-Boggling Instagram Stats & Facts for 2018", WordStream, 2019년 8월 26일, https://www.wordstream.com/blog/ws/2017/04/20/ instagram-statistics.

11 James Hale, "More Than 500 Hours of Content Are Now Being Uploaded to YouTube Every Minute", Tubefilter, 2019년 5월 7일, https://www.tubefilter. com/2019/05/07/number-hours-video-uploaded-to-youtube-per-minute/. https://mobilesyrup.com/2019/05/01/40000-songs-uploaded-spotify-every-day/.

12 Brad Bennett, "Around 40,000 songs are uploaded to Spotify every day", mobilesyrup, 2019년 5월 1일, https://mobilesyrup.com/2019/05/01/40000- songs-uploaded-spotify-every-day/.

13 "The Keys to Get Consumer's Attention in 2019", 유튜브 영상, GaryVee TV 게시, 2018년 11월 26일, https://www.youtube.com/watch?time_continue=1& v=b54bP5Nmz1c&feature=emb_logo.

14 Martin Beck, "Facebook Defends Its 3-Second Video View Standard", Marketing Land, 2015년 8월 7일, https://marketingland.com/facebook- defends-its-3-second-video-view-standard-137823.

15 "The Keys to Get Consumer's Attention in 2019", 유튜브 영상, GaryVee TV 게시, 2018년 11월 26일, https://www.youtube.com/watch?time_continue=1& v=b54bP5Nmz1c&feature=emb_logo.

16 Garyvee, "Kylie just sold 51% for $600m on attention arbitrage", 인스타그램,

2019년 11월 18일, https://www.instagram.com/tv/B5BvaBIgwe4/?igshid=1w
9lqw3zd5d5j.

17 Gary C. Halbert, "The Gary Halbert Letter" thegaryhalbertletter, 2005, http://
    www.thegaryhalbertletter.com/newsletters/2006/modesty_personified.htm.

18 Entrepreneur Media Inc., "Unique Selling Proposition," Entrepreneur, 2020,
    http://www.entrepreneur.com/encyclopedia/unique-selling-proposition-usp.

19 Laura Lake, "What Is a Tagline?", the balance, 2019년 10월 20일, https://
    www.thebalancesmb.com/what-is-a-tagline-4017760.

20 Amy Watson, "Walt Disney revenue breakdown 2019", Statista, 2019년 11월
    11일, https://www.statista.com/statistics/193140/revenue-of-the-walt-disney-
    company-by-operating-segment/.

21 Brooks Barnes, "Disney Is Spending More on Theme Parks Than It Did on
    Pixar, Marvel and Lucasfilm Combined", New York Times, 2018년 11월 16일,
    https://www.nytimes.com/interactive/2018/11/16/business/media/disney-
    invests-billions-in-theme-parks.html.

22 Nike Inc., "What Is Nike's Mission?", Nike, 2020, https://www.nike.com/
    help/a/nikeinc-mission.

23 Nike Inc., "Purpose Moves Us,", Nike, 2020, https://purpose.nike.com/.

24 BJ Enoch, "Top 15 Influential Nike Sponsored Athletes on Social", Opendorse,
    2020년 2월 14일, https://opendorse.com/blog/top-nike-sponsored-athletes-
    on-social-media/.

25 Delia Paunescu, "Nike's high-tech Vaporfly sneakers help athletes run 4
    percent faster. Should they be banned for providing an unfair advantage?",
    Vox, 2019년 11월 3일, https://www.vox.com/recode/2019/11/3/20944257/
    marathon-nike-shoes-running-sneakers-vaporfly-reset-podcast.

26 E. L. Hamilton, "Breakthrough: Over 100 years ago, an ingenious ad campaign
    for Pepsodent helped save the teeth of a nation", The Vintage News, 2017년
    12월 13일, https://www.thevintagenews.com/2017/12/13/pepsodent-iconic-ad/.

27   Wikipedia, "Public relations campaigns of Edward Bernays", Wikipedia, 2020년 1월 20일, https://en.wikipedia.org/wiki/Public_relations_campaigns_of_Edward_Bernays.

28   Wikipedia, "Torches of Freedom", Wikipedia, 2020년 1월 10일, https://en.wikipedia.org/wiki/Torches_of_Freedom.

29   Brandt, Allan M. (2007). The Cigarette Century. New York: Basic Books, pp. 84‒85.

30   O'Keefe, Anne Marie; Pollay, Richard W. (1996). "Deadly Targeting of Women in Promoting Cigarettes", Journal of the American Medical Women's Association. 51(1‒2).

31   Eliza Ronalds-Hannon, and Kim Bhasin, "Even Wall Street Couldn't Protect Toms Shoes from Retail's Storm", Bloomberg, 2018년 5월 3일, https://www.bloomberg.com/news /articles/2018-05-03/even-wall-street-couldn-t-protect-toms-shoes-from-retail-s-storm.

32   Katie Abel, "Can Blake Mycoskie's Bold New Social Agenda Reboot Toms?", FN and Footwear News, 2019년 3월 25일, https://footwearnews.com/2019/business/retail/toms-blake-mycoskie-interview-business-sales-mission-1202764082/.

33   Ibid.

34   TOMS, "96.5 million lives impacted—and counting", TOMS, 2020, https://www.toms.com/one-for-one-en/.

35   Blake Morgan, "Netflix and Late Fees: How Consumer-Centric Companies Are Changing the Tide", Forbes, 2016년 10월 7일, https://www.forbes.com/sites/blakemorgan/2016/10/07/netflix-late-fees-and-consumer-centric-ideas/#463faedb13ec.

36   Trefis Team, "A Closer Look at Netflix's Valuation", Forbes, 2019년 3월 26일, https://www.forbes.com/sites/greatspeculations/2019/03/26/a-closer-look-at-netflixs-valuation-2/#731dd73328c7.

37 David Bloom, "Is Netflix Really Worth More Than Disney or Comcast?", Forbes, 2018년 5월 26일, https://www.forbes.com/sites/dbloom/2018/05/26/netflix-disney-comcast-market-capitalization-valuation/#3edefb415618.

38 John Linden, "History of the Pickup Truck", Car Covers, 2020, https://www.carcovers.com/resources/history-of-the-pickup-truck.html.

39 Justin Bariso, "Elon Musk Made the Cybertruck 'Ugly' on Purpose—and It May Be the Smartest Thing He's Ever Done", Inc., 2019년 12월 3일, https://www.inc.com/justin-bariso/elon-musk-made-cybertruck-ugly-on-purpose-and-its-smartest-thing-hes-ever-done.html.

40 Tim Ferriss, "Feeling Stuck? Read This…", The Tim Ferris Show(블로그), https://tim.blog/2011/01/31/feeling-stuck-read-this/#more-4680.

41 Chris Miller and Alex Mann, "20 years later, some still think 'Blair Witch Project' real", Las Vegas Review-Journal, 2017년 10월 27일, https://www.reviewjournal.com/entertainment/movies/20-years-later-some-still-think-blair-witch-project-real/.

42 Shawn Forno, "YouTube Pre-Roll Ad Length: Timing Is Everything", IdeaRocket, 2019년 10월 17일, https://idearocketanimation.com/15369-pre-roll-ad-length/.

43 Ann-Christine Diaz, "Geico's 'Unskippable' from the Martin Agency Is Ad Age's 2016 Campaign of the Year", Ad Age, 2016년 1월 25일, https://adage.com/article/special-report-agency-alist-2016/geico-s-unskippable-ad-age-s-2016-campaign-year/302300.

44 "GEICO TV Commercial, 'Family Unskippable'", iSpot.tv, 2016, https://www.ispot.tv/ad/7ajB/geico-family-unskippable#.

45 Justin Bariso, "Elon Musk Made the Cybertruck 'Ugly' on Purpose—and It May Be the Smartest Thing He's Ever Done", Inc., 2019년 12월 3일, https://www.inc.com/justin-bariso/elon-musk-made-cybertruck-ugly-on-purpose-and-its-smartest-thing-hes-ever-done.html.

후크 포인트

46 "Eugene Schwartz Headline Formula", 유튜브 영상, Copy Skillz 게시, 2019년 8월 4일, https://www.youtube.com/watch?v=lvqtqQUa6Qo&feature=youtu.be.

47 Web Desk, "The Human Attention Span [INFOGRAPHIC]", Digital Information World, 2018년 9월 10일, https://www.digitalinformationworld.com/2018/09/the-human-attention-span-infographic.html.

48 Erin Griffith, "BuzzFeed's Foodie Channels Are Blowing Up in Facebook", Fortune, 2016년 1월 19일, https://fortune.com/2016/01/19/buzzfeed-tasty-proper-tasty/.

49 CNBC Make It Staff, "This CEO sold his company for $1 billion—here's how he finds work-life balance", CNBC Make it, 2019년 2월 6일, https://www.cnbc.com/2019/02/06/dollar-shave-club-ceo-michael-dubin-work-life-balance.html.

50 Jia Wertz, "Taking Risks Can Benefit Your Brand—Nike's Kaepernick Campaign Is a Perfect Example", Forbes, 2018년 9월 30일, https://www.forbes.com/sites/jiawertz/2018/09/30/taking-risks-can-benefit-your-brand-nikes-kaepernick-campaign-is-a-perfect-example/#71ec193e45aa.

51 "Red Bull Invests $65M on Space Jump As More Than 8 Million Watch on YouTube", Sports Business Daily Global, 2012년 10월 16일, https://www.sportsbusinessdaily.com/Global /Issues/2012/10/16/Marketing-and-Sponsorship/Red-Bull.aspx.

52 Dominic Rushe, "Skydiver Baumgartner lands safely on Earth after supersonic record", The Guardian, 2012년 10월 14일, https://www.theguardian.com/sport/2012/oct/14/felix-baumgartner-lands-safely-record.

53 "Reb Bull Invests $65M on Space Jump As More Than 8 Million Watch on YouTube", Sports Business Daily Global, 2012년 10월 16일, https://www.sportsbusinessdaily.com/Global /Issues/2012/10/16/Marketing-and-Sponsorship/Red-Bull.aspx.

54 Owen Gibson, "Red Bull and Felix Baumgartner take sponsorship to new

heights", The Guardian, 2012년 10월 15일, https://www.theguardian.com/
sport/blog/2012/oct/15/red-bull-felix-baumgartner-sponsorship.

55 Business Lunch with Roland Frasier, "A Golden Formula to Make Your
Message Resonate, Craig Clemens", Apple Podcasts, 2020, https://podcasts.
apple.com/us/podcast/business-lunch/id1442654104?i=1000429481263.

56 Ingrid Lunden, "Andrey Andreev sells stake in Bumble owner to Blackstone,
Whitney Wolfe Herd now CEO of $3B dating apps business", Extra Crunch,
2019년 11월 8일, https://techcrunch.com/2019/11/08/badoos-andrey-
andreev-sells-his-stake-in-bumble-to-blackstone-valuing-the-dating-app-at-
3b/.

57 NPR How I Built This with Guy Raz, "Bumble: Whitney Wolfe", Apple
Podcasts, 2017년 10월 16일, https://podcasts.apple.com/us/podcast/how-i-
built-this-with-guy-raz /id1150510297?i=1000436036734.

58 Jane Zupan, "The Data Behind Gillette's Ad Shows It Had the Biggest Impact
with Women", Adweek, 2019년 1월 22일, https://www.adweek.com/brand-
marketing/the-data-behind-gillettes-ad-shows-it-had-the-biggest-impact-
with-women/.

59 Jia Wertz, "Taking Risks Can Benefit Your Brand—Nike's Kaepernick
Campaign Is a Perfect Example", Forbes, 2018년 9월 30일, https://www.
forbes.com/sites/jiawertz/2018/09/30/taking-risks-can-benefit-your-brand-
nikes-kaepernick-campaign-is-a-perfect-example/#453918ef45aa.

60 Eric Barker, "How to get people to like you: 7 ways from an FBI behavior
expert", Ladders, 2019년 5월 22일, https://www.theladders.com/career-
advice/how-to-get-people-to-like-you-7-ways-from-an-fbi-behavior-expert.

61 "The Real Reason Why Mark Cuban Doesn't Believe in Mentorship", 유
튜브 영상, Inc. 게시, 2019년 4월 8일, https://www.youtube.com/watch?v=
ppYrpChucQs.

62 Tom Huddleston Jr., "Ray Dalio says this tactic helped him from 'hardly any

money' to successful billionaire", CNBC make it, 2019년 11월 21일, https://www.cnbc.com/2019/11/21/tactic-helped-bridgewater-asscociates-ray-dalio-become-a-billionaire.html.

63 "Hostage Negotiation Techniques That Will Get You What You Want", Bakadesuyo, https://www.bakadesuyo.com/2013/06/hostage-negotiation/.

64 Muri Assuncao, "12 Times Lady Gaga Showed Love for the LGBTQ Community", Billboard, 2018년 9월 20일, https://www.billboard.com/articles/news/pride/8475993/lady-gaga-12-times-showed-love-for-lgbtq-community.

65 Merriam-Webster, "pitch", 2020, https://www.merriam-webster.com/dictionary/pitch.

66 "Fitness Trainers and Instructors", U.S. Bureau of Labor Statistics, 2019년 9월 4일, https://www.bls.gov/ooh/personal-care-and-service/fitness-trainers-and-instructors.htm.

67 Jay Shetty, "My Story", 2020, https://jayshetty.me/.

68 Matt Marshall, "They did it! YouTube bought by Google for $1.65B in less than two years", Venture Beat, 2006년 10월 9일, https://venturebeat.com/2006/10/09/they-did-it-youtube-gets-bought-by-gooogle-for-165b-in-less-than-two-years/.

69 John Lynch, "'Game of Thrones' star Sophie Turner says she beat out a 'far better actress' for a job because she has millions of social followers", Business Insider, 2017년 8월 2일, https://www.businessinsider.com/game-of-thrones-star-sophie-turner-says-she-got-role-due-to-social-media-following-2017-8.

70 Interview Valet, "About Us", 2020, https://interviewvalet.com/about-us/.

71 Robert Anthony, "Bobby Lee Eats Hot Wings and Poops His Pants", Elite Daily, 2016년 10월 27일, https://www.elitedaily.com/envision/food/spicy-wings-eaten-guy-poops-pants/1673578.

72 Anthony Tucker, "3 56 am: man steps on to the moon", The Guardian, 1969년 7월 21일, https://www.theguardian.com/theguardian/from-the-archive-

blog/2011/jun/01/newspapers-national-newspapers.

73 Todd Spangler, "Netflix Projected to Spend More Than $17 Billion on Content in 2020", Variety, 2020년 1월 16일, https://variety.com/2020/digital/news/netflix-2020-content-spending-17-billion-1203469237/.

74 Frank Pallotta, "Disney spared no expense in building Star Wars: Galaxy's Edge", CNN Business, 2019년 5월 30일, https://www.cnn.com/2019/05/29/media/star-wars-land-galaxys-edge-opening/index.html.

후크 포인트

지은이 브렌던 케인

브렌던 케인은 획기적인 아이디어로 대기업, 브랜드, 유명인을 컨설팅하는 브랜딩 전문가다. 영화사 레이크쇼어 엔터테인먼트에 말단 직원으로 입사해 디지털 마케팅 전략 책임자로 고속 승진했다. 그곳에서 총 16개 영화의 홍보에 참여해 전 세계적으로 도합 6억 8,500만 달러의 흥행 성적을 거뒀고, 제이슨 스타뎀 주연의 〈아드레날린 24〉를 홍보하기 위해 사실상 최초의 인플루언서 마케팅을 기획했다. 이후 가수 테일러 스위프트, 리한나 등 유명인들을 위한 SNS 애플리케이션과 디지털 플랫폼을 개발했다. 파라마운트 픽처스에서 디지털마케팅본부장을 지냈으며 디즈니, 폭스, NBC, 넷플릭스, 엑스박스, 링크드인 등 《포천》 100대 기업이 그의 도움을 받았다.

옮긴이 김고명

성균관대학교 영문학과를 졸업하고 성균관대학교 번역대학원에서 공부했다. 현재 바른번역 소속으로 활동하고 있으며, 원문의 뜻과 멋을 살리면서도 한국어다운 문장을 구사하는 번역을 추구한다. 《좋아하는 일을 끝까지 해보고 싶습니다》를 직접 쓰고 《직장이 없는 시대가 온다》, 《사람은 무엇으로 성장하는가》, 《IT 좀 아는 사람》 등 40여 종의 책을 번역했다.

후크 포인트

3초 세상에서 승리하는 법

펴낸날 초판 1쇄 2021년 5월 20일
초판 2쇄 2021년 11월 11일
지은이 브렌던 케인
옮긴이 김고명
펴낸이 이주애, 홍영완
편집 백은영, 박효주, 양혜영, 문주영, 김애리, 최혜리, 장종철, 오경은
디자인 박아형, 김주연, 기조숙
마케팅 김태윤, 김소연, 박진희, 김슬기
경영지원 박소현
펴낸곳 (주)월북 출판등록 제2006-000017호 **주소** 10881 경기도 파주시 회동길 337-20
전자우편 willbooks@naver.com **전화** 031-955-3777 **팩스** 031-955-3778
블로그 blog.naver.com/willbooks **포스트** post.naver.com/willbooks
페이스북 @willbooks **트위터** @onwillbooks **인스타그램** @willbooks_pub
ISBN 979-11-5581-370-6 03320